民事訴訟法

中山幸二　小松良正
近藤隆司　山本　研

不磨書房

―――[執筆分担]―――

中山 幸二（明治大学教授）　第1章，第4章，第5章，第7章
小松 良正（国士舘大学教授）　第9章
近藤 隆司（白鷗大学助教授）　第6章，第8章
山本 研（国士舘大学助教授）　第2章，第3章，第10章，第11章

はしがき

　本書は，初めて民事訴訟法を学ぶ学生に，できるだけ分かりやすいように，しかも基礎的知識がきっちり身につくように，さらに問題意識を深める手がかりを与え開かれた学問に誘えるように，と努めて書かれた教科書である。

　一般の若い学生にとって，民事訴訟は身近に経験するという機会も少なく，馴染みにくい法律科目であろう。われわれ民事訴訟法学者も昔そうであった。裁判のイメージは容易にわかないし，手続の進め方も見当がつきにくい。訴訟で使われる言葉自体が，通常の日本語とは語感が異なっている。そこで，本書では，できるだけ具体的なイメージが描けるように，そして個々の手続や術語の意味が分かるように，具体例を挙げ，手続の理由を示し，言葉の由来も説明するよう心がけた。

　民事訴訟法は，主として弁護士・司法書士や裁判官の仕事に関係するから，将来これらの実務法曹を志望する者のためにも，その基礎固めを意識して書いたつもりである。民法との接点，実務との架橋，これらも常に意識して追求した目標である。このような欲張りな狙いにもかかわらず，入門書としての適度な厚さとの関係上，割愛せざるを得ない論点も多々あり，必ずしも所期の目的を達したとはいえないかも知れない。将来の補充を期したい。

　本書の刊行は，当初の計画より３年も遅れてしまった。この間に民事訴訟法を取り巻く司法制度に大きな変革が生じ，加筆を要する部分も増えた。刊行遅延の責任はもっぱら中山の脱稿の遅れにある。この場をかりて同僚執筆陣に心よりお詫び申し上げたい。また，本書が成るには，不磨書房・稲葉文彦氏の粘り強い督促とご支援があった。同氏に深甚の謝意を表したい。

　2003年3月

執筆者を代表して　　中山　幸二

目　次

はしがき

第1章　序　説
　　1　現行民事訴訟法の編成 …………………………………………3
　　2　民事訴訟法の変遷 ………………………………………………4
　　3　訴訟手続の概要 …………………………………………………6

第2章　裁判所
　§1　裁判所の概念 ………………………………………………………8
　　◇発展研究◇　裁判官の任用制度：キャリアシステムと法曹一元制 ………9
　§2　民事裁判権 …………………………………………………………10
　　〔設例〕
　　1　民事裁判権とその範囲 …………………………………………10
　　2　審判権の限界 ……………………………………………………11
　§3　国際裁判管轄 ………………………………………………………12
　　〔設例〕
　　1　総説――裁判権と国際裁判管轄の関係―― …………………13
　　2　国際裁判管轄の分配基準 ………………………………………13
　§4　裁判所の管轄とその種類 …………………………………………14
　　〔設例〕
　　1　管轄の意義 ………………………………………………………15
　　2　法定管轄 …………………………………………………………15
　　3　指定管轄 …………………………………………………………18
　　4　合意管轄と応訴管轄 ……………………………………………18
　　◇発展研究◇　附合契約における合意管轄条項 ………………………19
　　5　移　送 ……………………………………………………………20

§5　裁判所職員の除斥と忌避 ……………………………………21
　〔設例〕
　　1　総　説 ……………………………………………………………22
　　2　除　斥 ……………………………………………………………22
　　3　忌　避 ……………………………………………………………23
　　4　回　避 ……………………………………………………………24

第3章　当事者

§1　当事者の意義 ……………………………………………………25
§2　当事者の確定 ……………………………………………………26
　〔設例〕
　　1　意　義 ……………………………………………………………27
　　2　当事者の確定基準 ………………………………………………27
　◇論点◇　当事者の確定基準をめぐる議論 …………………………28
　　3　表示の訂正と任意的当事者変更 ………………………………29
§3　当事者能力 ………………………………………………………29
　〔設例〕
　　1　意　義 ……………………………………………………………30
　　2　当事者能力を有する者 …………………………………………30
　◇論点◇　民法上の組合の当事者能力 ………………………………31
　　3　権利能力と当事者能力の対応関係 ……………………………32
　　4　当事者能力を欠く場合の措置 …………………………………33
§4　訴訟能力 …………………………………………………………33
　〔設例〕
　　1　意　義 ……………………………………………………………34
　　2　訴訟能力の基準と範囲 …………………………………………34
　　3　訴訟能力欠缺の効果 ……………………………………………36
　　4　行為能力と訴訟能力の対応関係 ………………………………37
　　5　弁論能力 …………………………………………………………38
§5　当事者適格 ………………………………………………………38

〔設例〕
　　　　　1　概　念 …………………………………………………………39
　　　　　2　当事者適格を有する者 ………………………………………39
　　　　　3　第三者の訴訟担当 ……………………………………………40
　◆発展研究◆　現代型訴訟における当事者適格 ……………………………42
　§6　訴訟上の代理人 ………………………………………………………43
　　　〔設例〕
　　　　　1　総　説 …………………………………………………………43
　　　　　2　法定代理人 ……………………………………………………44
　◆論点◆　訴訟行為と表見代理 ………………………………………………45
　　　　　3　任意代理人 ……………………………………………………46
　◆発展研究◆　弁護士による法律事務の独占と関連業種への開放 …………47
　　　　　4　補佐人 …………………………………………………………49

第4章　訴訟の開始
　§1　訴えの意義 ……………………………………………………………51
　　　〔設例〕
　　　　　1　訴えなければ裁判なし ………………………………………51
　　　　　2　訴えの意義 ……………………………………………………52
　　　　　3　訴えの三類型 …………………………………………………53
　§2　訴えの提起 ……………………………………………………………57
　　　〔設例〕
　　　　　1　訴え提起の方式 ………………………………………………57
　　　　　2　訴状と添付書類 ………………………………………………57
　　　　　3　訴状の審査（裁判長の訴状審査権と訴状の補正）…………62
　　　　　4　訴状の送達 ……………………………………………………63
　§3　訴え提起の効果 ………………………………………………………65
　　　〔設例〕
　　　　　1　訴訟法上の効果 ………………………………………………65
　　　　　2　実体法上の効果 ………………………………………………67

§4 訴えの適法性――訴訟要件 … 67
〔設例〕
1 訴訟要件の意義 … 68
2 訴訟要件たる事項 … 69
3 訴訟要件の態様 … 70
4 訴訟要件の調査 … 70
◇論点◇ 訴訟要件と本案要件との審理判断順序 … 72
5 訴えの利益と当事者適格 … 73
◇発展研究◇ 継続的不法行為による将来の損害賠償請求 … 76

第5章 口頭弁論
§1 口頭弁論の意義 … 79
〔設例〕
1 口頭弁論の多義性 … 79
2 必要的口頭弁論の原則 … 80
3 口頭弁論の進行（開始・続行・終結・再開） … 80
4 口頭弁論における審理原則 … 80
§2 口頭弁論における訴訟行為 … 83
〔設例〕
1 当事者の申立てと攻撃防御方法の提出 … 84
◇論点◇ 権利自白 … 87
2 弁論主義 … 88
◇論点◇ 一般条項や規範的法律要件の主要事実 … 90
◇発展研究◇ 弁論主義の根拠論 … 91
3 裁判所の釈明権 … 92
§3 口頭弁論の準備 … 94
〔設例〕
1 準備書面 … 95
2 当事者照会 … 96
3 争点整理手続 … 97

§4　当事者の欠席 …………………………………………………99
〔設例〕
1　当事者双方の欠席 ……………………………………99
2　当事者の一方の欠席 …………………………………100
§5　訴訟審理の進行 ………………………………………101
〔設例〕
1　職権進行主義 …………………………………………101
2　裁判所の訴訟指揮権 …………………………………101
3　当事者の申立権 ………………………………………102
4　手続の進行 ……………………………………………102
5　手続の停止 ……………………………………………105

第6章　証拠調べ
§1　裁判所の事実認定 ……………………………………107
§2　証　拠 …………………………………………………107
1　証拠とは ………………………………………………107
2　証拠の種類 ……………………………………………108
§3　証　明 …………………………………………………108
1　証明とは ………………………………………………108
2　証明の種類 ……………………………………………109
3　証明の対象 ……………………………………………110
§4　自由心証主義 …………………………………………111
1　自由心証主義とは ……………………………………111
2　自由心証主義の内容 …………………………………112
§5　証明責任 ………………………………………………113
〔設例〕
1　証明責任とは …………………………………………113
2　証明責任の分配 ………………………………………114
◇論点◇　法律要件分類説の動揺 ……………………………116
3　証明負担の軽減 ………………………………………118

◆発展研究◆　証明負担の軽減理論 ……………………………………… 119
　§6　証拠調べ ……………………………………………………………… 122
　　　1　証拠調べの通則 …………………………………………………… 122
　　　2　証人尋問 …………………………………………………………… 123
　　　3　当事者尋問 ………………………………………………………… 125
　　　4　鑑　定 ……………………………………………………………… 126
　　　5　書　証 ……………………………………………………………… 126
　　　6　検　証 ……………………………………………………………… 130
　　　7　調査の嘱託 ………………………………………………………… 130
　　◆発展研究◆　証拠保全 …………………………………………………… 131

第7章　裁判によらない訴訟の終了
　§1　訴訟の終了 …………………………………………………………… 132
　§2　訴えの取下げ ………………………………………………………… 133
　　〔設例〕
　　　1　意　義 ……………………………………………………………… 133
　　　2　要　件 ……………………………………………………………… 134
　　　3　手　続 ……………………………………………………………… 134
　　　4　効　果 ……………………………………………………………… 135
　　　5　訴え取下げの効力についての審理 ……………………………… 135
　§3　訴訟上の和解 ………………………………………………………… 136
　　〔設例〕
　　　1　意　義 ……………………………………………………………… 136
　　　2　要　件 ……………………………………………………………… 137
　　　3　手　続 ……………………………………………………………… 138
　　　4　効　果 ……………………………………………………………… 138
　§4　請求の放棄・認諾 …………………………………………………… 139
　　〔設例〕
　　　1　意　義 ……………………………………………………………… 139
　　　2　要　件 ……………………………………………………………… 140

第8章　終局判決による訴訟の終了

　　　3　手続 ………………………………………………………… 141
　　　4　効果 ………………………………………………………… 141

§1　終局判決とは何か ……………………………………………… 142
　　　1　裁判とは …………………………………………………… 142
　　　2　裁判の種類 ………………………………………………… 142
　　　3　判決の種類 ………………………………………………… 143
§2　判決の成立と確定 ……………………………………………… 146
　　　1　判決の成立 ………………………………………………… 146
　　　2　判決の確定 ………………………………………………… 148
§3　判決の効力 ……………………………………………………… 149
　　　1　判決の成立により生じる効力 …………………………… 149
　　　2　判決の確定により生じる効力 …………………………… 150
　　　3　判決の無効 ………………………………………………… 151
　◇論点◇　確定判決の不当取得（騙取判決）……………………… 151
§4　既判力とは何か ………………………………………………… 152
　　　1　既判力とは ………………………………………………… 152
　　　2　既判力の本質・根拠 ……………………………………… 155
§5　既判力の時的範囲 ……………………………………………… 156
　〔設例〕
　　　1　基準時 ……………………………………………………… 157
　　　2　失権効 ……………………………………………………… 157
　◇論点◇　形成権の行使 …………………………………………… 158
　◇発展研究◇　限定承認の主張と失権効 ………………………… 159
§6　既判力の客観的範囲 …………………………………………… 160
　〔設例〕
　　　1　原則——判決主文中の判断 ……………………………… 161
　　　2　例外——相殺の抗弁 ……………………………………… 163

◇論点◇　一部請求と残額請求 …………………………164
　◇発展研究◇　争点効 …………………………………………165
§7　既判力の主観的範囲 ………………………………………167
　〔設例〕
　　1　原則——既判力の相対性 ……………………………167
　　2　例外——第三者への拡張 ……………………………168
　◇論点◇　1　債権者代位訴訟と既判力の拡張 …………170
　　　　　　2　口頭弁論終結後の承継人の範囲 …………171
　◇発展研究◇　1　反射効 ……………………………………173
　　　　　　　　2　法人格否認の法理と判決効の拡張 …175
§8　執行力 ………………………………………………………175
　　1　執行力とは ………………………………………………175
　　2　執行力の範囲 ……………………………………………176
§9　形成力 ………………………………………………………176
　　1　形成力とは ………………………………………………176
　　2　形成力の範囲 ……………………………………………177
§10　終局判決に付随する裁判 …………………………………178
　　1　仮執行宣言 ………………………………………………178
　　2　訴訟費用の負担の裁判 …………………………………179

第9章　複雑訴訟
§1　請求——訴訟物概念 ………………………………………180
　　1　訴訟物概念 ………………………………………………180
　〔設例〕
　◇論点◇　1　債務不存在確認の訴えの訴訟対象 ………187
　　　　　　2　手形訴訟の訴訟対象 ………………………188
　　2　一部請求 …………………………………………………190
　〔設例〕
　◇論点◇　後遺症にもとづく追加賠償請求 ………………192
§2　複数請求訴訟 ………………………………………………193

1　請求の併合 ……………………………………………………193
　〔設例〕
◇論点◇　請求の予備的併合と上訴 ……………………………………196
　　　2　訴えの変更 ……………………………………………………197
　〔設例〕
◇論点◇　訴えの交換的変更と相手方の同意の要否 …………………200
　　　3　反　訴 …………………………………………………………200
　〔設例〕
◇論点◇　1　控訴審における反訴提起と被告の同意 ………………203
　　　　　2　反訴がその要件を欠く場合の取扱い …………………203
　　　4　中間確認の訴え ………………………………………………204
§3　多数当事者訴訟 ………………………………………………………205
　　　1　共同訴訟 ………………………………………………………205
　〔設例〕
◇論点◇　1　共有関係訴訟 ……………………………………………208
　　　　　2　必要的共同訴訟における合一確定の意義 ……………209
◇発展研究◇　固有必要的共同訴訟の当事者の一部の者が提訴を拒む場合 ………211
　　　2　主観的予備的併合と同時審判申出のある共同訴訟 ……………212
　〔設例〕
　　　3　選定当事者 ……………………………………………………215
　　　4　当事者参加 ……………………………………………………216
　〔設例〕
◇論点◇　1　訴訟脱退と判決効 ………………………………………220
　　　　　2　独立参加と上訴 …………………………………………221
◇発展研究◇　主観的追加的併合 ………………………………………222
　　　5　補助参加 ………………………………………………………223
　〔設例〕
◇論点◇　補助参加人に対する裁判の効力——参加的効力 …………228
◇発展研究◇　訴訟告知 …………………………………………………230
　　　6　当事者の変更 …………………………………………………231

〔設例〕

第10章　上訴と再審
§1　裁判に対する各種の不服申立制度 …………236
〔設例〕
 1　不服申立制度の意義 …………236
 2　各種の不服申立制度 …………237
§2　上訴制度総説 …………237
 1　上訴の機能と目的 …………237
◇**論点**◇　上訴の目的をめぐる議論動向 …………238
 2　上訴の種類 …………239
 3　上訴の要件 …………241
§3　控　訴 …………241
〔設例〕
 1　控訴の意義 …………241
 2　控訴の要件 …………242
◇**論点**◇　不服の利益の概念 …………243
 3　控訴の提起 …………244
◇**発展研究**◇　附帯控訴の性質と不服の利益 …………245
 4　控訴審の審理 …………246
 5　控訴審の終結 …………247
 6　原判決の変更範囲 …………249
◇**発展研究**◇　不利益変更禁止の原則をめぐる具体的問題 …………250
§4　上　告 …………251
〔設例〕
 1　意　義 …………251
 2　上告理由 …………251
 3　上告受理制度 …………252
 4　上告の提起 …………253
 5　上告審の審理 …………254

　　　　6　上告審の終局判決 ···254
　◇論点◇　破棄判決の拘束力 ···256
§5　抗　告 ···257
　　1　抗告の意義 ···257
　　2　抗告の提起 ···258
　　3　抗告についての裁判 ···259
　　4　再抗告 ···259
　　5　許可抗告 ···259
§6　特別の上訴 ···260
　　1　意　義 ···260
　　2　特別上告 ···261
　　3　特別抗告 ···261
§7　再　審 ···262
　〔設例〕
　　1　意　義 ···262
　　2　再審事由 ···262
　　3　再審訴訟の審理と裁判 ···263
　◇論点◇　再審訴訟の訴訟物と手続構造 ···265
　　4　準再審 ···266

第11章　略式裁判手続
§1　簡易裁判所における訴訟手続 ···267
　　1　総　説 ···267
　　2　簡易裁判所における訴訟手続の特則 ···267
　　3　訴え提起前の和解 ···269
§2　少額訴訟手続 ···269
　〔設例〕
　　1　少額訴訟手続の創設 ···269
　　2　手続の概要 ···270
　◇発展研究◇　一部請求と少額訴訟手続 ···271

§3 督促手続 …………………………………………………………272
　1 意　義 …………………………………………………………272
　2 手続概要 ………………………………………………………273
　3 不服申立て——督促異議による通常訴訟への移行—— ………274
§4 手形訴訟 …………………………………………………………275
　〔設例〕
　1 手形訴訟の意義 ………………………………………………275
　2 審理と裁判 ……………………………………………………275
　3 通常訴訟への移行 ……………………………………………277

追　録　民事訴訟等一部改正案の主な内容 …………………………279

事項索引 ………………………………………………………………281
判例索引 ………………………………………………………………289

ファンダメンタル 法学講座

民事訴訟法

第1章　序　　説

1　現行民事訴訟法の編成

　まず，民事訴訟法の具体的内容を見る前に，法典の編成を大局的に把握しておこう。訴訟手続は，種々の手続の積み重ねによって徐々に展開され，時間的に蓄積されていく積層構造をとる。そして，訴訟法の原理は，訴えに関する個々の手続や制度も，審理の中核となる口頭弁論も，確定判決の効力と密接に関連して形成されている。いわば入口も中身も出口も相互に連携し響き合っている有機的構造をとっているのである。したがって，民事訴訟法を学ぶには，手続の全体構造を常に意識し相互に関連づけながら，個々の手続や原理の意味を考える必要がある。

　民事訴訟法の目次を見てもらいたい。この法律は，全8編　400条から成る。第1編「総則」と最後の第8編「執行停止」に挟まれて，以下の手続が規定されている。

　　第2編　第一審の訴訟手続（地方裁判所の手続，簡易裁判所の特則）
　　第3編　上訴審の訴訟手続（控訴・上告・抗告）
　　第4編　再審の手続
　　第5編　手形小切手訴訟手続
　　第6編　少額訴訟手続
　　第7編　督促手続

　そして，「総則」では，通則・裁判所・当事者・訴訟費用・訴訟手続に関する規定が5つの章に配置されている。このうち第5章の「訴訟手続」には，第一審から上告審にいたる訴訟手続全般と確定判決の効力に関する一般的規定（審理・期日・期間・送達・裁判・中断・中止）が置かれており，第2編の第2章から第4章に定める口頭弁論・証拠・判決の規定と相まって，民事訴訟手続の中核部分を構成するということができる。

2 民事訴訟法の変遷

現行民事訴訟法の体系を理解するうえでは，その沿革を押さえておくのが有益である。ここで簡単に民事訴訟法の変遷をみておこう。

わが国では，鎌倉時代の「所務沙汰」におけるような比較的高度な裁判手続や近世江戸時代における民事裁判「出入筋」の手続など，中国法の伝統・流れを汲む東洋的裁判手続がそれなりに確立していたが，ヨーロッパ大陸法の流れを汲む近代的民事訴訟法が成立したのは明治時代中期である。すなわち，大審院以下の近代的裁判所制度を伴う裁判所構成法とともに，明治23年（1890年）に最初の民事訴訟法が制定され，同24年から施行された。これを旧々民事訴訟法という。この法典は1877年のドイツ民事訴訟法を模範としたものであり，第1編「総則」，第2編「第一審の訴訟手続」，第3編「上訴」，第4編「再審」，第5編「証書訴訟及び為替訴訟」，第6編「強制執行」，第7編「公示催告手続」，第8編「仲裁手続」を内容とするものであった。

しかし，施行後間もなく規定が細かすぎて実務上運用しにくいとの批判を受け，その後改正作業が続けられ，大正15年（1926年）に第1編ないし第5編までの判決手続を規定する部分が全面的に改正され，昭和4年から施行された。この改正は，移送や訴訟参加を柔軟化して利用者の便宜を拡張する反面，欠席判決制度や証書訴訟を廃止し，訴訟遅延に対する職権強化策を徹底するなど，主として手続の簡素化と促進を狙ったものである。この改正法を旧民事訴訟法とよぶ。

旧民事訴訟法は，第二次世界大戦終了後，憲法が改正されたのに伴い昭和23年（1948年）若干の規定が改正され，証人尋問に交互尋問制を導入し，職権証拠調べを廃止するなど，アメリカ法の影響を受けたが，その改正は小規模にとどまった。昭和25年には，準備手続の改正や継続審理規則の制定によってアメリカ的集中審理方式への接近が企図されたが，実務に定着するには至らなかった。昭和39年には，かつての証書訴訟を復活させ手形小切手訴訟制度が設けられた。

強制執行手続については，かねてから実務上・理論上の諸問題が指摘され，とくに悪質な競売ブローカーによる不動産競売の占拠が問題視されていたが，ようやく昭和54年（1979年），第6編中の強制執行に関する規定が民法の特別

法たる競売法と一本化され，新たに民事執行法として独立の法典となり，さらに，平成元年（1989年）には，第6編に規定されていた仮差押え・仮処分命令に関する規定と民事執行法の仮差押え・仮処分執行に関する規定が統合され，民事保全法が制定された。

　こうして旧民事訴訟法は，もっぱら判決手続と公示催告手続・仲裁手続のみを規定するものとなったが，この間の社会の発展は著しく，現代型訴訟の登場や訴訟遅延の慢性化による機能不全が誰の目にも明らかになった。そこで，平成2年より判決手続の全面改正に着手し，平成8年（1996年）新しい民事訴訟法が制定された。また，同年法律の委任にもとづき詳細かつ重要な規定を多数含む民事訴訟規則も制定され，両者は平成10年1月1日より施行された。これが現行民事訴訟法である。これに伴い，旧民事訴訟法の第7編「公示催告手続」と第8編「仲裁手続」の規定は，名称を「公示催告手続及ビ仲裁手続ニ関スル法律」（明治23年法律29号）に改め，存続することになった。

　今回の改正における目標は，民事訴訟を「国民に利用しやすく，分かりやすく」し，「訴訟手続の規律を現在の社会の要請に適ったものとする」ことであった。現代社会の時間感覚からみた訴訟遅延は耐えがたく，五月雨式の散漫化した審理には納得が得られない。そこで，①迅速かつ充実した審理を実現するため，手続の早い段階から具体的な事実や証拠を提出させ，争点の絞り込みと最適な証拠を選択した上で集中証拠調べを実施する方策を追求した。また，公害・消費者・医療過誤などの現代型訴訟に著しい証拠の偏在は，対等な当事者を前提とした「近代的」民事訴訟法の規律では真実発見を阻害する。そこで，②当事者の武器平等を実現するため，証拠収集手段を強化した。さらに，庶民の気軽な利用を期待して戦後設置された簡易裁判所が十分に機能してこなかったことから，③一般市民の身近な法的紛争を本当の意味で簡易・迅速に処理できるよう，即決裁判を可能とする少額訴訟手続を新たに設けた。他方，最上級の裁判所たる最高裁判所も，上告事件の洪水に忙殺され，真に重要な事件につき「憲法の番人」として機能しにくくなっていることから，④最高裁への上告を制限することとした。その他，⑤情報機器の活用も時代の要請である。

　平成10年施行の新民事訴訟法における主要な改正点を，レジュメ風に列挙すると次頁のようになる。

(1) 争点および証拠の整理手続の整備

※ 迅速かつ充実した審理を目指す

本格的な口頭弁論の前に，争点整理手続で，重要な争点と証拠を整理

1 弁論準備手続
2 準備的口頭弁論
3 書面による準備手続

争点が煮詰まったら集中証拠調べで集中審理

(2) 証拠収集手続の強化

※ 証拠の偏在―当事者の力の不平等―真実発見の阻害→実質的武器平等

文書提出命令の強化―文書提出義務を制限義務から一般義務化へ

インカメラ手続

当事者照会制度の導入―相手方の主張立証のために情報開示

(3) 少額訴訟手続の創設

※ 庶民のための簡易裁判所の復権

30万円以下の少額請求事件―1日審理で即日判決

簡易迅速で弁護士不要・裁判所書記官の手続教示

(4) 最高裁判所への上告制限

※ 膨大な数の上告事件を処理―最終審・憲法の番人の機能不全？

上告と上告受理に分離．上告は原則として憲法違反を理由とするときに限る．

(5) OA機器の活用

FAX，トリオフォン，TV会議システム，録音テープ・ビデオの活用

［平成15年に民事訴訟法の一部改正案が国会に提出された．→末尾追録参照］

3 訴訟手続の概要

訴訟手続の全体および詳細は，第2章以下で解説していくが，学習の便宜上，現行民事訴訟法の規定する第一審訴訟手続の流れと三審制をイメージしてみよう．

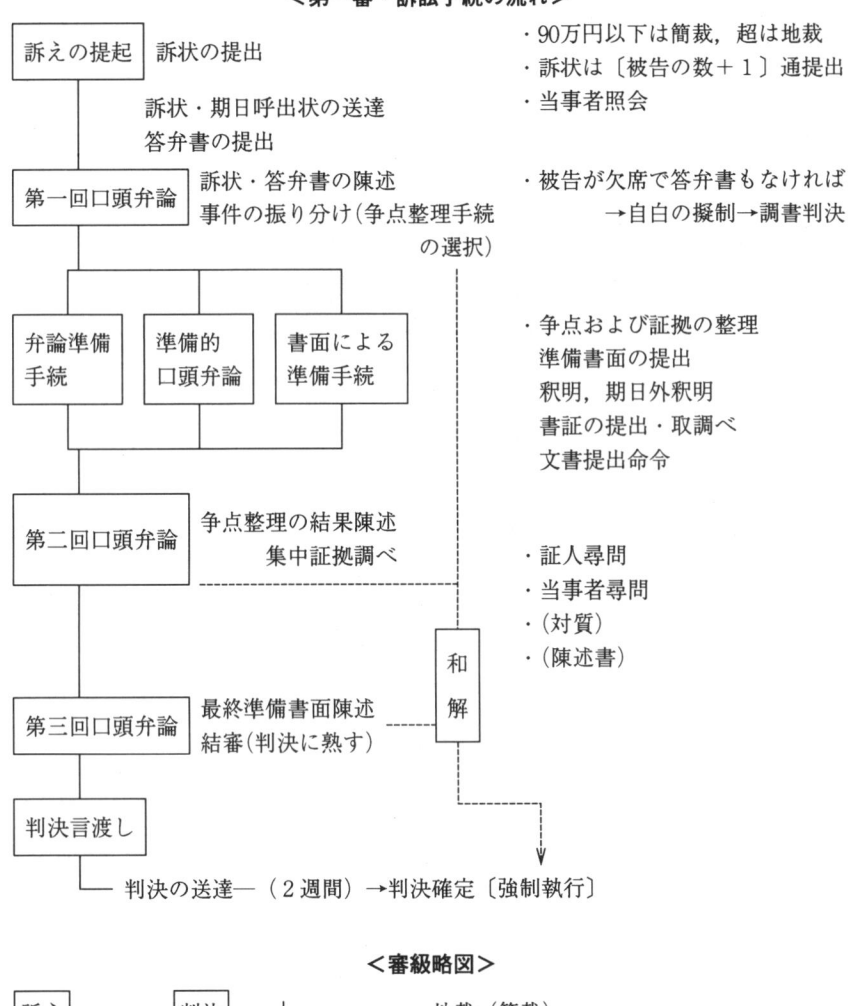

第2章 裁 判 所

§1 裁判所の概念

　裁判所とは，一般的には司法権を行使する国家機関を指すが（憲76条1項），より厳密には，①裁判官，裁判所書記官，執行官などの裁判所職員が配置されている司法行政上の官署を意味する場合（**国法上の裁判所**）と，②個々の事件につき裁判権を行使する一人または数人の裁判官によって構成される裁判機関を意味する場合（**訴訟法上の裁判所**）がある。国法上の裁判所には，最高裁判所，高等裁判所，地方裁判所，家庭裁判所，簡易裁判所の5種類があるが，このうち家庭裁判所は民事については家事事件の審判および調停を行うのみで，訴訟事件は扱わないため民事訴訟との関係では系列外の裁判所と位置づけられる。

> **裁判所書記官**　裁判所書記官は，事件に関する記録や書類の作成および保管，法令や判例の調査補助を主な職務とするが（裁60条），民事執行法・民事保全法の制定に伴い，その職務権限が拡張され，さらに，新民事訴訟法により，訴訟費用額の確定，公示送達，支払督促など重要な職務が新たにその権限とされるに至っている。また，新法においては単なる権限範囲の拡張にとどまらず，裁判官と協働して主体的かつ積極的に訴訟運営に関与するなど，充実した審理の実現に向けたコートマネージャーとしての役割が期待されており，その職責の質的転換により，民事訴訟における重要性はますます大きくなっている。

　訴訟法上の裁判所は，複数の裁判官によって構成される場合（**合議制**）と，一人の裁判官によって構成される場合（**単独制**）がある。最高裁判所は常に合議制（大法廷は15人，小法廷は5人）であり，また高等裁判所も3人の合議制

が原則である。地方裁判所は第一審裁判所として裁判する場合は原則として単独制であるが，とくに決定をした場合（裁26条2項1号）や，第二審裁判所として裁判する場合（同3号）は合議制である。また，大規模訴訟については，5人の合議制によることもできる（269条）。簡易裁判所は常に一人の裁判官による単独制である。合議制は，個々の裁判官の恣意や独断を排除し，慎重かつ公正な審理が可能となることから，上訴審裁判所で採用され，他方，単独制は迅速かつ柔軟な事件処理が可能であることから，地方裁判所の第一審手続や簡易裁判所で採用されている。

合議制の場合，**合議体**（合議制により構成される裁判所を合議体という）を構成する裁判官の一人が**裁判長**となる。裁判長は，口頭弁論を指揮し，証拠調べを主宰するなど訴訟を指揮するとともに（148条・202条など），簡単な事項や緊急事項については単独で裁判所の権限を行使できるが（93条1項・137条など），評議の際の評決権は陪席裁判官と同等である（裁77条）。また，合議体は，和解の試みや裁判所外での証拠調べなど一定の事項について，合議体の構成員（**受命裁判官**）または他の裁判所の裁判官（**受託裁判官**）にその処理を委任することができる（89条・185条・195条）。

◇ 発展・研究 ◇

裁判官の任用制度：キャリアシステムと法曹一元制

現在，わが国の裁判官任用制度は，原則として司法修習を終えた者から判事補を任用し（任期10年），任期終了後に判事として任用する，いわゆるキャリアシステムがとられている。しかし，キャリアシステムによる純粋培養型の裁判官養成制度については，一般市民から乖離した官僚的司法につながる等の批判もあり，英米などにみられる法曹一元制（主として弁護士など，裁判官以外の法律専門職に従事して社会経験を積んだ者の中から裁判官を任用する制度）の導入が，司法制度改革の中心的テーマの1つとして検討されている。この議論は，法曹養成制度の抜本的改革（法曹人口の増員・法科大学院の新設・司法試験制度改革），さらには，わが国における司法制度のあり方そのものにも関連する問題であり，今後の動向が注目されるところである。

〔参考文献〕
・棚瀬孝雄「法曹一元の構想と現代司法の構築」ジュリ1170号56頁（2000）
・高木新二郎『弁護士任官裁判官』（商事法務、2000）
・小川達雄「裁判官・検察官改革／法曹一元制度への途」法律時報増刊シリーズ・司法改革Ⅲ195頁（2001）

§2　民事裁判権

〔設例〕　司法試験の論文試験を受験したXは、答案に非常に手応えを感じ、合格を確信していた。しかし、Xの期待に反し、結果は残念ながら不合格であった。答案に自信のあったXは、司法試験管理委員会を被告として、不合格判定を取り消し合格させるよう求めて訴えを提起した。このような訴えは認められるだろうか。

1　民事裁判権とその範囲

　法的な事件を裁判によって処理する国家権力を裁判権といい、そのうち民事事件に関するものを民事裁判権という。民事裁判権は、わが国の領土内にいるすべての人に対して及ぶのが原則であるが（天皇も例外ではない［通説］。反対、最判平元・11・20民集43巻10号1160頁・百選Ⅰ［6］事件）、国家の統治権行使の一形態である以上、国際法上の原則や条約により一定の制約を受ける（**民事裁判権の外在的制約**）。すなわち、国際法や条約により民事裁判権からの免除特権が与えられている外国元首、外交特使（大使公使等）、その随員・家族等に対しては、わが国の民事裁判権は及ばない（ウィーン条約31条・37条）。外国国家についても、かつては、当該国家が自らわが国の裁判権に服する場合以外は、わが国の裁判権は一切及ばないとされてきたが（絶対免除主義。大決昭3・12・28民集7巻1128頁・百選Ⅰ［18］事件）、最近では、外国国家であってもその私法的な行為が問題となった場合には、わが国の裁判権が及ぶとする見解

（制限免除主義）が学説上有力となってきている。さらに判例上も，近時，いわゆる新横田基地訴訟最高裁判決（最判平14・4・12判タ1092号107頁）において，実質的には，制限免除主義への転換を示唆するともとれる判示がなされるにいたっている。また，外国に存在する不動産や外国国家の国籍の有無については，当該国家の主権に専属することから，これらをめぐる紛争については，わが国の裁判権は及ばない。

なお，裁判権の存在は訴訟要件とされており，これを欠く訴えは不適法なものとして却下される。また，裁判権の欠缺を看過してなされた判決は，上訴により取消しを求めることができ，たとえ確定したとしても既判力や執行力は認められず，その意味では無効な判決である（裁判権の欠缺は再審事由には該当しない）。

2　審判権の限界

民事訴訟は，法律を適用して私人間の権利義務ないし法律関係に関する紛争を解決する制度である以上，私人間の紛争のすべてを対象とすることはできず，「法律上の争訟」のみを対象とする（裁3条1項）。逆にいえば，法律上の争訟にあたらない紛争については，裁判所といえども介入することができない。法律上の争訟にあたるか否かについては，①当事者間の具体的な権利義務関係をめぐる紛争であるか（事件性），②法律を適用することによって最終的に解決できる紛争であるか（法律性），という2つの側面から判断される（最判昭29・2・11民集8巻2号419頁，最判昭41・2・8民集20巻2号196頁）。したがって，紛争が単なる抽象的レベルにとどまり，具体的な権利義務関係をめぐるものでない場合や，単なる政治的問題や学術上の争いのように法律を適用することによって解決するに適さないは場合は，法律上の争訟とはいえず民事訴訟の対象とはなりえない。〔設例〕の司法試験における合否の判定も，学問上の知識，意見の優劣，当否の判断を内容とするものである以上，その判断の当否を審査し具体的に法律を適用して解決調整できるものとはいえず，法律上の争訟にはあたらない。したがって，このような訴えは不適法な訴えとして却下されることになる。

以上のように，民事訴訟制度（あるいは司法権）に内在する制約から，その

審判範囲の限界を考えるにあたり，**審判権**という概念が一般に用いられている。具体的に，法律上の争訟との関係で審判権の限界が問題となるケースとしては，自立的な規範を有する団体内部における紛争，および，宗教団体の内部紛争があげられる。判例は，前者については，一般市民社会とは別個に自立的な内部規範を有する特殊な部分社会内部で発生した紛争については，紛争が内部的な問題にとどまる限り，その自主的な解決に委ねるのを適当として裁判所の司法審査の対象とはならないとし（**部分社会論**。最判昭52・3・15民集31巻2号234頁・百選Ⅰ［2］事件），後者については，その紛争が具体的な権利義務に関する紛争であり，その前提たる内部処分の効力などについて裁判所が宗教上の教義・信仰の内容に立ち入らずに判断できるときは，その前提問題を含めて裁判所の審判権に服するが，前提問題として宗教上の教義・信仰の内容に立ち入らなければ請求の当否について判断できない場合は，そもそも法律上の争訟にはあたらず，司法審査の対象外となるとしている（最判平元・9・8民集43巻8号889頁・百選Ⅰ［1］事件）。

§3 国際裁判管轄

〔**設例**〕 千葉県に本店を有する日本法人Ｘは，ドイツ在住の日本人Ｙとの間で，欧州各地での自動車の買付業務を委託する契約を，ドイツ国内において締結した。この契約にもとづき，ＸはＹの指定するドイツ国内の銀行に預託金を送金したが，その後Ｙの業務に不信を募らせ，Ｙに預託金の返還を求め，預託金返還義務の義務履行地として，Ｘの本店所在地である千葉地方裁判所に訴えを提起した。千葉地方裁判所はこの事件につき裁判することができるだろうか。

1　総説——裁判権と国際裁判管轄の関係——

　国際交流が活発化し，企業活動も国際化している今日においては，渉外的要素（国際的要素）を含む民事紛争ももはや珍しいものではなくなっている。たとえば，**〔設例〕**の場合，原告の本店所在地は日本，被告の住所地および契約締結地はドイツというように日本とドイツの双方に関連を有する紛争であるが，このように民事紛争が渉外的要素を含む場合，関係する諸国のいずれの国の裁判所が事件を裁判すべきかという問題が**国際裁判管轄**の問題である。従来，わが国の学説の多くは国際裁判管轄の問題を民事裁判権の外在的制約（対物的制約）の問題として扱ってきた。しかし，最近では裁判権の問題と国際裁判管轄の問題とは区別して扱うべきとの見解（小林秀之・プロブレム・メソッド新民事訴訟法〔補訂版〕25頁以下（判例タイムズ社，1999）など）が台頭しつつある。すなわち，民事裁判権の外在的制約は，国際法や条約との関係でそもそもわが国の裁判主権を行使することが許されるかという問題であるのに対し，国際裁判管轄は，国際法的な制約を前提としつつ，その制約の範囲内で（裁判権の存在を前提とした上で），渉外的要素を持つ事件につきどこまでわが国の裁判所が取り上げるべきかという，わが国の国内法によって独自に決定すべき問題であるとするものである。**〔設例〕**に即していえば，この事案においてわが国の裁判所が裁判権を行使することは国際法的な制約に触れるものではないが，このような渉外的要素を持つ事件につき，わが国の裁判所が積極的に取り上げて裁判を行うかどうかは，わが国の国内法的な判断により決すべき問題であり，それが国際裁判管轄の問題であると位置づけるのである。

2　国際裁判管轄の分配基準

　国際裁判管轄の分配基準については，一般に承認された国際的な原則は確立しておらず，またわが国の民事訴訟法においても国際裁判管轄について直接規律する規定はないため，解釈によってこれを決するほかないとされているが，その基準をめぐり見解は多々分かれている。

　学説上代表的なものとしては，①民事訴訟法上の土地管轄規定に定める裁判籍のいずれかがわが国内に認められる場合には，そのことからわが国の国際裁判管轄の存在が推知されるとする見解（**逆推知説**），②渉外的要素を持つ事件

について，いずれの国の裁判所で裁判することが，裁判の適正，当事者の公平，裁判の迅速などの観点から適切であるかを基準に，国際的規模で管轄の配分を決すべきであるとする見解（**管轄配分説・条理説**），③国内土地管轄規定にとらわれずに，各事案ごとに当該事案における諸事情を総合的に衡量して，わが国で裁判を行う方が適切な場合に国際裁判管轄を認めるとする見解（**利益衡量説**）などがあげられる。判例は，国際裁判管轄に関するリーディングケースであるマレーシア航空事件判決（最判昭56・10・16民集35巻7号1224頁・百選Ⅰ〔19〕事件）において，判旨前段の総論部分では管轄配分説を採りながら，結論においては国内に義務履行地が存在する場合には国際裁判管轄を肯定するとし，実質的には逆推知説を採用した。しかし，逆推知説については，国際的配慮を欠き過剰管轄を生じさせるおそれがあるとの批判があることから，その後の下級審判例は，原則として内国土地管轄規定に従って国際裁判管轄の有無を判断するが，国際裁判管轄を肯定することが民事訴訟の理念に反することになる「特段の事情」がある場合は，例外的にこれを否定するという**特段の事情論**（「**特段の事情**」**説**）を展開し，学説の多数もこれを支持するに至っている。そして，最高裁も平成9年11月11日判決（民集51巻10号4055頁）において，マレーシア航空基準から出発しつつ，事案の具体的な事情を「特段の事情」として考慮することによりわが国の国際裁判管轄を否定し，特段の事情論を是認するに至っている。

§4　裁判所の管轄とその種類

〔設例〕　沖縄県に住むXが東京にあるA大学法学部を受験するために上京しており，入試が終わった日に都内を観光していたところ，千葉県に住む会社員Yが運転する乗用車に轢かれ重傷を負った。その後，XはYと賠償について交渉を行おうとしたが，Yは自己の過失を認めず，交渉に応じようとしないので，XはYを相手として，治療費など

計300万円の支払いを求めて訴えを提起することにした。この場合，Xはどこの裁判所に訴えを提起すればいいのだろうか。

1 管轄の意義

わが国には最高裁判所を頂点に5種類の裁判所が存在し，さらに最高裁を除けば同種の裁判所が各地に複数存在する。これら多種・複数の裁判所間において，裁判権をどのように分担して行使させるかを定める基準を**管轄**という。これを裁判所の側からみれば，具体的な事件につきどの裁判所が裁判権を行使できるかという問題であり，ある裁判所が行使できる裁判権の範囲を**管轄権**という。

管轄についてはさまざまな観点から分類がされている。まず，管轄の発生根拠の差異により，法定管轄，指定管轄，合意管轄，応訴管轄に分けられる。さらに，法定管轄は分担を定める基準の相違により，職分管轄，事物管轄，土地管轄に分けられる。また，法定管轄は，裁判の公益性や事件の性質を考慮して特定の裁判所にだけ管轄権を認め，当事者の意思による変更を認めない専属管轄と，当事者の便宜や公平をはかるという見地から定めるもので，当事者の意思や態度によって変更を認める任意管轄とに分けられる。専属管轄と任意管轄は，遵守の要求度（拘束力の強弱）にもとづく分類である。

管轄権の存在は，訴訟要件の1つであり，裁判所は訴え提起の時を基準に職権でその存否を調査しなければならない（14条・15条）。管轄権の存在が認められない場合は，直ちに訴えを却下するのではなく，管轄権を有する他の裁判所に事件を移送する（16条1項）。管轄権の欠缺を看過して判決がなされた場合，任意管轄違反についてはもはや控訴審で主張することはできないが（299条），専属管轄違反については控訴および上告の理由とすることができる（299条但書・312条2項3号）。

2 法定管轄

(1) 職分管轄

異なる種類の裁判権の各作用をどの種類の裁判所の職分（職務権限）とする

かについての定めを職分管轄という。〔設例〕のような判決手続については受訴裁判所の職分とされ，そのほか，執行手続については執行裁判所，督促手続（383条）や訴え提起前の和解（275条1項）については簡易裁判所の職分とされている。また，どの種類の裁判所にどの審級の事件を担当させるかの定めである審級管轄も職分管轄の1つである。判決手続についていえば，第一審の審級管轄を有するのは原則として簡易裁判所と地方裁判所であり，簡易裁判所が第一審の場合の第二審は地方裁判所，第三審は高等裁判所が審級管轄を有する。地方裁判所が第一審の場合は，第二審は高等裁判所，第三審は最高裁判所が審級管轄を有する。

(2) 事物管轄

〔設例〕の場合は判決手続の第一審であるので，職分管轄により，簡易裁判所か地方裁判所が管轄権を有することは判明するが，そのいずれに訴えを提起すればいいのだろうか。これについては，原告が全部勝訴した場合に受ける経済的利益を金銭で評価した額（訴額）が90万円を超える事件は地方裁判所の管轄，90万円以下の事件は簡易裁判所の管轄とされており（裁33条1項・24条1項），〔設例〕の場合，訴額は300万円なので90万円を超えており，地方裁判所の管轄となる。なお，不動産に関する訴訟については，訴額が90万円以下であっても，簡易裁判所とともに地方裁判所にも管轄権が認められている。このように，第一審の審級管轄を有する簡易裁判所と地方裁判所の間で事件を振り分ける基準を事物管轄という。

なお，1つの訴えで数個の請求をするときは，各請求の訴額は合算され，その合計額によって事物管轄が定められる。また，離婚や親子関係確認訴訟のようにそもそも訴額というものが考えられない非財産権上の請求や，住民訴訟のように訴額の算定が著しく困難な場合には，事物管轄との関係では訴額は90万円を超えるものとみなされ，地方裁判所が第一審裁判所となる（8条2項，なお，印紙貼用額との関係につき，民訴費4条2項参照）。

(3) 土地管轄

〔設例〕の場合，職分管轄と事物管轄により，地方裁判所に訴えを提起すればよいということが決まるが，地方裁判所は全国50カ所に配置されており，いずれの土地の地方裁判所に訴えを提起すべきかが問題となる。このように，ど

この土地の裁判所に事件を担当させるかを決めるための基準を土地管轄という。

各裁判所は，事件を担当する地域的範囲として管轄区域を定められており，土地管轄は，事件と人的または物的に関連する地点（**裁判籍**）がどの裁判所の管轄区域内にあるかによって定まる。つまり，裁判籍の所在地を基準に土地管轄は決められることになる。裁判籍は，**普通裁判籍**と**特別裁判籍**に分かれ，特別裁判籍はさらに，他の事件とは無関係にその事件だけについて認められる**独立裁判籍**と，他の事件との関連で認められる**関連裁判籍**に分かれる。

(a) 普通裁判籍　　普通裁判籍は自然人については住所または居所により，法人などについては主たる事務所または営業所により定まり（4条2項・4項），土地管轄は原則として，被告の普通裁判籍の所在地を基準に決められる（4条1項）。自らの意思で訴えを提起する原告と，応訴を余儀なくされる被告の立場を考えると，原告が被告の生活や活動の拠点である土地（普通裁判籍所在地）の裁判所に赴くのが両当事者の公平にかなうと考えられることによる。したがって，〔**設例**〕の場合は，被告Yの普通裁判籍所在地である千葉県を管轄する千葉地方裁判所に土地管轄が生じることになる。

(b) 特別裁判籍　　普通裁判籍が当事者との関係で一般的・原則的に認められる裁判籍であるのに対し，特別裁判籍は事件の種類や内容に応じて個別的に認められる裁判籍であり，民事訴訟法5条～7条に事件類型ごとに規定されている。〔**設例**〕については，不法行為にもとづく損害賠償請求なので，不法行為地である東京都内の事故地に特別裁判籍が生じ（5条9号），東京地方裁判所も土地管轄を有することになる。また，損害賠償請求は財産権上の請求であるので，義務履行地にも裁判籍が生じ（5条1号），民法上の持参債務の原則（民484条）により原告の住所（沖縄）が義務履行地となり，那覇地方裁判所も土地管轄を有することになる。したがって，〔**設例**〕の場合は千葉地方裁判所，東京地方裁判所，那覇地方裁判所がそれぞれこの事件につき管轄権を有することになるので，これらの裁判所の中から原告が任意の裁判所を選択し，訴えを提起することになる。

以上のように他の事件とは無関係に当該事件との関係で裁判籍が認められる独立裁判籍のほか，関連裁判籍として，原告が複数の請求を併合して訴えを提起する場合に，その1つの請求について裁判籍が認められれば，本来単独で訴

えを提起した場合には裁判籍のない他の請求についても裁判籍が認められる併合裁判籍がある（7条）。併合裁判籍は，訴えの客観的併合の場合は問題がないが，主観的併合（共同訴訟）の場合にも無制限に認めると，自己に対する請求と関係のない地の裁判所で応訴を強いられる不利益が他の共同被告に生ずるため，主債務者と連帯保証人を共同被告として訴えを提起する場合のように，訴訟の目的である権利義務が密接な関係を持つ場合（38条前段の場合）に限定して認められる（7条但書）。

なお，特許権，実用新案権，回路配置利用権またはプログラムの著作物についての著作者の権利に関する訴えについて，東京地方裁判所と大阪地方裁判所の広域競合管轄権を認める規定が，平成8年の民事訴訟法改正にあたり新設された（6条）。高度の専門技術性および特殊性を有するこれらの事件について，専門的知識および事件処理のノウハウを有する裁判所で集中的に処理することができるようにする趣旨である。

3 指定管轄

管轄については法律により詳細に規定されているが，具体的な事件において管轄裁判所を決定するにあたっては，法定管轄を有する裁判所が判明しない場合（管轄区域の境界が不明確な場合など）や，法定管轄を有する裁判所が法律上または事実上裁判権を行使できない場合（裁判官全員に除斥原因がある場合や，裁判官全員が病気の場合など）がありうる。このような場合は，事件に関係する裁判所に共通の直近上級裁判所が，当事者の申立てにより決定で管轄裁判所を指定することになる（10条）。このように，直近上級裁判所の決定により発生する管轄を指定管轄という。

4 合意管轄と応訴管轄

事物管轄と土地管轄は，主に当事者間の公平や訴訟追行の便宜を考慮して定められているものであるから，公益的な理由により明文で専属管轄とされている場合を除いては，当事者双方が他の裁判所での裁判を望むのであれば，これを許しても差し支えないと考えられる（職分管轄については，裁判所間の職務権限の分担という公益的理由にかかわるものであるため，当事者の意思により

変更することは許されない)。そこで，第一審裁判所の事物管轄および土地管轄については，当事者が法定管轄と異なる裁判所を管轄裁判所とする旨を書面により合意している場合には，その意思を尊重し，合意した裁判所に管轄を認めることとしている (11条)。このように，当事者の合意により発生する管轄を合意管轄という。また，法定管轄のない裁判所に原告が訴えを提起した場合であっても，被告がこれに異議なく応訴した場合には，事後的に管轄の合意があったものとみることができ，あえて管轄違いの訴えとする必要はなく，被告の応訴をもって当該裁判所に管轄を認めるものとしている (12条)。このように，被告の応訴により発生する管轄を応訴管轄という。

　管轄の合意は，売買契約など私法上の契約に付随してなされたとしても，その性質は訴訟法上の効果を目的とする訴訟法上の合意であり，私法上の契約本体が取り消されたとしても合意の効力は影響を受けない。ただし，訴訟法上の合意とはいえ，裁判所の関与を離れて当事者間で交換される意思表示である点では私法上の契約と異ならないことから，合意成立のための意思表示の無効や取消しについては民法の規定が類推されると解される。したがって，公序良俗違反 (民90条)，心裡留保 (民93条)，通謀虚偽表示 (民94条)，錯誤 (民95条)を理由として管轄合意の無効を主張することや，詐欺や強迫 (民96条) を理由として管轄合意の取消しを求めることは可能と解される (三上威彦「管轄合意」別冊法セミ139号42頁)。

◇ 発展・研究 ◇

附合契約における合意管轄条項

　管轄の合意の態様としては，法定管轄を排除して合意裁判所にのみ管轄を認める**専属的合意**と，法定管轄の他に管轄裁判所を付加する**付加的合意**がある。これに関連して，とくに問題となるのが，クレジットカード契約や保険契約のように契約約款や定型契約書により附合契約の一部として管轄の合意がなされる場合である。これらの場合，企業側の本店所在地の裁判所が合意裁判所とされていることが多く，これを無条件で専属的合意として取り扱うと，一般契約者にとって大きな負担となる危険がある。旧法下においては専属管轄については移送できないとされていたため (旧民訴17条)，判例・学説は，約款による管

轄合意については専属的合意である旨が明白な場合を除き原則として付加的合意と解釈し（東京高決昭58・1・19判時1076号65頁・百選Ⅰ［30］事件），また，専属的合意と解される場合であっても訴訟の著しい遅滞を避けるための移送（旧民訴31条）は許されると解する（札幌高決昭62・7・7判タ653号174頁・百選Ⅰ［31］事件）ことにより，経済的弱者である一般契約者の保護をはかってきた。これにつき，現行法においては専属管轄については移送を許さないとの規定を維持しつつ，専属的合意管轄についてはその例外として移送できる旨を明文で明らかにするとともに（20条），移送要件を緩和（旧31条，新17条参照）することにより立法的に解決をはかっている。

5 移　送
(1) 移送の意義と種類

〔設例〕において，原告Xが福岡地方裁判所に訴えを提起し，被告Yがこれに対し管轄違いの抗弁を提出した場合には，福岡地方裁判所は法定管轄もなく，また応訴管轄も生じないためこの事件につき裁判を行うことはできない。管轄権の存在は訴訟要件とされているが，この場合不適法な訴えとして却下してしまうと，原告はあらためて訴えを提起するための手数や費用がかかるとともに，場合によっては起訴による時効中断や出訴期間遵守という利益を失うことにもなりかねない。また，被告としても法定管轄を有する裁判所で審判を受けることについては異存はないと考えられるため，法は訴えが管轄違いの裁判所に提起された場合であっても却下することなく，申立てまたは職権により，訴訟係属を他の管轄裁判所に移すこととしている（16条1項）。このように，いったんある裁判所に係属した事件を他の裁判所に移転して係属させることを移送という。判例は，当事者が上訴裁判所を誤った場合にも移送を認めるが（最判昭25・11・17民集4巻11号603頁・百選Ⅰ［32］事件），家庭裁判所の管轄事件である家事審判事件を地方裁判所に提起した場合については，移送を認めず不適法な申立てとして却下している（最判昭58・2・3民集37巻1号45頁・百選Ⅰ［33］事件）。

また，法定管轄を有する裁判所が複数存在する場合には，原告はそれらの中から任意の裁判所を選択して訴えを提起することができるのであるから，〔設

例〕において原告Ｘが那覇地方裁判所に訴えを提起することは原則として問題ないはずである。しかし，事故の目撃者（証人）の大半が東京に在住しているなどの事情により，那覇地方裁判所で審理を行うと訴訟の解決が著しく遅延する場合がありうる。あるいは，事案によっては原告の選択した裁判所で審理を行うと，被告に経済的，時間的に過大な負担がかかり，事実上応訴が困難となる場合もありうる。このように，訴訟の著しい遅滞を避け，または当事者間の衡平をはかるため必要があるときには，たとえ管轄権を有する裁判所に訴えが提起された場合であっても，他のより適当な管轄裁判所に事件を移送することができる（17条）。なお，これらの移送のほかにも，当事者双方の合意による第一審裁判所間の必要的移送（19条），簡易裁判所から地方裁判所への裁量移送（18条1項）がある。

(2) 移送の裁判と効果

　移送の裁判または移送申立てを却下する裁判は決定の形式で行われ，この決定に対しては即時抗告をすることができる（21条）。移送の裁判が確定すると，移送を受けた裁判所はその判断に拘束され，事件を他の裁判所にさらに転移送したり，元の裁判所に再移送することはできなくなる（22条1項・2項）。事件のたらい回しを防ぐ趣旨である。ただし，移送決定とは別個の事由や移送決定確定後に新たに生じた事由にもとづき再移送することは妨げられない（東京地決昭61・1・14判時1182号103頁・百選Ⅰ〔A3〕事件）。また，移送決定の確定により，訴訟は初めから移送を受けた裁判所に係属していたものとみなされるので（22条3項），訴え提起による時効中断効や出訴期間遵守の効力は維持される。

---

§5　裁判所職員の除斥と忌避

　〔設例〕　ＸはＹを被告として100万円の貸金返還を求めＡ地方裁判所に訴えを提起し，Ａ地方裁判所の事務分配の定めによりＢ判事がこの

裁判を担当することとなった。
① B判事が被告Yの父である場合，B判事はこの事件を担当することができるか。
② B判事が被告Yの幼なじみであり，現在も親交を保っている場合はどうか。

1 総　説

憲法76条3項は裁判官の独立を定め，また裁判所法によりその身分保障をはかることにより，時の権力者の介入による恣意的判断を排除し，公平・公正な裁判を行うための制度的枠組みを担保している。しかし，個別具体的な事件との関係では，担当裁判官が当事者と特殊な関係にある場合には，必ずしも公正・中立な裁判を期待できず，また，たとえ裁判官が公正・中立な立場で裁判を行ったとしても，敗訴当事者，さらには国民は裁判の公正に対する疑念を抱きかねない。そこで，具体的な事件との関係においても裁判の公正，および公正な裁判に対する国民の信頼を確保するために，事件あるいは当事者との関係で担当裁判官に裁判の公正・中立を疑わせる事由があるときは，当該裁判官をその事件の担当からはずす制度として**除斥・忌避・回避**の制度が設けられている（23条〜26条，規10条〜12条）。また，除斥・忌避・回避の制度は裁判所書記官についても準用されている（27条，規13条）。

2 除　斥

裁判の公正さを疑わせる事由のうち，かかる疑いを抱くのがもっとも考えられる事由が**除斥原因**として法定されており，除斥原因に該当する裁判官は法律上当然にその事件に関する職務執行から排除される（23条1項）。23条1項は，除斥原因として，当事者と一定範囲の親族関係にあるなど密接な関係を持つ場合（1号〜3号・5号），および当該事件の証人になったなど事件自体と関係を持つ場合（4号・6号）を列挙しており，〔設例①〕の場合は2号の除斥原因に該当し，B判事は法律上当然にこの事件の担当からはずれることになる。なお，6号の前審関与とは，裁判官が前審の裁判の評決および判決書の作成に

関与した場合を意味し，単に準備手続を行っただけの場合等は関与したことにはならないとされている（最判昭39・10・13民集18巻8号619頁・百選Ⅰ［35］事件）。

裁判官に除斥原因があるときは，申立てまたは職権により除斥の裁判を行い当該裁判官をその事件の職務執行から排除する（23条2項）。除斥原因の存在を看過し，除斥原因のある裁判官が判決に関与した場合には，上訴によりその取消しを求めることができ（312条2項2号），判決が確定した後でも再審の訴えによりその取消しを求めることができる（338条1項2号）。

3 忌　避

除斥原因は，裁判の公正が疑われる典型的な場合を定型的に列挙するものであるため，〔設例②〕のように，これに該当しなくとも裁判の公正が疑われる場合がありうる。そこで，これらの場合に，当事者の申立てによりその者を職務執行から排除する制度として忌避制度が設けられている。忌避事由は，除斥原因を補完するという趣旨から「裁判の公正を妨げるべき事情があるとき」と概括的に定められており（24条1項），〔設例②〕のように裁判官が当事者と親友である場合や事件の行方に重大な経済的利害関係を有している場合など，公平な裁判が期待できないとの疑いを当事者に抱かせる客観的な事情がある場合がこれにあたる。したがって，訴訟指揮に対する主観的な不満だけでは忌避事由とはならない。判例は忌避事由を極端に狭く解し，裁判官が当事者の訴訟代理人の女婿である場合でも忌避事由にあたらないとするが（最判昭30・1・28民集9巻1号83頁・百選Ⅰ［36］事件），この判決に対して学説の多くは批判的である。忌避制度は，「裁判の公正」だけでなく「公正さの外観」をも担保する制度であり，個々の裁判官の資質とは別次元のものであるのだから，客観的にみて「公正らしさ」が疑われる場合には淡々と忌避を認めるべきであろう。

忌避の申立ては，その対象となる裁判官が所属する裁判所に行う。申立てがあると，急速を要する行為を除き，本案の訴訟手続はその申立てについての決定が確定するまで停止される（26条）。手続を進めた後に忌避が認められ，それまでの審理が無駄となることを防止する趣旨である。忌避の裁判は，対象となる裁判官が所属する裁判所の合議体（簡易裁判所の裁判官については，所属

する簡易裁判所の所在地を管轄する地方裁判所の合議体）が行い（25条1項・2項），忌避を申し立てられた裁判官自身は関与できない（25条3項）。ただし，もっぱら訴訟遅延や裁判官に対する嫌がらせを目的とするなど，忌避権の濫用と明らかに認め得る場合には，その裁判官自身が申立てを却下することができると解されている（札幌高決昭51・11・12・百選Ⅰ［10］事件）。

4　回　避

　裁判官が自己に除斥・忌避事由があると考えて，自発的に事件の担当からはずれることを回避という（規12条）。回避をする場合，監督権を有する裁判所の許可を得る必要がある。回避は，裁判所内部の事件の分配に関するものであるため，民事訴訟規則にその規定が置かれている（旧民訴43条参照）。

第3章 当事者

§1 当事者の意義

(1) 当事者の概念

　民事訴訟における当事者とは，自己の名において訴えを提起し，または相手方として訴えを提起され，判決の名宛人になる者をいう（**形式的当事者概念**）。かつては，訴訟物たる権利・法律関係の帰属主体が当事者であるとする**実質的当事者概念**もあったが，他人間の権利関係について第三者が当事者となる場合（第三者の訴訟担当，他人間の権利関係の確認訴訟）もあることから，これらの場合についても包括的に説明できる形式的当事者概念が現在においては支配的となっている。当事者の呼称は，手続の種類や審級により異なり，判決手続の第一審において訴えを提起する者を原告，相手方を被告といい，控訴審では控訴を提起する者を控訴人，相手方を被控訴人，上告審においては上告を提起する者を上告人，相手方を被上告人という。

(2) 二当事者対立の原則

　裁判権行使の公正を担保し，行使の結果を当事者に納得させるためには，対立する利害関係人を当事者として手続に関与させ，自らの権利主張を尽くす地位と機会を与える必要がある。そのため，民事訴訟の成立には，相対立する二当事者の存在が当然の前提とされており，これを二当事者対立の原則という（例外的に三面訴訟もあり得る［47条］）。そのため，相続や法人の合併により一方当事者が相手方の地位を承継したときや，離婚訴訟において一方当事者が死亡した場合のように当事者の地位を承継する者がいないときには，訴訟を成立させる前提である二当事者対立構造を維持できなくなり，訴訟は当然に終了する。

(3) 当事者権

　当事者は訴訟の主体とされるが，名ばかりでなく実質においても主体に相応しい地位と手続関与の機会を保障するため，さまざまな権利が認められている。これら当事者の地位につくことにより訴訟上認められる諸権利を総称して**当事者権**という。当事者権の内容は多岐にわたるが，手続面においては，期日の呼び出しを受ける権利（94条），期日指定申立権（93条1項），訴訟指揮の不備を補正する権利として求問権（149条3項），責問権（90条），その他，記録閲覧権（91条），除斥・忌避申立権（23条2項・24条1項）などが，また，訴訟の内容面においては，審判対象・範囲を特定する権利や判決によらず訴訟を終了させる権利（処分権主義に包摂される諸権利），攻撃防御方法を提出する権利（**弁論権**），裁判に対して不服申立てをする権利などがあげられる。

　最近では，当事者権を保障し十分に行使させることによってはじめて当事者に判決効を及ぼすことが正当化されるとして，当事者権の保障を判決効の正当化根拠として位置づける見解が有力である。このような観点からは，とくに弁論権の保障が重視され，最低限の弁論権は憲法上（憲32条）もその保障が要求されるとしている。

§2　当事者の確定

〔設例〕

① Xは貸金の返還を求めて，借り主であるYの名前を訴状の被告欄に記載し，訴えを提起した。しかし，訴えを提起する1カ月前にすでにYは死亡していた。裁判所はこの訴えをどのように処理すべきだろうか。また，訴状を受領したYの相続人Zが，そのまま父親Yの名前で応訴した場合はどうだろうか。

② 甲は貸金の返還を求めて，借り主である乙の名前を訴状の被告欄に記載し，訴えを提起した。しかし，このことを知った丁が乙の名

を勝手に使って応訴し，そのことが発覚しないまま甲の勝訴判決が確定した。この場合，判決の効力は乙に及ぶだろうか。

1　意　義

　現実の訴訟において誰が当事者であるかを明らかにすることを当事者の確定という。当事者は裁判籍や除斥原因などの判断基準となるとともに，当事者能力や訴訟能力なども現実に当事者になった者について判断され，また，当事者が誰であるかにより判決効の及ぶ範囲も決まることから，訴訟の全段階にわたり当事者の確定は重要である。もっとも，通常の場合は原告が訴状において特定した者をそのまま当事者として扱っても格別問題は生じない。しかし，〔**設例①**〕のように死者を被告として訴えた場合や，〔**設例②**〕のように他人の氏名を勝手に使って裁判をした場合（「氏名冒用訴訟」という）には，いかなる基準により当事者を確定するかが問題となる。

2　当事者の確定基準

　当事者の確定基準については，伝統的な見解として，①原告または裁判所の意思を基準とする**意思説**，②訴訟上当事者らしく振る舞い，または当事者として取り扱われた者を当事者とする**行動説**，③訴状の当事者欄の表示に加え，請求の趣旨・原因など訴状に記載されたところを合理的に解釈して当事者を確定する**表示説**がある。意思説は内心の意思を基準とする点で明確性に欠け，行動説も当事者本人が訴訟追行しない場合には明確な基準とはいえず，また，両説とも訴え提起直後には判断基準として機能しないとの難がある。そこで，訴え提起直後であっても一律かつ明確に当事者を定めることができる表示説が通説的地位を獲得している。

　表示説によれば，〔**設例①**〕の場合は，訴状の被告欄に記載されたＹが被告となる。しかし，当事者であるＹはすでに死亡しているため，この訴えは二当事者対立構造を欠くことになり不適法な訴えとして却下されることになる。また，そのまま死者Ｙを被告として判決が下されたとしても，判決の効力は誰にも及ばない。相続人Ｚが父親Ｙの名で応訴していることが判明した場合には，

任意的当事者変更により，以後相続人Zを被告として手続を進行させることになる（ただし，意思説を前提に，表示の訂正により処理するものとして，大判昭11・3・11民集15巻977頁・百選Ⅰ［39］事件がある）。〔設例②〕の場合は，表示説によれば訴状の被告欄に記載された乙が当事者となる。したがって判決の効力は乙に及ぶが，判決の確定後であっても代理権欠缺の場合に準じて乙は再審の訴えによりこの判決の取消しを求めることができる（大判昭10・10・28民集14巻1785頁・百選Ⅰ［38］事件）。なお，表示説においても，乙は自分が被告とされたことすら知らず，手続関与の機会が全く保障されなかったことから，そもそも判決の効力自体及ばないとする見解もある。

◇ 論　点 ◇

当事者の確定基準をめぐる議論

　表示説は確かに基準としての明確性の点では優れているが，氏名冒用訴訟において手続関与の機会のなかった被冒用者に判決効が及ぶなど，そのままでは具体的妥当性を欠く場合があるとの批判がある。そのため，具体的事案において妥当な結論を導き出すことのできる基準として，①紛争の解決のため当事者とすることがもっとも適切と考えられる者（当事者適格を有する者）を当事者とする**適格説**，②これから手続を開始する段階においては表示説により，手続が進行した後に誰を当事者として手続の結果を及ぼすかという段階においては，その紛争につき当事者適格を持つ者であって手続に関与する機会が現実に与えられていた者を当事者とする**規範分類説**，③個々の事案において紛争主体を特定する責任を分配し，その責任分配にもとづいて当事者を定めるとする**紛争主体特定責任説**などが提唱されている。いずれも，いったん進行した手続の効果を維持しつつ当事者の手続保障をはかろうとするものであるが，適格説や規範分類説については当事者の確定と当事者適格の問題を混同するものであるとの批判が，また紛争主体特定責任説については責任分配の基準が明確でないとの批判がある。さらに最近では表示説の立場から，そもそも当事者確定理論は訴え提起の段階で誰を当事者とするかという問題を守備範囲とするものであり，手続進行後に生ずる問題については任意的当事者変更や訴訟承継の類推，判決効の拡張などの理論により解決をはかるべきであるとする**確定機能縮小説**も主

張されるにいたっている。

〔参考文献〕
・高橋宏志『重点講義民事訴訟法［新版］』132頁（有斐閣，2000）

3　表示の訂正と任意的当事者変更

　本来の当事者と訴状の当事者欄の記載とが一致しないことが訴訟係属中に判明した場合，このズレを解消するため当事者の表示を訂正・変更する必要がある。当事者の表示をAからBに訂正するにあたり，AとBとが特定人としての同一性を有している場合（氏名の誤記などの場合）には，単なる表示の訂正であり，Aに対する従前の訴訟追行の効果はすべてBに引き継がれることになる。これに対し，AとBとが別人格の場合（当事者としての同一性がない場合）は，当事者そのものを交代・変更させる任意的当事者変更となり，従前の訴訟追行の効果を新当事者に当然に引き継がせることはできない。判例においては，本来任意的当事者変更による場合であっても，具体的妥当性を重視し，単なる表示の訂正として処理する例もみうけられる（大阪地判昭29・6・26下民集5巻6号949頁・百選I［40］事件）。また，会社を当事者とする訴訟において法人格否認の法理が適用される場合にも，単なる表示の訂正で足りるか，あるいは任意的当事者変更の手続が必要となるかが問題となり得る（最判昭48・10・26民集27巻9号1240頁・百選I［14］事件参照）。

§3　当事者能力

〔設例〕　A印刷会社は，B大学同窓会の会員名簿の印刷・製本を受注し，納品した。しかし，代金支払期日になっても支払いはなく，その後も一向に代金が支払われる様子がないため，名簿印刷代金の支払を求め訴えを提起することにした。この場合，B大学同窓会は法人ではないが，B大学同窓会を被告として訴えを提起することはできるだろうか。

1　意　義

　民事訴訟の当事者となることのできる一般的資格を当事者能力という。民法における権利能力が個々の具体的な権利の内容とは別に，そもそも権利義務の帰属主体となることができるかというレベルの概念であるのと同様に，当事者能力は，個々の事件の内容や性質とは無関係に，そもそも民事訴訟の当事者たる地位につくことができるかということを問題とする概念である。〔設例〕においては，そもそも法人格のないB大学同窓会がその名において民事訴訟の当事者となることができるか，すなわちB大学同窓会の当事者能力の有無が問題となる。

2　当事者能力を有する者

(1)　権利能力者

　民事訴訟は実体法上の権利義務に関する紛争を解決する制度であることから，それらの帰属主体となりうる者，すなわち権利能力を有する者を訴訟上も当事者とするのが適切と考えられる。そこで，実体法上権利能力を有する者はすべて，訴訟上も当事者能力を有するものとされている（28条）。したがって，自然人は出生から死亡するまで，年齢性別を問わず当事者能力を有する（民1条ノ3参照）。胎児は権利能力を有さないので原則として当事者能力も認められないが，例外的に損害賠償，相続，遺贈については権利能力を認められているので（民721・886・965条），これらの権利義務をめぐる訴訟については当事者能力が認められる。また，法人も実体法上権利能力を認められているから（民43条），訴訟上も当事者能力が認められ，その名において訴えまたは訴えられることができる。

(2)　法人格なき社団・財団

　実体法上は，法律関係の明確化，国家による監督の便宜などの要請により，主務官庁の認可を得た団体，または法定の要件を備えて設立された団体にのみ法人格を付与し，それ以外の団体については権利義務の帰属主体とは扱っていない。しかし，現実の社会においては，これら実体法上は権利能力を認められていない団体であっても，その団体名で活動し，さまざまな取引行為の主体となっている場合がある。〔設例〕のB大学同窓会がまさにその例である。この

ように，権利能力なき社団・財団であっても，その団体名で社会的に活動を行っている以上，ときとして他の主体との間で紛争が生じることもありうる。その場合，これらの団体に当事者能力を認めないと，紛争の相手方は誰を当事者として訴訟を行えばいいか調査しなければならず，非常に煩わしいばかりか，場合によっては訴訟を行うこと自体が困難になりかねない。また，団体名で活動し紛争の主体となった以上，その団体名で訴訟の当事者となることを認める方が実態にも即するし，便宜でもある。そこで，民事訴訟法は民法など実体法とは別の見地から，法人格のない団体であっても，代表者または管理人の定めがあり，社団・財団としての実体を備えているものについては当事者能力を認めることとしている（29条）。社団・財団としての実体を備えているとは，内部規範などによりその組織が明確に定められていること，構成員の変更にもかかわらず団体そのものが存続すること，対外的な独立性があることなどがあげられる（最判昭42・10・19民集21巻8号2078頁）。また，最近では，訴訟類型ごとに当事者能力の判断のための要件を相対化して検討する見解も有力に主張されている。町内会や同窓会（〔**設例**〕），学会，設立手続中の会社や財団法人などが，29条により当事者能力を認められる団体の例としてあげられるが，法人組織の一部を構成するにすぎない団体については対外的独立性を欠くことから当事者能力は認められない（最判昭60・7・19民集39巻5号1266頁）。

◇ 論　　点 ◇

民法上の組合の当事者能力

　民法上の組合は，共同の事業を営む契約であり（民667条〜688条），実体法上の概念としては，人の集合体である社団とは全く別個のものであるため，これに当事者能力を認めるか否か（29条の社団に該当するか）につき争いがある。判例は，債権の保全回収などを目的として結成された民法上の組合について当事者能力を認めるなど（最判昭37・12・18民集16巻12号2422頁・百選Ⅰ [41] 事件），大審院以来一貫して肯定説に立っている。これに対し，学説上は否定説と肯定説が対立している。否定説はその論拠として，①組合員の個人的な目的から独立した組合固有の目的はない，②組合の財産関係は組合員個人の財産関係から独立していない，③組合のような構成員の個性の強い団体において代表

者に訴訟を追行させると，他の組合員の利益を害するおそれがある，④代替的手段（業務執行組合員による訴訟担当や訴訟代理，選定当事者など）を利用すべきことなどをあげる。これに対し，肯定説は，①組合とはいえ独自の財産を有し，対外的に1つの団体として活動している以上，当事者能力を認める方が実態に合うとともに便宜である，②現実には組合と社団を峻別するのは困難であり，訴えを提起するにあたり相手方が組合か社団かを調査しなければならないとすれば29条の便益を殺ぐことになるとともに，相手方に過大な負担を課すことになる，③組合を代表して訴訟追行する者がその訴訟で争われている事項につき正当な代表権限を有する限りは，個々の組合員の利益が害されるおそれはないことなどを論拠とする。否定説は組合と社団の概念的区別を基礎とするものであり，肯定説は実際的便宜的取扱いの必要性を強調するものといえる。組合とはいってもその実態は組合員の個性が強いものから，社団性の強いものまで千差万別であり，民法上の組合であるという形式に拘泥し一律に当事者能力を否定する必要はないと考えられる。組合か社団かという概念的区別ではなく，その実質に注目し，社団としての実質を備えている場合には当事者能力を認めてよく，またそのように解する方が訴訟法独自の立場から当事者能力を認める29条の趣旨にも合致するといえよう。

〔参考文献〕
・飯倉一郎「民法上の組合の当事者能力」民事訴訟法の争点［新版］100頁（有斐閣，1988）

3 権利能力と当事者能力の対応関係

当事者能力は，原則として権利能力を基準として認められることから，実体法上権利能力を有するとされている自然人・法人については，訴訟法上もすべて当事者能力が認められており，この限りでは権利能力と当事者能力は完全にパラレルな関係にある。しかし，実体法上は権利能力が認められない法人格なき社団・財団についても，訴訟法は独自の立場から29条に該当する団体について当事者能力を認めており，この範囲では，権利能力と当事者能力との対応関係が崩れる結果となっている。また，民法上の組合についても，実体法上は権利能力が認められないが，訴訟法上は判例および学説の一部は当事者能力を認

めており，ここでも権利能力と当事者能力の対応関係が崩れる場合がある。

		権利能力	当事者能力
自然人		○	○
胎児	原則	×	×
	例外（相続など）	○	○
法 人		○	○
権利能力なき社団財団		×	民訴法29条に該当するものについては○
民法上の組合		×	判例：○ 学説：○ vs ×

4 当事者能力を欠く場合の措置

　当事者能力の存在は訴訟要件の1つであり，その有無につき職権で調査しなければならない（当事者能力の判断のための資料の提出につき，民訴規14条参照）。当事者能力を欠く場合には不適法な訴えとして却下される。訴訟係属中に当事者能力を喪失した場合（当事者の死亡など）には，手続の中断・受継の問題が生じる（124条）。訴訟能力の欠缺を看過して判決がなされた場合には，上訴により取消を求めることができる。判決の確定後は，再審事由にはあたらないため取消を求めることができなくなるが，その判決の効力については，その者は当事者能力があったものとして取り扱われるとする有効説と，無効な判決となるとする無効説がある。死産した胎児のように，当事者が社会的実体としても不存在の場合には，無効とする以外ないであろう。

§4　訴訟能力

　〔設例〕　A大学法学部2年のX（19歳）は，Yの運転する車に轢かれて全治一週間のケガをした。しかし，Yは自己の責任を認めようとせ

ず，治療費なども支払おうとしないため，Xは治療費などの支払を求めて訴えを提起することにした。
① 両親がXに自分で訴訟を行うことを許可した場合，Xは自分で弁護士を選任し裁判を進めることができるだろうか。
② Xがすでに結婚している場合はどうだろうか。

1 意 義

　民法においては，自然人であれば等しく権利能力を認めているが，判断能力や取引能力が十分でない者を保護するために，行為能力という単独で法律行為を行うための能力水準を設けている。そして，この水準に満たない者を定型的に行為無能力者とし（未成年者・成年被後見人・被保佐人・被補助人），これらの者が単独で行った法律行為は取り消すことができるものとすることにより，その保護をはかっている。訴訟の追行は，私法上の取引行為以上に複雑であり，また判断を誤った場合に受ける不利益の程度も大きいことから，判断能力が十分になく，訴訟において自己の利益を十分に防御できない当事者を保護する必要性は一層大きいといえる。そこで，訴訟法においても，自ら単独で有効に訴訟行為をなし，または相手方や裁判所の訴訟行為を有効に受けるために必要な能力として**訴訟能力**という水準を設け，これに達しない者は単独で訴訟行為を行えないものとすることにより，その保護をはかっているのである。当事者能力があれば自己の名において当事者の地位につくことはできるが，自ら単独で訴訟行為を行うことができるかどうかは別のレベルの問題であり，訴訟法における当事者能力と訴訟能力の関係は，民法における権利能力と行為能力との関係と対比して考えることができる。

2 訴訟能力の基準と範囲

(1) 訴訟能力の基準

　訴訟能力は，原則として民法上の行為能力に準じて認められる（28条）。したがって，民法上の行為能力者はすべて訴訟能力を有する（なお，外国人の訴訟能力につき33条参照）。ただし，民法において意思能力を欠く者がなした法律

行為は無効とされているのと同様に，外形的には訴訟能力者とされていても，意思能力を欠く状態で行った訴訟行為は無効である（最判昭29・6・11民集8巻6号1055頁・百選Ⅰ［51］事件）。

以下においては，民法上の行為無能力者（未成年者・成年被後見人・被保佐人・被補助人）についての訴訟法上の取扱いをみていくことにする。

(2) **絶対的訴訟無能力者**——未成年者・成年被後見人——

未成年者および成年被後見人は，原則として本人が訴訟行為を行うことはできず，これらの者が当事者の場合には法定代理人が代わって訴訟を追行しなければならない（31条）。このことから，未成年者および成年被後見人は**絶対的訴訟無能力者**といわれる。〔設例①〕の場合，Xは未成年者であるため，たとえ両親の許可を得た場合であっても，自分で弁護士を選任し裁判を進めることは許されない（訴訟能力は，訴訟手続内の行為のみならず，弁護士の選任のように訴訟外で行われる訴訟行為にも必要とされる）。

ただし，未成年者は，実体法において成年と同一の行為能力を持つとされている場合には，訴訟上も完全な訴訟能力が認められ，自ら単独で訴訟行為を行うことができる（31条但書）。したがって，〔設例②〕のように未成年者が結婚している場合には成年とみなされるため（民753条），完全な訴訟能力を有することになる。また，営業許可を得た場合（民6条1項）や会社の無限責任社員となる許可を得た場合（商6条）も，その範囲では完全な訴訟能力が認められることになる。

なお，絶対的訴訟無能力者に法定代理人がいない場合，あるいは法定代理人がいても代理権を行使し得ない場合には，相手方の権利行使の途を閉ざさないため，受訴裁判所に対して特別代理人の選任を申し立てることができるとされており，訴訟無能力者はこれにより代理されることになる（35条1項）。

(3) **制限的訴訟能力者**——被保佐人・被補助人——

(a) 原則　　被保佐人が自ら単独で訴訟行為をするためには，保佐人の同意が必要とされる（民12条1項4号）。また，被補助人についても，補助人の同意を要する「特定の法律行為」として訴訟行為があげられている場合には（民16条1項），補助人の同意が必要とされる。被保佐人および被補助人は，同意権者の同意により訴訟能力が認められることから，**制限的訴訟能力者**といわれる。

(b) 例外　被保佐人や被補助人が，相手方の提起した訴えや上訴について訴訟行為をするには，同意権者の同意は不要とされている（32条1項）。これらの場合にも同意を必要とすると，同意が与えられない限りこれらの者に対して訴えや上訴を提起することができなくなり，相手方の権利行使の機会が閉ざされるおそれがあるためである。また，すでに同意を得ている場合であっても，判決によらないで訴訟を終了させる行為（訴えの取下げ，請求の認諾，放棄，和解）をするためには，その行為の重大性に鑑み，あらためて特別の同意を得る必要がある（32条2項）。

(4) **人事訴訟における訴訟能力**

離婚や子の認知などの人事訴訟については，本人の身分に関する訴訟であることからできるだけ本人の意思を反映させるため，自ら訴訟行為を行うことを認める必要性が高いといえる。そこで，これらの訴訟においては，被保佐人・被補助人については，同意を要せず訴訟行為をなすことを認めている。また，未成年者についても，個別的に判断し，意思能力のある限りは訴訟能力を認めている（意思能力を欠く場合には，法定代理人が訴訟を追行する）。これに対し，成年被後見人については，未成年者と同様に意思能力を基準に個別的に判断すべきとの見解もあるが，「事理を弁識する能力を欠く常況に在る」以上，一律に訴訟能力を否定すべきとの見解が多数説である。

3　訴訟能力欠缺の効果

訴訟能力の存在は個々の訴訟行為が有効に成立するための要件であり，訴訟能力を欠く者がした訴訟行為やこれを欠く者に対してなされた訴訟行為は当然に無効となる。民法上は，行為無能力者がなした法律行為は取り消されるまでは一応有効に存在するものとされているが，訴訟は個々の訴訟行為の連鎖として成立するものであるため，手続安定の要請から，訴訟無能力者の訴訟行為については，はじめから無効としているのである。

ただし，訴訟無能力者がなした訴訟行為でも，法定代理人や訴訟能力を有するにいたった本人が追認する場合には，これを有効としても訴訟無能力者の保護に欠けることにはならないし，また，相手方や裁判所にとっても便宜であり，訴訟経済にも合致することから，追認により行為の時に遡ってその効力を生ず

るものとされている（34条2項）。たとえば，〔設例①〕の場合，Xが自分で行った訴訟行為は無効であるが，訴訟係属中にXが20歳になり，従前の訴訟行為を追認した場合には，それらの訴訟行為は有効なものとなる。なお，訴訟行為の一部のみを選択して追認することは許されず，追認する以上はすべての訴訟行為を一括して追認しなければならない（最判昭55・9・26判時985号76頁）。

　訴訟能力の有無については，裁判所が職権で調査しなければならない。訴訟能力を欠くことを発見した場合には，上記のように追認の余地があるため，直ちにはこれを排斥せず，一定の期間を定めてその補正を命じる（34条1項）。期間内に補正がなされなかった場合には，①訴え提起の段階で訴訟能力の欠缺があるときには，訴訟係属自体が適法でないため，不適法な訴えとして却下することになるが，②訴え提起の段階では訴訟能力に欠缺はなく，その後に訴訟能力を欠くにいたったときには，訴訟無能力となった後になされた個々の訴訟行為が無効として排斥されることになる。なお，①の訴え却下判決に対しては，訴訟能力の有無について争う機会を保障するため，訴訟無能力者とされた本人も適法に上訴することができる。また，訴訟能力の欠缺を看過して判決がなされた場合には，上訴・再審によりその取消しを求めることができる。ただし，判決後であっても追認があると不服の理由はなくなる（312条2項但書）。

4　行為能力と訴訟能力の対応関係

　行為能力と訴訟能力はともに，判断能力が不十分な者を保護するために設けられた能力水準であり，訴訟能力の有無は，原則として民法上の行為能力を基準に判断されることから，両者の間には一定の対応関係がある。しかし，訴訟無能力者の範囲や取扱いは必ずしも民法上の行為能力と一致するわけではなく，以下のような相違点がある。

　まず，未成年者の能力について，民法上は法定代理人の同意があれば自ら有効に法律行為ができるとされるが（民4条），訴訟行為は取引行為以上に複雑であり高度な判断能力を必要とすることから必ず法定代理人が代わって行わなければならないとされている（31条）。未成年者が処分を許された財産（民5条）に関する訴訟行為についても同様である。

　次に，無能力者のなした行為の効力については，民法上はこれを取り消し得

るものとしているが（民4条2項・9条・12条4項・16条4項），訴訟法上は手続安定の要請から，訴訟無能力者が行った訴訟行為は一律に無効としている。

また，人事訴訟においても，若干の例外規定が設けられている。

5 弁論能力

法廷において現実に訴訟行為，とくに弁論をなし得る資格・能力を**弁論能力**という。訴訟能力が当事者本人の保護のために要求されるのに対し，弁論能力は訴訟手続を円滑に進行させ，司法制度を健全に運営するために要求される能力である。わが国においては，弁護士強制主義を採用しておらず，本人訴訟が認められているため，訴訟能力者は原則として弁論能力を有するといえる。ただし，裁判所は弁論に関与する者が事案を解明するのに十分な弁論ができないと判断した場合には，その者に弁論を禁止し，弁護士の付き添いを命じることができる（155条1項・2項）。この限りでは，訴訟能力者であっても弁論能力を欠くといえる。

§5　当事者適格

〔**設例**〕　Y電力がA地域に大規模な火力発電所を建設する計画があることが判明した。これまでA地域の環境保全活動を行ってきた地域住民$X^{1〜10}$は，Y電力との間で発電所建設計画の中止を求めて交渉を行ったが，ついにY電力は発電所建設計画を実行に移す旨通知してきた。そこで，Xら10名は地域住民の代表として，環境権にもとづき発電所建設の差止めを求める訴えを提起することにした。裁判所はこのような訴えにつき，Xら10名を当事者として訴訟手続を進めることができるだろうか。

1 概　　念

　当事者適格とは，訴訟物たる権利または法律関係について，当事者として訴訟を追行し判決を求めることができる資格をいう。具体的な事件との関係で，誰を当事者とすることが紛争の有効適切な解決につながるか，ということを問題とするものである。形式的当事者概念の下では，自己の名において訴えを提起し，または相手方として訴えを提起される者が当事者とされるが，これらの者に対して本案判決をすることが必ずしも紛争の有効適切な解決につながるとは限らない。そこで，形式的当事者概念により当事者とされた者の中から，本案判決を下すに相応しい者，すなわち当事者として判決を下すことが紛争の有効適切な解決につながる者を選別することが必要となる。そのための選別基準となるのが当事者適格なのである。この意味では，当事者適格は本案判決をなすに相応しくない不適切な当事者を排除するという機能（消極的機能）を果たすものともいえる。また，最近では〔設例〕にあげた環境訴訟や公害訴訟，消費者訴訟のような，集団的拡散利益に関する訴訟において，多数の利害関係人の中から紛争解決にとってより適切な当事者を選び出すという，積極的機能についても注目されている。

　当事者能力が，具体的な事件の内容・性質とは無関係に一般的に定められるのに対し，当事者適格は個々の事件における特定の訴訟物との関係で個別的に判断されるものであり，両者は次元を異にする別個の訴訟要件である。しかし，両者は有効適切な紛争解決のための当事者選別基準として機能するという点では共通する面もあることから，最近では，当事者能力と当事者適格を相対的な基準ととらえ，両者を連動させて考える見解も有力に主張されている（百選Ⅰ[43]事件〈解説〉参照）。

　なお，当事者適格は，当事者の側からみれば訴訟を追行する資格・権限とみることができることから，**訴訟追行権**ともいわれる。

2　当事者適格を有する者

　当事者適格は，訴訟物たる権利義務または法律関係の存否の判断について法律上の利害関係を持つ者に認められるのが原則である。訴訟類型別にみれば，給付訴訟においては，給付請求権が自己に帰属すると主張する者とその主張に

より義務者とされている者が当事者適格を有する。確認訴訟においては，請求について確認の利益を持つ者と確認を必要ならしめている者が当事者適格を有する。形成訴訟については，法律上個別的に原告・被告となるべき者が定められているのが通常であり，それらの者が当事者適格を有することになる。

　以上の原則に対し，例外的に実体的利益の帰属主体に代わって，あるいはこれと並んで第三者が当事者適格を有する場合がある。これを第三者の訴訟担当といい，この場合，第三者たる訴訟担当者が受ける判決の効力は，訴訟物たる権利義務関係の帰属主体である本人にも及ぶ（115条1項2号）。

3　第三者の訴訟担当

　第三者の訴訟担当は，訴訟物についての利益帰属主体以外の第三者が，当事者として訴訟を追行する場合であるが，これには，①法律の規定によって第三者に当事者適格が認められる場合（**法定訴訟担当**）と，②本来の利益帰属主体の意思（授権）にもとづいて第三者に当事者適格が認められる場合（**任意的訴訟担当**）がある。

(1)　法定訴訟担当

　法定訴訟担当は，訴訟担当が認められる実質的な根拠の違いから，さらに**「担当者のための法定訴訟担当」**と**「職務上の当事者」**とに分かれる。

　(a)　担当者のための法定訴訟担当　　第三者が自己の利益のため，または自己が代表する者の利益のために，訴訟物である権利義務関係について管理処分権を認められ，それにもとづいて訴訟追行権を持つ場合である。債権者代位訴訟において債務者の権利を代位行使する債権者（民423条）や株主代表訴訟を提起する株主（商267条）などがこれにあたる。また，破産財団に関する訴訟における破産管財人（破7条・162条）のように，財産の管理処分権が第三者に与えられ，その第三者が管理処分権行使の一形態として訴訟追行権を持つ場合も，この類型に含まれる。

　(b)　職務上の当事者　　訴訟物たる権利義務の帰属主体による訴訟追行が困難または不適当な場合に，当該権利義務に関する紛争を解決し，その者の利益を保護するために，法律上一般的にその主体の利益を保護すべき職務に就いている者に訴訟追行権が認められる場合である。権利義務の帰属主体，あるいは

その者に対し訴訟を提起する必要のある第三者の利益のために認められる点で，担当者のための法定訴訟担当と異なる。人事訴訟において本来の適格者の死亡後に当事者となる検察官・弁護士（人訴2条・26条・32条），海難救助料請求について救助料債権の債務者に代わって被告となる船長（商811条2項），成年被後見人の離婚訴訟および嫡出否認の訴えにおける成年後見人，成年後見監督人（人訴4条・25条・28条）などがこれにあたる。遺言執行者については，民法の規定上は「相続人の代理人とみなす」（民1015条）とされているが，訴訟上は，遺言の実現という任務上自から当事者となるとするのが判例・通説である（最判昭31・9・18民集10巻9号1160頁。ただし，請求との関係で遺言執行者の被告適格を否定するものとして，最判昭51・7・19民集30巻7号706頁・百選Ⅰ［45］事件がある）。なお，心神喪失の状況にあるが未だ後見開始の審判を受けていない者に対する身分訴訟についても，35条の特別代理人によるのではなく，後見開始の審判により成年後見人または成年後見監督人を選任したうえで，これらの者を職務上の当事者として行わなければならないとされている（最判昭33・7・25民集12巻12号1823頁・百選Ⅰ［52］事件）。

(2) **任意的訴訟担当**

任意的訴訟担当は，訴訟物である権利義務の帰属主体がその意思にもとづき当該権利義務関係についての訴訟追行権を第三者に授与することにより認められるものであり，帰属主体の意思にかかわらず法律の規定により訴訟追行権が認められる法定訴訟担当と区別される。共同の利益を持つ者が多数存在する場合に，その中から代表者（選定当事者）を選び，その者が選定者全員のために当事者となる**選定当事者**（30条），および，手形の取立委任裏書の被裏書人（手18条）について，明文で任意的訴訟担当が許容されている。

任意的訴訟担当については，これを無制限に認めると**弁護士代理の原則**（54条）や**訴訟信託の禁止**（信託11条）を潜脱するために悪用されるおそれがあることから，以上の法定の場合以外にも認めるか，また，認めるとすればどのような範囲でいかなる基準により認めるかについて議論がある。従来は，これを厳しく制限する立場が有力であり，法定の場合以外は原則として任意的訴訟担当を許容せず，例外的に権利の帰属主体が管理処分権を他人に授権するについて正当な業務上の必要がある場合にのみこれを許容するという正当業務説が通

説とされていた。しかし，最近では，訴訟の結果についての利害関係や，訴訟物である権利関係についての関与の程度など実質的な関係を重視し，広い範囲で任意的訴訟担当を許容する見解（実質関係説）が有力に主張され，通説的見解となっている。また，判例もかつては，法定の場合以外に任意的訴訟担当を認めることには否定的であったが，現在では，①弁護士代理の原則および訴訟信託の禁止を潜脱するものではなく，②これを認める合理的必要がある場合には，任意的訴訟担当を許容してよいと解している（最大判昭45・11・11民集24巻12号1854頁・百選Ⅰ〔49〕事件）。

◆ 発展・研究 ◆

現代型訴訟における当事者適格

〔設例〕のような環境権にもとづく差止請求や，消費者団体が製品によって被害を受けた消費者を代表して訴えを提起する場合のようないわゆる現代型訴訟においては，当事者適格が大きな問題となる。伝統的な理論によれば，これらの訴訟における住民団体や消費者団体は法定訴訟担当には該当せず，また，たとえ任意的訴訟担当が認められるとしても個別の授権を必要とすることから，拡散的利益に関する訴訟においては限界がある。そこで学説において，訴え提起前の紛争解決過程で相手方と持続的な交渉を行うなどの重要な役割を果たしてきた第三者は，紛争管理権なるものを取得し，当事者適格を有するに至るとの見解（**紛争管理権説**）が登場した（伊藤眞・民事訴訟の当事者90頁以下〔弘文堂，1978〕）。しかし，判例はこの見解を否定しており（最判昭60・12・20判時1181号77頁・百選Ⅰ〔48〕事件），学説においては，伝統的な理論では対処できない集団的拡散利益に関する現代型訴訟につき，任意的訴訟担当理論の再構成など新たな理論的展開が模索されている。

〔参考文献〕
- 伊藤眞「紛争管理権再論」竜嵜喜助還暦『紛争処理と正義』203頁（有斐閣，1988）
- 福永有利「新訴訟類型としての『集団的利益訴訟』の法理」民事訴訟雑誌40号61頁（1994）
- 上原敏夫『団体訴訟・クラスアクションの研究』（商事法務，2001）

§6 訴訟上の代理人

〔設例〕 A大学法学部のB君は，父親Xから，せっかく法学部に行って勉強しているのだから，知人Yに貸した50万円の貸金返還訴訟を自分の代わりにやってくれと頼まれた。B君は，父親Xの代理人としてこの訴訟を追行することができるだろうか。

1 総　説
(1) 訴訟上の代理人の概念

　訴訟上の代理人とは，当事者である本人の名において，これに代わって自己の意思にもとづき訴訟行為をし，また相手方の訴訟行為を受ける者をいう。当事者が訴訟無能力者の場合には，これに代わって代理人が訴訟を追行する必要があり，また，当事者が訴訟能力を有しているとしても，訴訟の追行は専門知識と経験がないと困難であることから，訴訟法においても，実体法におけるのと同様に「代理」制度が認められているのである。

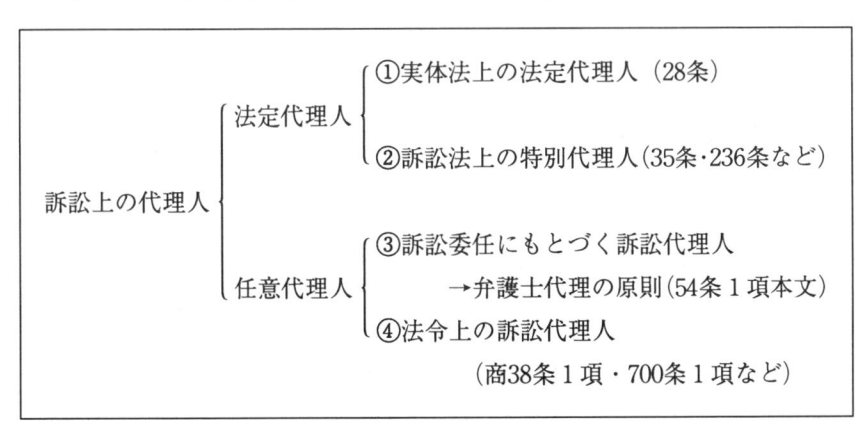

```
                  ┌ 法定代理人 ┌ ①実体法上の法定代理人（28条）
                  │           │
                  │           └ ②訴訟法上の特別代理人（35条・236条など）
訴訟上の代理人 ┤
                  │           ┌ ③訴訟委任にもとづく訴訟代理人
                  │           │   →弁護士代理の原則（54条1項本文）
                  └ 任意代理人 ┤
                              └ ④法令上の訴訟代理人
                                  （商38条1項・700条1項など）
```

　訴訟上の代理人には，本人の意思によらず選任される**法定代理人**と，本人の意思により選任される**任意代理人**とがある。法定代理人はさらに，①実体法上

の法定代理人と②訴訟法上の特別代理人に分けられ，また，任意代理人は，③訴訟委任にもとづく訴訟代理人と，④法令上の訴訟代理人に分けられる。

(2) 民法上の代理との異同

訴訟上の代理人が本人の名においてなした，あるいは受けた訴訟行為の効力を当事者本人に帰属させるためには，民法上の代理と同様に代理権の存在が必要であり，訴訟代理権の欠缺を看過して本案判決をした場合には，上訴（312条2項4号）・再審（338条1項3号）によりその取消しを求めることができる。また，民法上法律行為につき自己契約や双方代理が許されない（民108条）のと同様に，訴訟においても，当事者の一方が相手方を代理したり，一人が双方当事者の代理人を兼ねることは許されない。

訴訟上の代理に特有な点としては，代理権の存在については書面による証明が必要とされ（規15条・23条），代理権消滅の効果は相手方に通知するまで生じないものとされている（36条1項・59条）ことがあげられる。訴訟においては，手続安定の要請から代理権の存否につき画一性・明確性が要求されることによるものである。

2 法定代理人

法定代理人とは，当事者の意思にかかわりなく法律の規定により代理権が認められる代理人であり，実体法上の法定代理人と訴訟法上の特別代理人がある。

(1) 実体法上の法定代理人

実体法上の法定代理人は，訴訟法上も法定代理人となる（28条）。したがって，未成年者の親権者，後見人（民824条・859条），成年被後見人の成年後見人（民859条）は，訴訟上も法定代理人となる。また，民法上の特別代理人（民57条・775条・826条・860条など）も訴訟上の法定代理人となる。なお，実体法上は法定代理人とされている不在者の財産管理人，相続財産管理人，遺言執行者については，訴訟手続との関係でも法定代理人とみるべきか，あるいは職務上の当事者とみるべきかにつき議論がある。判例は，不在者財産管理人と相続財産管理人については訴訟上も法定代理人とするが（最判昭47・11・9民集26巻9号1566頁・百選Ⅰ［A6］事件など），遺言執行者については，相続財産に関する訴訟では自己の名において訴訟行為を行う訴訟担当者であるとしている（最

判昭31・9・18民集10巻9号1160頁。学説については，梅本吉彦「不在者財産管理人，相続財産管理人および遺言執行者」民事訴訟法の争点［第3版］78頁参照）。

(2) 訴訟法上の特別代理人

民事訴訟法の規定により，特定の訴訟手続のために裁判所が選任する法定代理人で，訴訟無能力者のための特別代理人（35条）や証拠保全手続のための特別代理人（236条）がこれにあたる。

(3) 法人等の代表者

法人が当事者となる場合には，その代表者である理事（民53条），代表取締役（商261条），清算人（商430条・124条2項）が訴訟追行にあたるが，これらの代表者は法定代理人に準じて取り扱われる（37条）。

◇ 論　点 ◇

訴訟行為と表見代理

会社がその代表者につき登記を懈怠しあるいは虚偽の登記をしていたため，登記簿に記載された者が真の代表者ではない場合に，登記簿に記載された者を会社の代表者として訴えを提起したとき，実体法上の表見法理に関する規定（民109条，商262条など）が適用されるかが問題となる。判例は，表見法理に関する規定は，取引の相手方を保護し，取引の安全をはかるために設けられた規定であり，訴訟行為は取引行為と異なるとして，表見法理の適用を否定する立場をとる（最判昭45・12・15民集24巻13号2072頁・百選Ⅰ［54］事件）。これに対し，学説上は見解が分かれており，訴訟行為と取引行為は異なること，表見法理の適用を認めると，相手方の善意・悪意により結果が異なり手続の画一性・安定性が害されることなどを理由に表見法理の適用を否定する見解（消極説）と，訴訟も取引行為により獲得された実体法上の権利の実現プロセスと捉えれば取引関係の延長と理解できること，本来登記によって保護されるべき者の犠牲において実体を反映しない登記簿上の外観を作出した責任のある者を保護するのは本末転倒であることなどを理由に，表見法理の適用ないし類推適用を肯定する見解（積極説）が対立する。法人の内部組織上の決議の効力を争う訴訟は別としても，取引上の権利関係に関する訴訟については，実体法上の表見法理に関する規定の趣旨が妥当するものと考えられ，その適用ないし類推適用を

肯定すべきであろう。

〔参考文献〕
・竹下守夫「訴訟行為と表見法理」鈴木忠一＝三ケ月章監修『実務民事訴訟講座(1)』169頁（日本評論社，1969）

(4) **法定代理人の地位と権限**

法定代理人は当事者ではないので，判決の名宛人となるわけではなく，訴訟行為の効果はすべて当事者に帰属する。ただし，当事者の能力を補充する地位に立つため，①死亡または代理権の喪失は訴訟手続の中断事由となる（124条1項3号），②送達は法定代理人に対して行われる（102条1項），③尋問は当事者尋問の手続による（211条），④訴状や判決書の必要的記載事項とされる（133条2項1号・253条1項5号）など，当事者に準ずる扱いを受けることがある。

代理権の範囲および内容は，民法などの規定によって定まるのが原則であり（ただし，32条参照），その消滅原因も民法などの規定によるが，手続安定の要請から代理権消滅の効果は相手方に通知するまでは生じないものとされている（36条1項）。

3 任意代理人

任意代理人とは，当事者本人の意思により訴訟追行のための代理権が付与される代理人であり，訴訟委任にもとづく訴訟代理人と法令上の訴訟代理人とがある。

(1) **訴訟委任にもとづく訴訟代理人**

(a) 弁護士代理の原則　　訴訟委任にもとづく訴訟代理は，特定の事件につき訴訟追行の委任を受け，そのための代理権を授与される場合である。この場合の代理人は，原則として弁護士でなければならない（54条1項本文）。これを**弁護士代理の原則**という（なお，簡易裁判所における司法書士による訴訟代理制度の創設につき，◇**発展・研究**◇参照）。訴訟代理人を弁護士に限定するのは，法律の専門家である弁護士に代理させることにより本人の利益保護を確実にするとともに，訴訟手続を円滑に進行させるためである。ただし，少額軽微な事件を扱う簡易裁判所においては，事件ごとに裁判所の許可があれば，弁護士でない者も訴訟代理人となることができる（54条1項但書）。したがって，〔**設**

例〕の場合は，訴額が50万円なので簡易裁判所の事物管轄に属することから，B君は裁判所の許可を得れば，父親Xの訴訟代理人として訴訟を追行することができる。

なお，弁護士代理の原則との関係で，①非弁護士が訴訟代理人となっていた場合，②業務停止の懲戒処分を受けている弁護士が訴訟代理人となっていた場合，③弁護士が弁護士法25条により職務の遂行を禁止されている場合にこれに違反して訴訟行為を行った場合，の処理が問題となる。判例は，①についてはその訴訟行為を無効とするが（札幌高判昭40・3・4高民集18巻2号174頁），②については有効とし（最大判昭42・9・27民集21巻7号1955頁・百選Ⅰ［59］事件），③については無効であるが，相手方が遅滞なく異議を述べない場合は無効の主張ができなくなる（最大判昭38・10・30民集17巻9号1266頁・百選Ⅰ［58］事件）としている（学説については，萩原金美「弁護士法違反の訴訟行為の効力」民事訴訟法の争点［第3版］84頁参照）。

◇ 発展・研究 ◇

弁護士による法律事務の独占と関連業種への開放

現在進行中の司法制度改革では，弁護士とその他の法律専門職（司法書士，弁理士など）との職域をめぐる問題が1つの論点となっている。わが国では，国民の人権・権利・利益保護の観点から，一定範囲の法律事務については弁護士だけに独占的取扱権を認めており（弁護72条），また，これまで日本弁護士連合会や各弁護士会は，隣接法律関連業種による法律相談などに対し警告を発しあるいは告発するなど，隣接業種への法律事務の開放については消極的な姿勢を貫いてきた。しかし最近では弁護士による法律事務の独占に対し，弁護士は人数自体少ないとともに，大都市に偏在するため，国民全体に十分な法律サービスを提供できていないとの批判が高まり，司法制度改革審議会においても，法律事務の一部を隣接業種へ開放することが論議の対象とされた。こうした流れを受け，司法書士法の改正（平14年5月7日法律第33号・平15年4月1日施行）により，司法書士についても，一定の研修を修了し法務大臣の認定を受けることを条件に，簡易裁判所における訴訟代理や民事調停における代理などの簡裁訴訟代理関係業務を行うことを認めるに至っている（司法書士法3条6

号)。

　今後はさらに法律事務の関連業務への開放が進むものと見られるが，いかなる種類の法律事務をいかなる範囲でどのような専門職に対して開放していくか，注目されるところである。

　〔参考文献〕
　・「特集弁護士法72条と市民の法的ニーズ」月刊司法改革8号14頁以下（2000）

　(b) 訴訟委任にもとづく訴訟代理人の権限　　弁護士に訴訟代理権を授与する行為を訴訟委任といい，授与された代理権の存在および範囲については書面で証明することが要求される（民訴規23条）。訴訟委任にもとづく代理権の範囲は包括的に法定されており（55条1項），個別的にこれを制限することはできない（55条3項本文）。個々の訴訟行為の積み重ねにより全体として紛争の解決を目指す訴訟手続において訴訟代理人がその機能を十分に発揮するためには包括的な代理権限を与えることが必要であり，また，法律専門家である弁護士に対する信頼から，これを与えても本人の利益を害するおそれはないと考えられるためである。ただし，簡易裁判所における弁護士でない訴訟代理人については，代理権を制限することが許されている（55条3項但書）。

　訴訟代理人は，受任した特定事件の訴訟追行のため必要な一切の行為をなすことができ，受任事件の訴訟手続はもちろんのこと，その請求についての仮差押や仮処分，相手方の反訴や第三者の訴訟参加に対する応訴など，事件に付随する手続を遂行する権限も有する。また，弁済の受領や，時効の援用，相殺（最判昭35・12・23民集14巻14号3166頁），契約の解除（最判昭36・4・7民集15巻4号716頁）など，訴訟追行の目的を達成するために必要な実体法上の権利行使もすることができる。

　さらに判例は，和解内容に訴訟物以外の権利関係を取り込むことについても，訴訟代理人の和解権限に包含され得るとしている（最判昭38・2・21民集17巻1号182頁・百選Ⅰ［56］事件，最判平12・3・24民集54巻3号1126頁）。ただし，反訴の提起，上訴の提起，判決によらないで訴訟を終了させる行為，復代理人の選任などは，訴訟の帰趨に重要な影響をもたらす行為であるため，本人の特別の授権を要するものとされている（55条2項）。

　民法では，委任は個人的信頼関係を基礎とする一身専属的関係であることか

ら，これを妨げる事由の発生により，委任にもとづき授与された代理権も消滅するものとされている（民111条・653条）。これに対し，訴訟委任では，訴訟代理権の範囲が明確であるとともに，受任者が法律専門職である弁護士であることから，訴訟代理権の消滅事由を委任事件の終了，代理人の死亡・破産などの場合に限定し，本人の死亡や訴訟能力の喪失などによっては消滅しないものとしている（58条1項）。

なお，訴訟代理人を選任しても当事者本人が訴訟行為をすることができなくなるわけではなく，代理人とともに出廷し弁論をすることができる。この場合，訴訟代理人の事実に関する陳述を本人が直ちに取消しまたは更正したときには，その陳述は効力を生じない（57条）。事件の事実関係については，代理人よりも本人の方が知悉していると考えられることによる。したがって，法律上の陳述については本人の更正権は認められない。

(2) 法令上の訴訟代理人

法令上の訴訟代理とは，法令が一定の法的地位につく者に訴訟代理権を認めているため，本人によりその地位につけられた者が，一定範囲の業務につき当然に訴訟代理権を授与されたことになる場合である。訴訟代理権の発生は法令の定めによるが，その者を当該地位に選任するかについては，本人の意思に委ねられていることから，任意代理人に分類される。支配人（商38条1項），船舶管理人（商700条1項），船長（商713条1項）などがその例である。

法令上の訴訟代理の代理権の範囲についてはその発生根拠規定である各法令により定まり，特別授権事項などの制限はない（55条4項）。なお，法令上の訴訟代理人は弁護士である必要はないため，弁護士代理の原則を潜脱するために実質上支配人でない者を支配人として登記し，訴訟行為をさせる場合などが問題となる（仙台高判昭59・1・20下民集35巻1〜4号7頁・百選Ⅰ[55]事件）。

4 補 佐 人

当事者や訴訟代理人とともに期日に出頭し，陳述を補足する者を補佐人という（60条）。補佐人は当事者や訴訟上の代理人ではないが，その陳述は付き添われた者が直ちに取消しまたは更正しない限り自らしたものとみなされる（60条3項）。補佐人をつけるためには原則として裁判所の許可が必要であるが，

特許，実用新案等に関する訴訟における弁理士（弁理士法5条），および，税務訴訟における税理士（税理士法2条ノ2第1項）は，裁判所の許可を要せず，弁護士と同行の上，補佐人となることができる。

第4章　訴訟の開始

§1　訴えの意義

〔設例〕
① 週刊誌でスキャンダル記事をでっちあげられ名誉を毀損された者が名誉を回復するには，どのような訴訟を提起したらよいか。
② 知人のクレジット契約に無断で保証人とされ，知人が行方不明になったため，しきりに保証債務の履行を催促され困っている。債権者が訴訟を起こしてこないので，自分の方から訴訟を提起し支払義務がないことを明らかにしたい。どんな訴えを起こすべきか。

1　訴えなければ裁判なし

　民事訴訟は，裁判所を使って民事紛争すなわち私人間の紛争を解決する制度である。私人間の法的世界は基本的に**私的自治の原則**が支配するから，権利を放棄するのも自由だし，権利が侵害された場合にこれを黙認するも断固権利主張するも自由である。ただし，**自力救済**は禁止されているから，相手方が認めなければ国家に権利保護を求めるしかない。この**権利保護の申立て**を，訴えという（権利保護は，より正確にいうと，権利の確定＜判決手続＞と権利の実現＜執行手続＞という二段階で構成される。訴えはこの第一段階の手続開始を求める申立てである）。ここでも私的自治の原則により，訴えを提起するかどうかは本人の自由である。それゆえ，民事訴訟は，私人の訴えの提起を待ってはじめて開始する（「訴えなければ裁判なし」，**不告不理の原則**ともいう）。同じ

原理から、原告が訴えを取り下げれば訴訟は終了するし、原告の求めた権利保護の範囲を超えて裁判所が判決を下すことも許されない。また、原告と被告の合意＝訴訟上の和解でも訴訟は終了する。このように、私的自治の訴訟への反映として、訴訟の開始、訴訟の対象、訴訟の終了を当事者の意思に委ねる原理を、（当事者）**処分権主義**という。

2　訴えの意義

訴えは、基本的には国家に対する権利保護要求であり、裁判所に対する申立てであるが、その構造を分析すると、**裁判所に対する判決要求**の面と、**被告に対する権利主張**の面をもつ。この縦のベクトルと横のベクトルを意識することが、訴えの概念と機能を理解するとともに手続の基本を考える上で有益である（この点が民法と異なる視点でもある）。

通常、訴えによって、原告は被告に対する実体法上の権利を主張する（後述するように、法律関係の不存在を主張することもある）。たとえば、不法行為を行った被告に対して損害賠償請求権を主張したり、争いの対象となっている土地について自分の所有権を主張したりする。訴訟のテーマとして提示されたこの権利主張を「訴訟対象」「訴訟物」または**狭義の「訴訟上の請求」**という（民法学の感覚からすると、請求権を主張する場合はともかく、所有権を主張する場合にも「訴訟上の請求」とよぶのは違和感があるかもしれない。しかし、訴訟で所有権の確認を求める場合は、原告の所有権の主張が「訴訟上の請求」となる。この用語は、後述のように、実体法上の請求権を訴訟対象とする給付の訴えのみが観念されていた時代の名残である）。被告にとっては、これで争うべき権利義務が明らかになり、訴訟における防御の対象が示されることになる。

裁判所に対する関係では、この原告の被告に対する権利主張につき、その当否を判断すること、つまり、原告の主張する権利があるかないか（訴訟対象たる権利の存否）を判決で示すことを要求することになる。この裁判所に対する判決要求が、訴えという申立ての中核をなす。この裁判所に対する判決要求を、**広義の「訴訟上の請求」**という（事件を表示するとき「明渡請求」とか「所有権確認請求」と称するのはこの意味での「請求」であり、判決で「請求」を認

容・棄却するのもこの意である)。

したがって，裁判所から見れば，判決は訴えの申立てに対する応答であり，原告の被告に対する権利主張(狭義の「訴訟上の請求」)が判決対象である。判決を下すには審理をしなければならないから，(狭義の)訴訟上の請求は審理対象ともいうことができる。裁判所にとっても被告にとっても，審理・判決の対象が訴訟開始の時点から明確にされていることが望まれる。それゆえ，原告が訴えを提起する際には，誰が誰に対して(当事者)，どのような権利主張について(審判対象)，どのような内容の判決を求めるのか(審判形式)を明らかにしなければならない。

3 訴えの三類型

訴えは，裁判所に対する判決要求であり，どのような判決を求めるかによって，大きく3つの類型に分類される。給付の訴え，確認の訴え，形成の訴えがそれである。歴史的には，給付の訴えが原型であり，19世紀に確認の訴えが区別され，20世紀になって形成の訴えの独自性が認められたという経緯がある。

(1) 給付の訴え

原告が被告に対する特定の給付請求権を主張して，裁判所に**給付判決**を求める訴えである。原告の給付請求権は裏を返せば被告の給付義務であり，裁判所から被告に対して「○○せよ」という**給付命令**を発するよう求める訴えである。給付の訴えによって始まる訴訟を，給付訴訟という。

主張される請求権は，一定額の金銭の支払を求める場合が典型であるが，不動産の明渡しや物の引渡しを求める請求権，建物収去を求める請求権，謝罪広告を求める請求権(民723条参照)，建築や操業の差止めを求める請求権，不動産の取引に伴う所有権移転登記や抵当権設定登記・抹消登記などの登記請求権(不登26条・27条参照)などがある。債権にもとづく請求権もあれば，物権にもとづく請求権(いわゆる物権的請求権または物上請求権)もある。すでに履行期が到来している請求権を主張するのが普通であるが，将来履行期が到来する請求権を主張する**将来給付の訴え**も，予め給付判決を得ておく必要があれば許される(135条)。どのような場合にどのような請求権が発生するかを定めるのが，民法や商法などの実体法である。

給付訴訟において原告の請求が認められると、判決主文に「被告は原告に金〇〇万円支払え」とか「被告は原告に別紙物件目録記載の建物を明け渡せ」といった具体的給付命令を掲げた給付判決が下される。給付判決は、原告の主張する給付請求権の存在を確認しており、判決が確定すると**既判力**（第8章参照）をもって請求権の存在を確定する。給付判決が下されたにもかかわらず被告が任意にその義務を履行しない場合は、原告はこの判決にもとづいて、国家にその内容を強制的に実現（強制執行）するよう求めることができる（民執22条1号・2号参照）。このように給付義務を強制執行の方法で実現できる効力を**執行力**という。執行力を生じる点が、他の訴訟類型に対する給付訴訟の特徴である。

強制執行の方法は民事執行法が定めており、その態様は判決主文に示された請求権の種類によって異なる。上述の金銭の支払を求める請求権の場合は、**金銭執行**の方法による（民執43条〜167条。債務者の財産を差し押えて、これを換価して、そこから金銭債権の満足を得るという方法であり、差し押さえる財産の種類に応じて更に不動産執行・動産執行・債権執行に分かれる）。不動産の明渡しや物の引渡しを求める請求権のときは、**明渡執行・引渡執行**の方法による（民執168条・169条）。建物収去を求める請求権や謝罪広告を求める請求権のときは、**代替執行**の方法による（民執171条、民414条2項本文）。建築や操業の差止めを求める請求権のときは、国家が直接結果を実現することができないので**間接強制**の方法による（民執172条）。登記請求権は、その性質上、登記所に対する登記申請の意思表示をすることを登記義務者に求める請求権であるから、被告に登記手続を命ずる判決の確定によってその**意思表示を擬制**する（意思表示を判決で代用、民執173条、民414条2項但書。そのため、意思表示請求権としての登記請求権はすでに実現しているから、執行手続は省略され、判決正本をもって登記所に行けば、債権者が単独で登記手続ができる、不登27条）。

(2) 確認の訴え

原告が主張する特定の権利または法律関係の存否について、裁判所にその確認を求める訴えである。権利・義務（または法律関係）の存在について確認を求めるものを**積極的確認の訴え**といい、その不存在の確認を求めるものを**消極的確認の訴え**という。

たとえば，ある土地の所有権をめぐってAとBの間に争いがある場合に，Aがその土地は自分の所有であるとして土地所有権の確認を求める訴えや，会社から申し渡された解雇が不当解雇であるとして，その無効を理由に従業員の地位の確認を求める訴えが前者であり，身に覚えのない保証債務についてしきりに支払を請求されて困った場合に，保証債務が存在しないことの確認を求める訴えや，戸籍上の親子関係の記載が不実であるとして親子関係の不存在の確認を求める訴えが後者である。

　確認の対象となりうるのは，原則として，特定の権利・義務または法律関係であり，単なる**事実の確認**を求めることはできない。自己の学説や宗教上の教義が真理であることの確認や抽象的な法律問題（具体的な事件と無関係な法令の解釈の当否など）も確認の対象とはならない。例外として，書面の成立の真否（たとえば売買契約書や遺産分割協議書が作成名義人本人の意思にもとづいて作成されたものであるかどうか）が――それ自体は事実の確認ともいえるが――確認の訴えの対象となりうる（**証書真否確認の訴え**，134条）。これは，法律関係の存否について争いがある場合に，その存否を証明できる書面の真否を確定することで紛争解決を期待できる場合があるからである。

　確認の訴えによって始まる訴訟を，確認訴訟という。確認訴訟において原告の請求が認められると，判決主文に「××の土地の所有権は原告に属することを確認する」とか「××の債務が存在しないことを確認する」という**確認宣言**を表示した**確認判決**が下される。反対に，原告の請求が認められないときは「原告の請求を棄却する」と宣言される。積極的確認の訴えでは，認容判決は原告の主張する権利または法律関係の存在を，棄却判決はその不存在を**既判力**により確定する。消極的確認の訴えでは，逆に，認容判決が権利または法律関係の不存在を，棄却判決がその存在を既判力により確定することになる。

　確認の訴えが独立の訴訟類型として確立するには，明確な権利義務体系としての実体法秩序が整備され，市民の間に判決で確認された権利関係を尊重するという法意識が浸透していることが必要であり，それゆえ，この訴訟類型が日本の母法国ドイツで承認されたのは19世紀後半になってからである。

(3) 形成の訴え

　裁判所の判決によって一定の法律関係を形成することを求める訴えである。

ここでいう法律関係の形成とは，法律関係の変動（**発生・変更・消滅**）を意味する。

たとえば，親族法に規定する認知の訴え（民787条）は非嫡出親子関係の発生を目的とするし，離婚の訴え（民770条）は婚姻関係の解消（消滅）を目的とする。民事訴訟法上の確定判決変更の訴え（民訴117条）は判決内容の変更を目的とする。会社法上の株主総会決議取消の訴え（商247条）や取締役解任の訴え（商257条3項）も，判決による決議取消や取締役解任という法律関係の消滅を求める訴えである。

原告の請求を認容する判決は，法律関係の形成を宣言する判決であり，**形成判決**とよばれる。たとえば「被告は原告を認知する」とか「原告と被告とを離婚する」と宣言し，判決が確定すると，その判決の効果として，非嫡出親子関係の発生や婚姻関係の解消といった法律関係の変動が生じる。これを**形成力**という。形成判決の確定までは法律関係の変動が生じないから，それ以前は変動を前提とした法律関係（扶養請求権や相続権，財産分与請求権や再婚する資格）を主張することはできない。

形成の訴えの大部分は，身分関係や社団関係のように，法律関係の変動が多数の者に影響する領域で，その変動を明確かつ画一化するため，提訴期間や提訴資格が法律で定められている。人事訴訟では，上述の認知の訴え，離婚の訴えのほか，婚姻取消の訴え（民743条），離縁の訴え（民814条），離婚・離縁の取消の訴え（民764条・803条），嫡出否認の訴え（民775条）などがあり（人訴1条・2条・27条・29条・30条など参照），会社訴訟では，上述の株主総会決議取消の訴えや取締役解任の訴えのほか，合併無効の訴え（商104条），設立無効の訴え（商136条），新株発行無効の訴え（商280条ノ15）などがある。

なお，共有物分割の訴え（民258条），父を定める訴え（民773条），境界確定の訴え（大正15年改正前民訴22条）などは，判決の確定によって法律関係の変動が生じる点で形成の訴えという性質をもつが，形成の基準となる実体法規を欠くため，判断基準は裁判所の裁量に任されるとともに，請求棄却の判決をなしえない点で特殊性を持ち，**形式的形成の訴え**とよばれている。

§2　訴えの提起

〔設例〕
① 土地所有権確認の訴えで、「請求の原因」欄に土地の取得原因が何ら記載されていない訴状は不適法か。裁判長が書記官を通じて取得原因などを記載するよう求めることは適切か。
② 借主が行方不明となり貸金の回収が困難となったことから、借主の所有土地を差し押さえて債権回収を図りたい。貸金請求の訴状の被告住所欄にはどう書いたらよいか。訴状の送達はどのようにするか。

1　訴え提起の方式

　訴えの提起（起訴，提訴，権利保護の申立てと言うこともある）は，明確性を確保するため，訴状という書面を裁判所に提出して行うのが原則である（133条1項。簡易裁判所では口頭による訴えの提起も認められる。271条）。原告は訴状において，誰が誰に対して（当事者），どのような権利について（訴訟上の請求），どのような内容の判決を求めるのか（審判形式）を明らかにしなければならない（133条）。これは，裁判所に対して**審理判決の対象**を明らかにするとともに，被告に対して**応訴の目標**を明らかにして**防御権**を保障するためである。

2　訴状と添付書類

　訴状には，決められた事項を記載し（133条2項），その作成者である原告または代理人が記名押印し（規2条1項），訴額に応じた申立手数料の納付として印紙を貼付しなければならない（民訴費3条1項，別表第一）。また，被告に送達するためその人数分の副本を添え（規58条1項），その送達費用を予納しなければならない（民訴費11条）。なお，新法の精神である早期の争点整理・審理の

充実のため，規則で訴状に具体的事実の記載を要求し，書証の写しを添付するよう求めている（規53条・55条）。

(1) 必要的記載事項

訴状には，必ず，当事者と請求を特定するために必要な事項を記載しなければならない（133条2項）。これを欠くときは訴状として認められず，被告に送達するまでもなく，裁判長の訴状審査の段階で**訴状が却下**されることになる。その意味で，訴状の必要的記載事項という。

(a) **当事者の表示**　誰の誰に対する訴えであるかを明らかにしなければならない。原告・被告が他の者から識別できる程度に特定する必要がある。通常は，氏名と住所を記載するが，氏名のほか，商号・芸名・ペンネーム・俗称で表示してもよい。これで不十分ならば，職業・年齢などで補足する。一定の職務に基づいて当事者となる場合には，（たとえば「破産者Aの破産管財人X」のように）その職務も表示する。なお，表示に誤記があったとき（たとえば，太一郎とすべきところを太郎と表示していたとき）は，後に気がついた時にいつでも訂正ができる（当事者の**表示の訂正**。ただし，当事者の同一性を欠けば任意的当事者変更の問題となる）。

当事者が未成年者など訴訟無能力者の場合は，**法定代理人**を表示しなければならない。法人の場合は**代表者**を記載する（37条参照）。送達などの関係で，現実の訴訟追行者を明らかにする必要があるからである。なお，訴訟代理人をつけたときは，その氏名と住所も記載する（規2条1項）。

(b) **請求の趣旨**　訴訟を開始するには原告が審理判決の対象たる請求（訴訟物）を明らかにする必要があり，そのため，訴状に「請求の趣旨及び原因」の記載が要求されている。

請求の趣旨には，訴えの目標，すなわち原告がどのような内容の判決を求めるかを表示する。端的に，求める判決の結論部分，すなわち，原告の請求を認容する**判決の主文に対応する文言**を記載する。たとえば，
給付の訴えでは，
　「被告は原告に対し金100万円を支払え，との判決を求める。」
確認の訴えでは，
　「××の土地は原告の所有に属することを確認する，との判決を求める。」

形成の訴えでは，

「原告と被告とを離婚する，との判決を求める。」

などと記載する（通常は，このほか，「訴訟費用は被告の負担とする」という訴訟費用の裁判や，金銭の支払いを求める給付の訴えでは「この判決は仮に執行することができる」という仮執行宣言を求める申立ても記載している）。

(c) **請求の原因**　ここでいう請求の原因とは，請求の趣旨だけでは請求を1つに特定できない場合に，**請求を特定するに足りる権利の発生原因をなす事実**を指す。

たとえば，500万円の支払いを求める訴えでは，同一当事者間で同一金額の金銭債権が複数成立する可能性があるので，売買代金なのか貸金債権なのか，貸金としてもいつ貸した金なのか消費貸借の時期を具体的に記載しなければ請求が特定しない。別口の債権と混同しないように，その発生原因事実を記載する必要がある（なお，給付の訴えや形成の訴えについては，訴訟物理論により訴訟物特定要素が異なってくることにつき，第9章§1参照）。

これに対して，確認の訴えは一般に請求の趣旨のみで請求が特定されるから，ここでいう必要的記載事項としての請求の原因は，記載がなくても不適法とはならない。その意味で「必要的記載事項」とされていながら請求の原因が記載不要ということになる。

「請求の原因」の二義性（広義の請求原因と狭義の請求原因）　広義では，請求の原因とは**請求を理由づける事実**，すなわち，訴訟物たる権利関係の存在を基礎づける法律要件の要件事実を指す（所有権確認の訴えなら，所有権の取得原因事実。給付の訴えなら，請求権の発生原因事実。形成の訴えなら，形成原因にあたる事実）。従来の実務で「請求原因」というときは，主にこの意味で用いてきた。学説でも，この広義の「請求原因」の語を原告側の攻撃方法に当て，被告側の防御方法である「抗弁」と対応させ，それぞれにつき立証責任の所在，否認と抗弁の違いを説明してきた。これには法令の根拠もなかったわけではなく，旧民事訴訟規則8条では，訴状・答弁書・準備書面の記載につき「請求の原因又は抗弁たる事実についての主張とこれらに関連する事実についての主張とを区別しなければならない」と規定し，「請求の原因」の語を請求を理由づける事実と同義に用いていた。

しかし，新民事訴訟規則53条では，請求を特定するのに必要な事実と請求を理由づける事実とを明確に区別し，「請求の原因」を前者（狭義の請求原因）の意味に限定して用いている。したがって，新法の下では，法律でも規則でも，「請求の原因」とは請求を特定するのに必要な事実を指し，訴状の必要的記載事項と一致することとなった。これに対して，請求を理由づける事実は，抗弁を理由づける事実，再抗弁を理由づける事実と並んで，各法律要件の要件事実に該当する主要事実を指すことになる（ただし，今日でも，多くの文献や実務が旧来通りの用語で「請求原因」ないし「請求原因事実」の語を用いているので，狭義と広義の両者が混在しているものと覚悟して読む必要があろう）。

(2) 任意的記載事項

訴状には，必要的記載事項のほか，**請求を理由づける事実**を具体的に記載し，立証を要する事由ごとに，重要な間接事実および関連証拠を記載しなければならない（規53条1項）。訴え提起の段階では未だ立証の要否は定かではないが，ここで立証を要する事由というのは，被告が争うと予想されるため立証をする必要が生ずるものと原告が予測する事項である。また，訴状に事実の主張を記載する場合には，できる限り，請求を理由づける事実（**主要事実**）についての主張と**間接事実**についての主張とを区別して記載しなければならない（規53条2項）。原告が主張を展開している事実の関連と位置づけについて明確にする目的である。それゆえ，主要事実と間接事実との区別のほか，間接事実が主要事実のどの点を推認すべきものであるかなどについても記載すべきである。これらの記載を要求するのは，裁判所が早期に事件の概要を把握し，適切な争点整理を行うためである。規則の文言では「記載しなければならない」と定められているが，必要的記載事項と異なり，記載しなくとも訴状が却下されるわけではない（いわゆる訓示規定である）。その意味で「任意的」記載事項というが，訴訟手続上の義務であり，信義誠実訴訟追行義務（2条）の具体的発現と見ることができる（最近では「**実質的記載事項**」ともよばれる）。

なお，訴状には，原告または代理人の郵便番号および電話番号・ファックス番号を記載するものとされている（規53条4項）。これらは，単に事務連絡のためだけでなく，送達の際，電話会議システムを利用する際，ファクシミリで書面を送付する際に必要とされるからである。また，訴え提起前に証拠保全のた

めの証拠調べが行われたときは，その裁判所および事件番号も記載する（規54条）。証拠保全の記録の送付を確実に行うためである。

(3) **訴状の添付書類**

訴状には，さらに，基本的な書証の写しを添付しなければならない。たとえば，不動産に関する事件では**登記簿謄本**，人事訴訟事件では**戸籍謄本**，手形・小切手に関する事件では**手形・小切手の写し**がそれである（規55条1項）。このほか，立証を要する事由ごとに，証拠となるべき重要な文書（たとえば契約書など）があればその写しも添付しなければならない（規55条2項）。これも，任意的記載事項と同じく，早期の争点整理と訴訟促進を目的とする。

(4) **印紙の貼付と送達費用の予納**

原告は，訴訟の目的の価額——略して**訴額**という——に応じて，裁判所の利用料金にあたる**手数料**を支払わなければならない。この手数料は，原告が相当額の収入印紙を購入することによって国庫に納め，それを示すために印紙を訴状に貼付するという形をとる（民訴費8条）。手数料の額は，訴額が30万円までの部分は（5万円ごとに）1％，30万円を超えて100万円までの部分は（5万円ごとに）0.8％，100万円を超えて300万円までの部分は（10万円ごとに）0.7％，……10億円を超える部分については（500万円ごとに）0.2％と，訴額が高くなるにつれて逓減する計算となっている（なお，手数料の額は各部分ごとに算出した額の和であって，たとえば訴額100万円の場合，30万×0.01＋70万×0.008＝8600円となる）。訴額は訴えで主張する利益によって算定するが（8条1項），（会社の帳簿書類の閲覧請求のように）経済的利益が**算定困難な財産権上の訴え**や（離婚訴訟のような）**非財産権上の訴え**については，訴額を95万円とみなして地方裁判所の管轄に服する最低額の扱いとしている（8条2項，民訴費4条2項参照）。なお，株主代表訴訟については，平成5年の商法改正により非財産権上の訴えとみなされることになった（商267条4項）。

訴えを提起する際には，印紙を貼った**訴状**のほか，被告に送達するためその人数分の**副本**を添え（規58条1項），その送達費用を予納しなければならない（民訴費12条）。送達は通常，書留郵便により行っているので，送達費用の予納も郵便切手を納付して行うのが通常である（民訴費12条）。

なお，資力の乏しい者が経済的理由により訴訟利用を断念せざるをえないと

いうのでは，何ぴとにも「裁判を受ける権利」を保障（憲32条）したことにはならない。そこで，民事訴訟法では「**訴訟救助**」という制度を設け，申立てにより裁判費用の支払いを猶予する可能性を与えている（82条）。救助の決定がなされると，訴状に印紙を貼付しなくても受理されるし，送達費用も予納しなくてよい。また，平成12年の民事法律扶助法により，弁護士の訴訟代理や司法書士の書類作成などにつき，国がその費用を立て替える「**法律扶助**」も行われている。これは，昭和27年に日本弁護士連合会が設立した財団法人法律扶助協会により，いわば民間主体で運営されてきた法律扶助制度を，半世紀後に国の制度として実施するようになったものである（ただし，国庫補助金の額が急増した需要に追いつかず，資金難に陥っているのが現状である）。

3 訴状の審査（裁判長の訴状審査権と訴状の補正）

訴状を受け付けた裁判所書記官は，訴状に受付日付を記入し，事件番号を付して事件記録を編成したのち，予め決められている事務分配の定めに従って，事件を担当すべき部（単独裁判官または合議体）に配付する。

事件の配付を受けた部の**裁判長**（合議体の場合は裁判長，単独制の場合は単独裁判官）は，訴状が必要的記載事項を備えているか，所定の手数料相当額の印紙が貼られているか，という形式的事項（適式要件ともいう）を審査し，不備があれば原告に対し相当な期間を定めて補正を命じる（**補正命令**，137条1項）。原告が期間内に補正に応じなければ，裁判長は訴状を却下する（**訴状却下命令**，137条2項）。

訴状の補正は，裁判所書記官を通じて補正を促すという方式もとりうる（規56条）。この場合は，原告の任意の補正を促すという性質を有するので，審理の充実と円滑な進行のため，必要的記載事項のほか実質的記載事項や書類の添付についても補充を促すことができると解せられる。ただし，補正の促しに応じなかったとしても，任意の促しであるから，これを理由に訴状を却下することはできない。

4 訴状の送達
(1) 訴状送達の重要性

裁判長が訴状を適式と認めたときは，裁判所書記官が職権で（98条。例外として公示送達は申立てによる，110条）訴状の副本を被告に送達する。被告は，訴状の送達により，誰からどんな内容の訴えが提起されたのかを正確に知りうることになる。それゆえ，訴状の送達は，被告にとって基本的な防御の機会を保障するものであり，最初にして最低限の手続保障を意味する（最判平4・9・10民集46巻6号553頁は，有効に訴状の送達がされず，その故に被告とされた者が訴訟に関与する機会が与えられないまま判決された場合には，再審によって取り消しうるものと判示する）。

原告が送達費用を予納していなかったり，被告の住居表示が不正確なため送達できない場合には，原告に補正を命じ，これに応じなければ訴状を却下する（138条2項）。ただし，被告が住所不明の場合には，後述の公示送達の方法によることができる。

(2) 送達の方法

訴状の送達は，送達を受けるべき者すなわち被告に，訴状の副本を交付して行うのが原則である（**交付送達の原則**，101条）。送達実施機関は郵便または執行官である（郵便による送達が実務上は通常であるが，郵便事務としては「特別送達」とよばれる，郵便法66条）。送達場所は，原則として，被告が自然人であれば住所または居所，法人であれば営業所または事務所である。被告の住所が知れず，または住所が留守で送達が困難なときは，**被告の職場**（**就業場所**という）で送達することができる（103条2項）。

交付送達の原則に対する例外として，被告本人に交付しなくても送達の効力が生じ，手続が進行する制度として，次のような送達方法が用意されている。

(a) **補充送達**　被告の住所や事務所で本人に出会わないときは，その同居人や従業員がいれば，この者に交付することができる（幼児や痴呆症のある老人は除かれる）。書留郵便の訴状を留置している郵便局に，これらの者が受け取りに行ったときも同様である（106条1項）。就業場所での送達で被告本人に出会わないときも，その使用者や職場の同僚に交付することができる（106条2項）。これらの者に渡せば，近接した時期に確実に本人に到達することが期

待されるからである。

 (b) **差置送達**　被告の住所や事務所で，本人または同居人などが正当な理由なく受領を拒むときは，その場所に書類を置いてくれば，送達の効力が生じる（106条3項）。就業場所で本人が受領を拒んだときも同様である。受領の機会を与えた以上，送達の目的は達しているからである。ただし，郵便による送達の実務ではあまり実施されていないようである。

 (c) **付郵便送達**　補充送達・差置送達もできない場合には，書類を書留郵便に「付して」発送することができる（郵便による送達と**郵便に付する**送達は異なるので注意）。この場合，郵便局で被告の住所にあてて発送した時に，送達があったものとみなされる（107条3項）。発送時に送達が完了したものと擬制されているから，名宛人にいつ到達したかを問わないだけでなく，宛て先が不在で郵便物が返送されてしまったときも，送達の効力とは無関係とされる。信販関係訴訟などで活用されているが，被告の手続保障を重視する観点から，訴状の送達については慎重な取り扱いが望まれる（中山幸二「郵便に付する送達制度の問題点」神奈川法学22巻3号参照）。

 (d) **公示送達**　被告の住居所が不明で，他の送達方法がとれない場合の最後の手段として，裁判所書記官が書類を保管し，被告が出頭すれば交付する旨の書面を裁判所に掲示する形で行う送達方法である（111条）。原告の申立てにより，住居所不明の事情を証明させ，書記官が判断する。公示送達は，掲示の日から2週間を経過することによって，送達の効力を生じる（112条1項）。実際には，被告が掲示に気づき訴状を受け取ることはほとんどなく，原告の権利保護を図るための送達の擬制である。なお，原告が被告の居所を知っていながら虚偽の申立てをして公示送達がなされた場合など，要件を具備しないのに誤ってなされた公示送達は，無効と解される（旧法と異なり，裁判長の許可はなくなったからである）。

§3 訴え提起の効果

〔設例〕
① 消滅時効の完成間際に訴えを提起したが，管轄違いを理由に別の裁判所に移送されてしまった。時効中断効は維持されるか。
② 主債務者と保証人を相手どって東京地方裁判所に貸金請求の訴えを提起したところ，保証人が釧路地方裁判所に保証債務不存在確認の訴えを提起した。裁判所はどう対処すべきか。

1 訴訟法上の効果
(1) 訴訟係属

訴え提起によって，原告・被告間の特定の事件が受訴裁判所で審理される状態が生じる。この状態を訴訟係属という。訴訟係属がいつ発生するかについては諸説があるが，被告への訴状送達時と解する。現行法の手続構造から見ても，裁判所への訴状提出により訴状審査が開始されるが，この段階では裁判長が形式的審査をするだけで未だ裁判所の判決義務は生じておらず，被告に訴状が送達されて始めて裁判所の判決義務が生じる。被告に防御の機会が与えられるのもこの時点であり，ここから双方審尋主義による審理の基礎が与えられる。それゆえ，訴状の送達によって，被告に対する防御の機会の保障と裁判所の判決義務を中核とする原告・被告・裁判所間の訴訟法律関係が成立し，訴訟係属もこの時点で発生すると考えられる。

訴訟係属は，判決の確定，訴えの取下げや訴訟上の和解など訴訟の終了によって消滅する。また，控訴・上告により移審し，控訴審・上告審の裁判所に訴訟係属が生ずる。

訴訟係属を前提として，訴訟参加（42条・47条・52条）や訴訟告知（53条）をする機会が生まれ，関連した請求の裁判籍が生じる（7条・47条・145条・146条1項）。当事者照会も訴訟係属後に可能となる（163条）。訴訟係属のないまま下

された判決（例，有効な訴状送達がなされず被告に応訴の機会が与えられないで下された判決）や訴訟係属消滅後に下された判決（例，訴え取下げを看過して下された判決）は，無効と解する。訴訟係属の効果としては，さらに次に述べる二重起訴の禁止（142条）が重要である。

(2) 二重起訴の禁止

(a) 意義　訴訟係属中の事件については，当事者はさらに別に訴えを提起することができない（142条）。同一事件について，さらに別の手続で訴訟追行を強いられる被告には迷惑であるし，訴訟制度としても，重複審判は不経済のうえ矛盾した判決をもたらすおそれもあるからである。「重複訴訟の禁止」ともいう。

(b) 要件　訴訟係属中の事件と同一事件について別訴が禁止される。事件が同一かどうかは，当事者の同一性と審判対象の同一性を基準とし，重複審判と矛盾判決の防止という制度趣旨に照らして決せられる。

〔当事者の同一性〕　当事者が同一であれば，前訴と後訴で原告と被告が逆でもよい。当事者が別ならば，同じ権利が争われていても同一事件とはいえない（同じ土地の所有権確認の訴えでも，被告が異なれば同一事件ではない）。民事裁判は，特定の当事者間の紛争を当該当事者間かぎりで相対的に解決するにすぎず，判決効も訴訟の当事者以外には及ばないのが原則だからである。したがって，逆に，判決効が及ぶ者（115条1項2号・4号）が別訴の当事者となっているときは，矛盾判決の防止のため，当事者の同一と同様に扱い別訴は禁止されるべきである。

〔審判対象の同一性〕　審判対象たる訴訟物が同一であれば，請求の趣旨が異なっても，事件の同一性を妨げない。したがって，甲から乙に対する給付請求と同一債務についての乙から甲に対する債務不存在確認請求とは，二重起訴にあたる。なお，二重起訴禁止の法意から，別訴の訴訟物となっている債権を自働債権として相殺を主張することは許されないとする判例がある（最判昭63・3・15民集42巻3号170頁・百選Ⅰ〔80〕事件）。

(c) 効果　二重起訴の禁止に触れる訴え（後訴）は，不適法として却下される。

2 実体法上の効果

　訴えの提起には，民法や商法が種々の実体法上の効果を与えている。たとえば，時効の中断（民147条），除斥期間・出訴期間の遵守（民201条・747条・777条，商105条1項・248条1項），善意占有者の悪意の擬制（民189条2項），手形法上の償還請求権の消滅時効期間の開始（手70条3項）の効果などがそれである。

　時効中断および期間遵守の時期は，訴訟係属の発生時期と異なり，訴え提起の時とされている（147条）。通常の訴えでは訴状提出の時，訴えの変更や中間確認の訴えなどの訴訟中の訴えでは訴状にあたる書面の提出時である。裁判所への申立てにより，原告の権利行使の態度が明確になったと評価できる点と，被告への送達時としてしまうと，送達に時間がかかった場合に，時効の完成や期間の徒過により原告が失権してしまうおそれがあるからである。

　時効中断の効果は，訴え取下げまたは訴え却下がなされると，**遡って消滅する**（民149条）。管轄違いなどにより事件が移送された場合でも，訴え提起時に生じた時効中断効は維持される（22条3項）。時効中断の効果は判決の確定まで持続し，判決確定の時からまた新たに進行を開始する（民157条2項）。なお，判決で確定された債権は，短期消滅時効が定められているものでも10年の時効期間に延長される（民174条ノ2）。

§4　訴えの適法性——訴訟要件

〔設例〕
① サッカー選手の移籍をめぐってトラブルが生じ，選手側から訴えが提起された。これに対して，被告クラブ側は，移籍紛争については協会の設置する仲裁委員会で紛争解決する旨の合意条項が契約書に記載されているとして，訴えの却下を求めた。裁判所はどうすべきか。
② 重症のアルツハイマーに罹患している父が介護にあたっている娘

に全遺産を遺贈する旨の遺言を作成したことから，父の生存中に息子が遺言無効確認の訴えを提起した。この訴えは適法か。
③　損害賠償請求訴訟の係属中に，裁判外の当事者間の交渉で示談が成立し，訴えを取り下げる旨の合意がなされた。それにもかかわらず原告が訴えを取り下げない。被告から合意の存在が主張されたら，裁判所はどのように扱うべきか。

　訴えが提起され，訴訟係属が生じると，裁判所は，訴えによって示された権利保護の要求に応答しなければならない。原告の権利保護の要求が認められるためには，訴えが手続法上の要件を備え（**訴えの適法性**），かつ，訴えによって提示された請求が実体法上の要件を備えなければならない（**請求の理由具備性**）。手続法上の要件を**訴訟要件**といい，実体法上の要件を**本案要件**という。訴訟要件の多くは形式的な審理で判断できるので，裁判所としては通常，まず訴えの適法性を審査する。訴訟要件を具備しない訴えであれば，請求の理由具備性すなわち原告の主張する権利の存否（これを**本案**という）の審理・判断をせず，訴え却下の判決で訴訟を打ち切る。これを**訴訟判決**という。訴えの中身について立ち入らないという意味で，俗に「門前払い判決」と称されるゆえんである。訴訟要件を具備する限り，原告が主張する権利関係の存否を判断し，権利保護要求が容れられるか（請求の認容または棄却）の判決を下す。これが本案判決である。

1　訴訟要件の意義

　裁判所が原告の請求内容をなす法律関係の存否（本案）について審理・判断するには，訴えが手続法上の要件を備えた適法なものでなければならない。この要件が訴訟要件である。したがって，訴訟要件は形式的には**訴えの適法要件**であり，実質的には，**本案の審理・判決の要件**である。（「訴訟要件」概念の創始者ビューローは，私法学上の法律関係成立要件としての法律要件の概念に倣い，公法上の訴訟法律関係の成立要件として訴訟要件というものを抽出した。そして，訴訟要件は公益にかかわるから職権調査を要求し，手続的にも，本案の審理とは区別して訴訟要件の審理を優先的に行うべきであると主張した。し

たがって，訴訟要件には本案審理の開始要件たる性格が与えられていた）。もっとも，現行法は，訴訟要件の審理と本案の審理とを段階的に区別する構造をとっておらず並行審理を許容しているので（大正15年の法改正以前には，訴訟要件を本案より前に審理するのを原則としていた），本案審理の要件たる性格はあまり重視されない。そこで，一般には，訴訟要件は**本案判決要件**である，との定義が行われている（近時，手続過程を重視する立場から，本案審理要件としての性質を強調する見解も主張されている。また，訴訟要件の本質を被告の応訴の負担からの解放という点に見出し，そこから本案審理の阻却事由と構成する見解もある）。

2 訴訟要件たる事項

現行法上，訴訟要件についての統一的な規定はない。また，その内容が極めて形式的なものからなり実質的なものまで多様である。主なものをまとめると，次のようになる。

(1) **裁判所に関するもの** ①事件および被告がわが国の裁判権に服すること。②受訴裁判所が管轄権を有すること。

(2) **当事者に関するもの** ①当事者が実在すること。②当事者能力を有すること。③訴訟能力を有すること。④当事者適格を有すること。⑤訴え提起および訴状送達が有効なこと（訴訟能力や代理権の存在はこれらの訴訟行為が有効になされるための要件であって独立の訴訟要件でないとする見解もある）。⑥原告が訴訟費用の担保を提供する必要のないこと，またはそれが必要なときは担保を提供していること（75条）。

(3) **訴訟物に関するもの** ①同一事件につき他に訴訟係属（二重起訴）がないこと（142条）。②既判力に抵触しないこと（これを訴訟要件に加えることについては学説上争いがある）。③訴え取下げ後の再訴禁止（262条2項）や別訴禁止（人訴9条）に触れないこと。④請求が特定されていること。⑤訴えの利益があること。⑥訴えの併合や訴訟中の新訴提起の場合にはその要件を具備すること（38条・136条・143条・146条等）。

3 訴訟要件の態様

(1) 積極的要件と消極的要件

前者はある事項の存在が訴えの適法要件をなす場合であり（たとえば，裁判権，当事者能力），後者はその不存在が訴えの適法要件をなす場合であって（たとえば，仲裁契約，二重起訴），訴訟障害ともよばれる。

(2) 職権調査事項と抗弁事項

前者は，訴訟要件の存否につき，当事者が主張しなくとも裁判所が職権で調査すべき事項であり，後者は当事者（被告）の申立てをまって顧慮すべき事項である。訴訟要件の大部分が職権調査事項であり，抗弁事項とされるのは，仲裁契約，不起訴の合意，訴訟費用の担保提供などごくわずかにすぎない（管轄違いや訴えの利益欠缺の主張を，実務上「本案前の抗弁」と称することがあるが，本来の抗弁ではない）。なお，訴訟費用の担保提供の申立てをなした被告は，原告が担保を提供するまで本案についての応訴を拒むことができるので（75条4項），この申立ては**「妨訴抗弁」**とよばれる。

4 訴訟要件の調査

(1) 調査の開始と判断資料の収集方法

訴訟要件の多くは**公益**的要求にもとづくものであるから，裁判所は当事者の主張がなくとも職権で訴訟要件の存否を確かめなければならない（職権調査）。当事者は合意や放棄によって裁判所の調査を排除することは許されない反面，調査を促す申立ては提出時期の制約を受けない（157条・322条参照）。これに対して，抗弁事項とされる訴訟要件は，**私益**のために要求されるにすぎず，**被告の処分**に従う。したがって，裁判所は被告の申立てを待って調査を開始すれば足りる。任意管轄も，応訴管轄（12条）が生じる可能性があるので，被告の出方を待って調査を開始するのが普通である。本来の抗弁ではないが，実務上，管轄違いの抗弁と呼ばれる。被告が応訴もせず管轄違いの主張もしないときは，職権で調査しなければならない。

訴訟要件を調査するにあたっては，その資料収集の方法として，弁論主義による場合と職権探知による場合とがある。前者は，訴訟要件の存否を判断する資料を，当事者の提出した事実・証拠に限るとする方法であり，自白が成立す

れば，裁判所はこれに拘束されて証拠調べをすることができない。後者は，当事者の提出したもの以外の事実・証拠も裁判所が職権で収集できるとする方法で，裁判所は自白に拘束されない。訴訟要件の調査の開始が職権による場合（職権調査事項）であっても，その資料収集は常に職権探知によるわけではない。一般に，公益性の強い訴訟要件は職権探知によるが，訴えの利益や当事者適格のように本案の審理と密接に関連するものは，抗弁事項と並んで，弁論主義によるとされる。

　もっとも，近時，弁論主義と職権探知の間に職権審査という新たな資料収集方法を考える見解が有力である。これは，判断資料は当事者の提出した事実・証拠に限るが，自白が成立しても裁判所はこれに拘束されず証拠調べができるとする方法である。職権調査事項のうち，訴えの利益，当事者適格，専属管轄，当事者能力，訴訟能力などがこの方法によるとされる。

(2)　訴訟要件の調査順序

　個々の訴訟要件を調査する順序については，とくに拘束的な順序はない。いずれの訴訟要件の欠缺でも訴え却下の判決に変わりはないからである。結論の出やすい順に調査していき，欠缺が判明すればそれ以上の調査を打ち切るのが，訴訟経済の観点から見て合理的である。一般的に言えば，抽象的一般的な要件から始め，本案と密接に関連する要件を後にするのが妥当である。

(3)　訴訟要件の判断の基準時

　通説によれば，訴訟要件は本案判決の要件であるから，本案判決の基準時である事実審の口頭弁論終結時の資料にもとづいて判断される（ただし，管轄については例外として訴え提起の時，15条）。したがって，訴え提起の時には具備しなくても，右の基準時までに具備すれば足りる。また，基準時後に要件を欠くことになっても，上告審はこれを顧慮する必要はないとする（しかし，基準時に欠缺しその後具備するにいたった場合については，上告審はこれを顧慮すべきであるとする説が有力である）。

(4)　調査の結果

　訴訟要件の欠缺が判明した場合，補正が可能であれば補正を命じ，補正がなければそれ以上本案の審理をすべきでなく，終局判決で訴えを却下する。当初から明らかに補正の見込みがないときは，口頭弁論を経ずに訴え却下の判決

下すことができる（104条）。ただし，管轄違いの場合には移送する（16条）。

　訴訟要件の具備が肯認できた場合，当事者間でその存否につき争いがあれば，中間判決または終局判決の理由中でその判断を示すべきである（かつては中間判決に対する独立上訴が認められていたが，訴訟遅延をもたらすとの理由から廃止された）。当事者間に争いがなければ，黙って本案審理を進め，本案判決を下してよい。

　訴訟要件の欠缺を看過してなされた本案判決は違法であるから，当事者は上訴によりその取消を求めることができる。ただし，任意管轄違いは上訴審では主張できない（299条）。

◇　論　　点　◇

訴訟要件と本案要件との審理判断順序

　現行法のもとでは，妨訴抗弁が行使された場合を除き，訴訟要件の存否を確定した上で本案の審理を開始する，という明確な段階的手続構造をとらないため，訴訟要件の調査と本案の審理とが併行してなされうる。また，本案審理の終了間際に訴訟要件の存否につき疑いが生じる場合がある。そこで，時には，訴訟要件の存否が未だ明らかにならないうちに，本案要件の欠缺が先に判明するという事態が生じる。この場合に，訴訟要件の調査を打ち切り，直ちに請求棄却の本案判決を下してよいかが問題となる。従来の通説は，訴訟要件は本案判決の前提要件であるから，訴訟要件の審理を省略することは許されないとする。

　これに対して，本案に理由のないことが明白なのにさらに訴訟要件の調査に時間を費やすのは訴訟経済に反し，また被告にとってはいずれにせよ勝訴判決であり，しかも棄却判決のほうが有利であるから，一定の場合には例外的に訴訟要件の調査を省略してもよいとする見解が有力に主張されている（鈴木正裕「訴訟要件と本案要件との審理順序」民商57巻4号507頁）。この見解は，すべての訴訟要件を一律に論じるのではなく，個々の訴訟要件の立法趣旨に照らし，裁判所・原告・被告の各利益を比較衡量して結論を導く。その結果，訴えの利益や任意管轄など，被告の利益保護や無益な訴訟の排除を目的とする訴訟要件は，その調査を省略しうるとし，反対に，裁判権や訴訟能力など，その欠缺が判決

無効や再審事由に該当するものや裁判手続の種類を決定するものについては，省略を認めない。また，この見解に基本的には同意しつつも，個々の要件ごとに検討した上で，結論的にはより狭く，無益な訴訟の排除を目的とする訴えの利益と当事者適格に限って審理の省略を認める説もある（竹下守夫「訴訟要件をめぐる二，三の問題」司研論集65号1頁）。

　個々の訴訟要件の目的・機能から個別的に結論を導く上記有力説は，具体的な利益衡量に裏付けられ十分な説得力をもつが，その例外的取扱いを認める訴訟要件については，それが当該要件の立法趣旨から導かれるものである以上，訴訟要件は本案判決要件であるとする出発点自体を見直す必要があろう。個々の訴訟要件の機能からみれば，各訴訟要件に共通の性格はむしろ本案審理要件であるが，訴訟の初期の段階と本案審理が進行した段階とでは訴訟要件の機能が異なるから，請求棄却の判断に達したときはもはや審理を続行することが無意味となる訴訟要件と，あくまで具備しない限り本案判決を阻止する訴訟要件があると考える（詳しくは，中山幸二「訴訟要件の性格について」早大法研論集37号183頁参照）。

5　訴えの利益と当事者適格

　訴訟要件のうち，とくに訴えの利益と当事者適格は，**請求の内容と密接に関連する**点で，他の訴訟要件と異なる性質を持つ。他の訴訟要件が請求内容にかかわらない一般的な事項であるのに対し，これらの要件は，当該当事者間での本案判決が紛争解決の実効性をもちうるかをそれぞれの請求内容について個別的に判断するものである。すなわち，これらは，その当事者の間で民事訴訟制度を利用する正当な利益ないし必要性のある訴えを個別的に選別するための要件であり，これによって，裁判所は真に本案判決に値する事件に精力を集中させることができ，また被告は無益な訴訟に応訴する負担から解放されうることになる。

　このように，訴えの利益と当事者適格はいずれも**本案判決を求める正当な利益ないし必要性**を意味するものであるが，前者はこれを請求内容自体から問うものであり，後者はこれを当事者との関係で問題とするものである。しかし，両者は相互に関連する問題であり，その限界は明確ではなく，確認訴訟におけ

るように両者が不可分の関係にあることもある。当事者適格については，第3章§5の解説に譲り，以下では訴えの利益について説明しよう。

訴えの利益とは，本案判決の必要性および実効性を個々の請求内容について吟味するための要件であり，この必要性・実効性が認められる場合に訴えの利益（**権利保護の利益**ともいう）があるといわれる。

(1) **各種の訴えに共通の利益**

(a) **請求が特定の具体的な権利または法律関係の主張であること**　民事訴訟は具体的な法律上の紛争の解決をはかる制度であるから，請求が法規の適用によってその当否の判断のできる具体的権利関係の存否の主張でなければならない（裁3条参照）。したがって，単なる**事実の存否**の主張は原則として許されない（134条はその例外）。また，法律上の主張であっても，**抽象的**に法令の効力や解釈を問うものは許されない（最大判昭27・10・8民集6巻9号783頁〔警察予備隊違憲訴訟〕）。さらに，極めて政治性の高い**国家統治**の基本に関する行為は，三権分立の建前から，司法審査の対象とならないとされている（最大判昭35・6・8民集14巻7号1206頁〔苫米地事件〕）。**宗教上**の地位の確認を求める訴えや宗教上の教義についての判断を不可欠の前提とする訴えも，実質的には法規の適用によって解決することができないから，裁判所の審判になじまない（最判昭44・7・10民集23巻8号1423頁〔銀閣寺事件〕百選Ⅰ〔50〕事件，最判昭56・4・7民集35巻3号443頁〔創価学会板まんだら事件〕百選〈第二版〉〔1〕事件，最判平元・9・8民集43巻8号889頁〔蓮華寺事件〕百選Ⅰ〔1〕事件など）。

(b) **法律上起訴が禁止されていないこと**　**二重起訴の禁止**（142条），**再訴の禁止**（262条2項），**別訴の禁止**（人訴9条）などの規定は，それぞれ特別の理由から起訴を禁止している。これらにあたる場合には訴訟制度を利用する正当な利益を欠くことになる。これらは，訴えの利益が定型化したものとして，独立の訴訟要件と捉えることもできる。

(c) **当事者間に訴訟を利用しない旨の特約がないこと**　特定の法律関係について，**仲裁契約**や**不起訴の合意**が存在するときは，当事者自治を尊重して，裁判所は審判を差し控えるべきである。ただし，これらは直接公益にかかわるものではないから，被告の抗弁を待って顧慮すれば足りる（抗弁事項）。これに対して，訴訟係属後に**訴え取下げの合意**が成立したときは，被告が出頭しな

い場合でも訴訟資料に手がかりがあれば職権で顧慮すべきであろう。

(d) その他訴訟を不必要とする事情があれば訴えの利益は否定される。たとえば，訴訟費用額の確定（71条・73条）や破産債権の行使（破16条・228条以下）については**特別の手続**が設けられており，もっぱらその手続によらせるのが合目的的であるから，通常の訴えを提起することは許されない。また，すでに同一請求について勝訴の**確定判決**を得ている場合には，再度訴えを提起する利益はなく，判決原本を滅失したとか，時効中断のためなど，とくに必要があるときに限って訴えの利益が認められる。

このほか，特別の事情の下で，訴えの提起が**権利の濫用**または**信義則違反**と認められる場合には，訴えの利益が欠けることになる（最判昭51・9・30民集30巻8号799頁・百選Ⅰ [15] 事件，最判昭53・7・10民集32巻5号888頁・百選Ⅰ [7] 事件など参照）。

(2) 給付の訴えの利益

現に履行期の到来した給付請求権を主張する「**現在の給付の訴え**」は，給付の訴えであるということだけで通常訴えの利益が認められる。訴え提起前に原告が催告したか，被告が履行を拒絶したか等の事情は，無関係である。

まだ履行すべき状態にない給付請求権を主張する「**将来の給付の訴え**」は，あらかじめ給付判決を得ておく必要がある場合に限って許される（135条）。どのような場合にこの必要が認められるかは，給付義務の性質や義務者の態度等を考慮して個別に判断しなければならない。たとえば，履行が遅れると債務の本旨に適った給付にならない定期行為の場合（民542条）や履行遅滞による損害が重大である生活費の請求などは，履行を確保するためにあらかじめ請求をなす必要がある。義務者がすでに義務の存在や履行期・条件等を争っており，適時の履行が期待できないときは，この訴えの必要が認められる。継続的または反復的給付義務については，すでに履行期の到来した部分につき不履行がある以上，将来の部分の履行も期待できないから，現在の分に合わせてあらかじめ請求できる。

◇ **発展・研究** ◇

継続的不法行為による将来の損害賠償請求

　大阪国際空港公害訴訟の最高裁判決（最大判昭56・12・16民集35巻10号1369頁・百選Ⅰ［68］事件）は，第二審判決が将来の損害賠償を認めたのに対し，本件のように「たとえ同一態様の行為が将来も継続されることが予測される場合であっても，それが現在と同様に不法行為を構成する否か及び賠償すべき損害の範囲いかん等が流動性をもつ今後の複雑な事実関係の展開とそれらに対する法的評価に左右されるなど，損害賠償請求権の成否及びその額をあらかじめ一義的に明確に認定することができず，……事情の変動を専ら債務者の立証すべき新たな権利成立阻却事由の発生としてとらえてその負担を債務者に課するのは不当であると考えられるものについては」将来の給付の訴えにおける請求権としての適格を欠く，としてこの部分の訴えを却下した。学説上は批判が多い。新法は定期金賠償を命じた確定判決についてその後の事情変更による判決変更の訴えの制度を導入した（117条）が，将来給付判決への適用を意識的に排除したから，この問題の解決は先送りとなった。

　〔参考文献〕
　　・山本弘「確定判決の変更の訴えの訴訟物と判決効」民事訴訟法の争点［第3版］150頁（有斐閣，1998）

(3) 確認の訴えの利益

　訴えの利益は，確認訴訟において最も問題となる。確認の訴えにあっては，論理上はどんな事柄でも確認の対象となりうるから，利益のない訴えを排斥して必要な範囲に限定する要請が，他の訴えの類型に比べてより一層強いからである。もともと訴えの利益という概念は，確認の訴えが一般的な類型として承認された時に，その許容範囲を限定する趣旨で「法律関係を即時に確定する利益」を要件としたのを契機に，これがすべての訴えに共通する問題であることが認識されて確立したものである。そこで確認訴訟における訴えの利益は，とくに「**確認の利益**」あるいは「**即時確定の利益**」ともいわれる。

確定の利益は，一般的に言えば，原告の提示した請求について判決することが原告の法的地位の現在の危険・不安を除去するために必要かつ適切である場合に認められる。以下の観点からそれぞれ利益の有無を判断することができる。

(a) **確認対象選択の適否**　確認対象として選んだ訴訟物が当該紛争解決にとって有効・適切かという観点である。確認の訴えの対象は，原則として現在の権利または法律関係でなければならない。私法上の法律関係は，過去・現在・将来へと変動する可能性をもつので，過去の権利または法律関係の確認をしてみても，通常は現在の紛争の解決に役立たないからである（売買契約の無効確認につき，最判昭41・4・12民集20巻4号560頁）。ただし，**過去の法律関係の確認**でも，現在の権利関係の個別的な確定が必ずしも紛争の抜本的な解決をもたらさず，かえって，それらの権利関係の基礎にある過去の基本的な法律関係を確定するほうが適切と認められる場合には，確認の利益が認められる。死者との間の親子関係不存在確認（最大判昭45・7・15民集24巻7号861頁），遺言無効確認（最判昭47・2・15民集26巻1号30頁・百選Ⅰ[61]事件），学校法人の理事会決議無効確認（最判昭47・11・9民集26巻9号1513頁）などがこれにあたる（なお，遺産確認の訴えにつき，最判昭61・3・13民集40巻2号389頁・百選Ⅰ[64]事件参照）。

なお，確認の対象となりうるのは，原告と被告間の法律関係に限られない。他人間の法律関係でも，それを確認することによって，被告に対する関係で，原告の法律上の地位の安定が得られるならば，それを確認の対象とすることができる。たとえば，後順位抵当権者が先順位抵当権者に対してその抵当権の不存在確認を求める場合がこれにあたる。

(b) **紛争の現実性**　原被告間の紛争が即時に解決しなければならないほどの現実的なものでなければならない。通常，被告が原告の権利を否認したり侵害したりする場合に，現実的保護の必要性が生じる。しかし，被告がとくに争っていないときでも，時効中断の必要がある場合や戸籍の記載の誤りを訂正するために確定判決を必要とする場合（戸116条）などは，確認の利益が認められる。

(c) **手段としての適切性**　当該紛争の解決にとって，確認の訴えという手段が有効かつ適切であるかどうかという観点である。給付請求権については，

給付の訴えが可能である限りそれによるのが適切であり，請求権存在確認の訴えは原則として訴えの利益を欠くと解されている。また，自己の権利の積極的確認ができるときには，相手方の権利の消極的確認を求めるべきではない。たとえば，相手方の所有権不存在確認を求めるよりは，自己の所有権の確認を求めるほうが，通常，より有効適切といえる。

(d) 被告選択の適否　この観点から確認の利益を問題とするときは，当事者適格を問うことと同一に帰する。

(4) 形成の訴えの利益

形成の訴えは，その主体や要件が法律で個別的に定められているのが原則であり，その要件を備えたものであれば，原則として訴えの利益が認められる。ただし，すでに形成判決と同一の効果が生じている場合には，訴えの利益が否定される。たとえば，会社設立無効の訴えや設立取消しの訴えの利益は，会社の解散によって失われる。また，会社役員を選任した株主総会決議の取消訴訟中に，その役員が退任した場合には，特別の事情のない限り，訴えの利益を欠くとされる（最判昭和45・4・2民集24巻4号223頁・百選Ⅰ［70］事件）。

第5章 口頭弁論

§1 口頭弁論の意義

〔設例〕
① 婚約の不当破棄による慰謝料請求訴訟において，当事者双方が裁判の非公開を望む場合，裁判所は傍聴人を排除できるか。
② 証人尋問が終わった後で裁判官が転勤となった場合，審理は始めからやり直す必要があるか。判決書作成後に異動した場合はどうか。
③ 実際の口頭弁論はどこまで「口頭」で行われているか。

1 口頭弁論の多義性

訴えが提起されると，裁判所は原告と被告をあらかじめ指定した期日に呼び出して，法廷で審理を行う。当事者は，法廷で自分の言い分を主張し，それを裏づける証拠を提出する。これを一般に口頭弁論という。

「口頭弁論」には，正確には次の2つの側面があり，各場面により訴訟の審理手続を指したり，法廷での当事者や裁判所の行為を意味したりと，使い分けられる。

(a) 審理方式としての口頭弁論　公開法廷において裁判官の面前で原告と被告が対席し，双方が口頭で弁論をなし，証拠調べを行い，それにもとづいて判決が下される審理方式をいう。

(b) 訴訟行為としての口頭弁論　当事者および裁判所の訴訟行為を意味する。狭義には，当事者が口頭で行う本案の申立ておよびこれを基礎づける法律

上・事実上の陳述と証拠の申出をさす。広義には，そのような当事者の行為に加えて証拠調べも意味する。さらに，最広義には，裁判所の行う訴訟指揮や裁判の言渡しまで含めて，口頭弁論期日に行われる当事者と裁判所の一切の訴訟行為をも意味することがある。

2 必要的口頭弁論の原則

　口頭弁論という審理方式は，公正・中立な裁判を保障する，手続の要である。それゆえ，原告の適法な訴えに対しては必ず口頭弁論を開いて審理したうえで判決を下さなければならない。また，訴えの適法要件である訴訟要件の存否自体も判決で判断すべき重要事項であるから，口頭弁論で審理しなければならない。これを必要的口頭弁論の原則とよんでいる（87条1項。例外，78条・140条）。決定手続では，裁判所の裁量で口頭弁論を開くことができる（任意的口頭弁論）。

3 口頭弁論の進行（開始・続行・終結・再開）

　口頭弁論は，原告の訴状の陳述にもとづく本案の申立てによって始まる（弁論準備手続が先行する場合には，その結果の陳述によって始まる，173条）。一回で終わることもあるが，多くは何回か期日を重ねて続行される。途中で裁判官の交代があれば，弁論の更新（249条2項）をしたうえで続行する。そして，事件が終局判決をするのに熟したら（243条1項），弁論を終結する。ただし，弁論終結後でも，裁判所が必要と認めたときは，判決言渡しの前であるかぎり，弁論を再開することができる（153条）。

4 口頭弁論における審理原則

(1) 公開主義

　訴訟の審理・判決を一般公衆が傍聴しうる状態で行う主義をいう。衆人環視の下で手続を進めることによって裁判の公正を担保し，ひいては司法に対する国民の信頼を確保しようとする憲法上の原理である。憲法82条にいう「対審」は，民事訴訟では証拠調べを含む口頭弁論（刑事訴訟では公判）をさす。受訴裁判所の面前での口頭弁論を意味すると解され，したがって，受命裁判官・受

託裁判官の面前での手続や弁論準備手続は対象外とされる（ただし，169条2項参照）。民事訴訟法は，公開主義を保障するため，公開主義に違反した場合を絶対的上告理由としており（312条2項5号），規則で公開の有無を調書の必要的記載事項としている（規66条1項6号）。

　公開主義は，元来，フランス革命前の刑事手続が暗黒裁判と非難された密室手続であったことに対して，裁判の公正を図るために提唱され，19世紀に各国の法制で採用された原理であり，わが国でも明治憲法で導入された（旧憲59条。ただし，安寧秩序または風俗を害する虞あるときは法律または裁判所の決議で非公開とできた）。戦後の日本国憲法では，（かつての幸徳秋水事件における大審院密室裁判の反省などもあり）裁判公開原則を徹底強化し，非公開は公序良俗を害する虞があると裁判官の全員一致で決した場合に限定するとともに（憲82条2項），一般公衆に民事訴訟の記録の閲覧請求権まで認めた（旧民訴法151条）。しかし，20世紀の先進諸国では，基本的人権としての人格権概念の登場，知的財産権やプライバシーの保護の要請が高まり，むしろ裁判過程での**秘密保護**のため，非公開事由を拡大する傾向が見られる。欧州人権条約や日本が加入する国際人権規約でも，営業秘密やプライバシー保護のための公開制限を規定している。今回の民事訴訟法改正でもこの点が大きな争点となったが，憲法解釈との関係で意見が一致せず，公開制限は見送られ，**訴訟記録の閲覧制限**を定めるにとどまった（92条）。

(2) 口　頭　主　義

　弁論および証拠調べを口頭で行う原則をいう。書面主義に対立する概念である。口頭主義は書面主義に比べて，新鮮活発かつ臨機応変な審理を期待でき，曖昧な部分は即座に発問してただすことができ，真の争点・真相をつかみやすい。また，公開主義や直接主義も口頭主義の下でこそ最も機能を発揮する。ただし，口頭の陳述には不正確または脱落のおそれがあり，複雑な事件では特に不安がある。そこで法は，原則として口頭主義を採用しつつ，それを補うため，訴え提起や訴えの変更など手続の基本となる重要な訴訟行為については予め書面を作成し，それにもとづいて口頭の陳述を行うことを要求している。準備書面が要求されるのも同様の趣旨である。

　口頭主義は，弁論主義と結びついて，口頭で陳述したものだけが判決の基礎

となることを意味する。しかし，従来の実務では，証人尋問などの証拠調べは実質的に口頭で行うものの，弁論は「訴状の通り」「準備書面記載の通り」という陳述だけで終始し（「口頭」陳述の擬制），実質的には書面主義が支配していたと言ってよい（口頭主義の形骸化）。最近では，口頭主義と書面主義の噛み合わせにより，両者の機能結合と役割分担を正面から認め，争点形成の局面と証拠調べ後の最終弁論の局面に集中して口頭主義を活かそうという共通認識が形成されつつある。

(3) 直接主義

弁論の聴取や証拠の取調べに直接関与した裁判官でなければ裁判をすることができないとする原則をいう（249条1項）。他の者に審理させ，その報告にもとづいて裁判を行う間接主義に対する概念である。とくに自由心証主義の下では，裁判官が弁論の全趣旨と証拠調べの結果を斟酌して心証形成を行うから，直接主義によってこそ事件の真相に迫った適正な裁判が保障される。

しかし，裁判官の転勤や死亡など，訴訟係属中の裁判官の交代は避けられず，交代のつど審理を始めからやり直すというのでは当事者もたまらないし，訴訟も遅延する。そこで，裁判官が代わった場合には，従前の口頭弁論の結果を当事者の一方に口頭で陳述させることで直接主義との妥協（直接主義の擬制）を図っている（249条2項）。これを**弁論の更新**という。ただし，単独裁判官や合議体の過半数の裁判官が代わった場合には，さすがに直接主義を最低限維持するため，当事者の申出があれば証人尋問を再度やり直すこととしている（249条3項）。遠隔地の証人を尋問する場合や大規模訴訟において多数の証人・本人尋問を合議体を構成する各裁判官で分担する場合など，受託裁判官や受命裁判官により証拠調べを行うときも，直接主義は後退せざるをえない。

直接主義違反は上告理由・再審事由になる（312条2項1号・338条1項1号）。

(4) 双方審尋主義

判決を下すには，公平の要求から，原告と被告を平等の立場におき，原則として双方対席のうえ，同時に審尋して両者の言い分を聞かなければならないとする原則である。憲法31条の適正手続の保障および32条の裁判を受ける権利の保障にもとづく民事訴訟の基本原理である。主張・立証の機会と立会い・反論の機会の保障を中核とし，**対審の原則**ともいう。また，当事者双方を対等に扱

い，攻撃防御の武器と機会を平等に与えるという意味で，**当事者対等の原則**または**武器平等の原則**ともいう。必要的口頭弁論の原則（87条1項本文）は，双方審尋主義の具体化である。

双方審尋主義を実質的に保障するため，訴訟手続の中断・中止の制度が設けられている（124条以下）。また，当事者の責めに帰しえない事由により出頭することができず，代理人を出すこともできないで欠席のまま敗訴判決を受けたときは，代理権の欠缺（312条2項4号・338条1項3号）に準じ，上訴または再審によって救済しうると解される。

一般公開と当事者公開　一般公衆に裁判を公開するのを**一般公開**といい，当事者に審理の立会いや記録の閲覧・謄写を許すことは**当事者公開**という。両者の中間に**関係者公開**もある（例，169条2項）。秘密保護のための訴訟記録の閲覧制限の制度は，当事者公開の1つともいえる。一般公開は公開主義に，当事者公開は対審の原則すなわち双方審尋主義にもとづくと考えられる。

---

§2　口頭弁論における訴訟行為

〔設例〕
① 原告の主張事実を被告が否認せず，しかし認めるとも言わない場合，この被告の態度は訴訟法上どう評価されるか。
② 甲の死亡により土地を共同相続したと主張する原告に対し，被告はその土地は自分が買ったものだと主張して争った。裁判所は，証人尋問の結果，甲の死因贈与により被告が所有権を取得したものと認定して原告敗訴の判決を下した。これは弁論主義に反しないか。
③ 交通事故に基づく損害賠償請求で，事故原因は主として被告の信号無視によるものであると主張して訴えを提起したところ，裁判所

は被告のスピード違反と前方不注意の心証を得た。裁判所は被告の過失を認定してよいか。

1　当事者の申立てと攻撃防御方法の提出

　訴訟手続は，当事者と裁判所が終局判決に向かって相互に関連する行為を積み重ねていくことにより成り立っている。訴訟法上の効果を生じさせる当事者と裁判所の行為を訴訟行為というが，そのうちでも訴訟の主体として当事者が口頭弁論において行う訴訟行為が，とくに重要である。

(1) 申立て

　当事者が，裁判所に対して，裁判や証拠調べなどを求める行為を，申立てという。場面により，申請とか申出ともよばれる。最初の口頭弁論期日に，まず原告が訴状を陳述し，どんな判決を求めるのか，という請求の趣旨に記載する本案の申立てをすることから審理が開始する。これに対して，被告が原告の申立てに対して答弁を行い，通常，請求棄却または訴え却下の判決を求める申立てを行う（請求を認めるときは，請求認諾として調書に記載され，直ちに訴訟は終了する，267条）。本案の申立てのほか，訴訟手続における付随的事項や派生的事項につき一定の行為を求める，訴訟上の申立てがある。除斥・忌避の申立て（23条・24条），移送の申立て（17条），期日指定の申立て（93条）などがこれにあたる。争いある事実について証拠を提出する際の証拠申出も，証拠調べを求める申立てである。申立てに対しては，裁判所は裁判（判決・決定・命令）で応答するのが原則である（当事者の求める行為が裁判所の裁量に属するときは，裁判所の職権発動を促すにすぎないから，応答義務はない）。

(2) 攻撃防御方法の提出——主張・立証

　本案の申立てを基礎づけるための当事者の訴訟行為が主張・立証である。主張には，権利ないし法律関係に関する法律上の主張と，事実を対象とする事実上の主張とがある。立証は，各当事者が自分の主張する事実を裏づける証拠を提出し，証拠調べに関与する行為をいう。原告の本案の申立てを理由づける主張および立証を攻撃方法の提出といい，被告のそれを防御方法の提出という。両者あわせて攻撃防御方法の提出という。

(a) 法律上の主張　　本案の申立てを法的に理由づけるための，特定の権利または法律関係の存否や法律構成の主張をいう。たとえば，原告が「500万円を支払え」との判決を求める場合に，その法的根拠として貸金返還請求権であると主張したり，あるいは不法行為にもとづく損害賠償請求権であると主張したり，移転登記請求訴訟において，登記請求権の発生原因たる売買契約の成立を主張したりすることをいう。また，所有権にもとづく家屋明渡請求訴訟において，被告がその家屋の所有権を主張する場合や賃借権を有すると主張する場合もこれにあたる。法律上の主張を相手方が認めるときは（これも法律上の主張にあたる），権利自白として扱われる。

(b) 事実上の主張　　法律上の主張に争いがある場合に，これを基礎づけるための具体的事実の主張をいう。本案の内容をなす訴訟物たる権利（または法律関係）は，実体法の定める法律要件を満たした場合に，その法律効果として発生・変更・消滅するという形をとる（たとえば，消費貸借契約の成立によって貸金返還請求権が発生し，弁済によって消滅する）。そこで，原告としては，ある権利を主張するには，その権利の発生要件をなす法律要件の構成要件要素（法律要件を構成する事実—これを「**要件事実**」という）に該当する現実の具体的事実（これを「**主要事実**」という）を主張しなければならない（たとえば，消費貸借契約という法律要件の要件事実は「返還約束」と「金銭の交付」であるから，これにあたる現実の具体的事実である「原告と被告の間で○年○月○日までに500万円を返還するという約束が合意された」「被告に500万円を交付した」という事実を主張することになる）。この原告の請求を理由づける事実を，実務上「請求原因事実」（広義）という。これに対して，被告としては，その事実を争うか，あるいはその権利の消滅要件をなす事実（たとえば弁済—抗弁事実）を主張して，原告の権利の不存在を主張することができる。

(3) **事実上の主張に対する応答**

事実上の主張に対する相手方の態度は，訴訟法上，否認・不知・自白・沈黙の4つに分類される（実際のわれわれの日常生活では，必ずしもこのように明確に分類できず，相手の主張を否定も肯定もできなかったり，趣旨やニュアンスが違ったり，相手に賛成できず沈黙していたり，矛盾する心理が混在したり，と複雑な内容を呈するが，訴訟の場面ではこのように割り切られる）。

(a) **否認** 相手方の主張する事実を否定する陳述である。正確には，相手方が主張責任を負う事実を否定することである（主張責任と証明責任の分配基準については，第6章§5参照）。否認の仕方には単純否認と理由付否認とがある。**単純否認**とは，たとえば，被告が「原告から500万円を借りた事実はない」といって，相手方が主張する事実を直接否定することである（直接否認・消極否認ともいう）。これに対して，**理由付否認**とは，「原告が500万円を渡したと主張する時期に被告は外国にいた」とか「原告から500万円を受領したが，その500万円は原告から貰った（贈与された）ものだ」というように，相手方主張の事実と両立しない事実を積極的に主張して，相手方の主張を間接的に否定する場合である（間接否認・積極否認ともいう）。否認された事実は争点となり，立証を要する（なお，上例の「原告から500万円を受領したが，その500万円は原告から貰った（贈与された）ものだ」という陳述では，返還約束の事実については否認だが，金銭交付の事実については自白が成立する）。

(b) **不知** 相手方の主張する事実を知らない旨の陳述である。不知の陳述は，否認と推定される（159条2項）。

(c) **自白** 相手方の主張する事実を認める旨の陳述である。正確には，相手方の主張と一致する自己に不利益な事実の陳述をいう。自白された事実は当事者間に争いのない事実として，立証を要せず，そのまま判決の基礎となる。したがって，自白が成立すると，裁判所と自白当事者を拘束する。すなわち，裁判所は自白された事実と異なる事実を認定することができず（審判権排除効），自白当事者は勝手に自白を撤回することができない（不可撤回効）。ただし，自白の撤回は，相手方が同意するときや，自白が詐欺や脅迫によってなされたとき，自白が錯誤によったもので真実に反することを立証したときには，許される。

(d) **沈黙** 自分にとって不利な事実を相手方が主張しているにもかかわらずこれを争わず，その事実について何も陳述しないときは，自白したものとみなされる（**擬制自白**，159条1項。わが国には古来「沈黙は金」という格言があるが，近代法および訴訟法の世界では「沈黙は禁」と言わなければならない）。また，口頭弁論期日に欠席した場合も，あらかじめ相手方の準備書面（や訴状）で予告されていた事実については，争う機会が与えられていたので

あるから，相手方当事者が出席してその事実を主張すれば，擬制自白が成立する（ただし，公示送達で呼び出されたときは，現実には争う機会が与えられたとは言いがたいので，擬制自白とは扱わず，出席当事者に立証を求めていくことになる，159条3項）。もっとも，争っているか否かは（口頭弁論の開始から続行期日を含め弁論終結に至る）弁論の全趣旨から判断される（159条1項ただし書）から，他の期日で争っていれば擬制自白は成立しない。

(e) **抗弁・再抗弁**　たとえば貸金請求訴訟において，被告が請求原因事実（返還約束＋金銭授受）を認めたうえで，弁済や消滅時効を主張したり相殺や取消を主張する場合のように，原告の請求を排斥するため，被告が原告の主張する請求原因と両立しうる別個の法律要件を主張することを，抗弁という。抗弁は被告自身が主張責任を負う新たな事実の積極的主張であり，相手方が主張責任を負う事実の否定である否認と，この点で異なる。被告の抗弁に対して，原告は否認・不知・自白・沈黙いずれかの応答をすることになる。原告が抗弁事実を否認すれば，その事実の有無が争点となり，立証を要する。

被告が抗弁として消滅時効を主張したのに対して，原告が仮差押えによって時効が中断したと主張するように，原告が被告の抗弁を排斥するため，さらに別個の法律要件を主張することを，再抗弁という。これに対してさらに被告が，その仮差押えは無効であると主張するのを，再々抗弁という。

なお，口頭弁論期日において「今ここで原告の請求権と自分の請求権を相殺する」とか「契約を取り消す」と主張して，法廷で相殺権や取消権などの形成権を行使する形の抗弁を，**権利抗弁**とよぶ。これに対して，「すでに弁済した」とか「すでに相殺した」というように，過去の事実を主張する通常の抗弁を事実抗弁とよぶ。

◇　論　点　◇

権利自白

被告が訴訟物たる権利または法律関係自体を認めると請求の認諾（266条）となるが，訴訟物たる権利関係の前提をなす先決的な権利や法律関係の存否に関する相手方の主張を認める陳述を権利自白といい，自白として拘束力を生ずるかが問題となる。学説は錯綜しているが，法の適用は裁判所の専権事項であ

るとの観点から、裁判所に対する拘束力は否定するのが多数説といえよう。自白された権利関係について裁判所の審判権は排除されず、権利自白に反する法律判断が可能というわけである。ただし、権利自白であっても、売買や賃貸借のような日常的な法律概念を用いている場合には、具体的な事実の陳述と解して、自白の成立を認めるのが一般である。これに対して、法的三段論法の小前提となるかぎり、法律関係でも自白が成立し、判決の基礎となりうるとする説がある。さらに、法律関係の内容を理解した上でそれを争わない意思が明確であるかぎり、自白の拘束力を認めてよいとの立場もある。判例は複雑であるが、端的に法的効果のみが陳述された場合は、相手方がそれを認めれば自白が成立するとするのに対し、法的効果の前提となる事実と法適用過程が同時に資料として現れている場合には、法的効果につき両当事者の一致した陳述があっても自白とはならないとする傾向にある。

　訴訟物たる権利関係について明文で請求の認諾が認められており、先決的法律関係について中間確認の訴え（145条）を提起した場合を考えれば、法的判断に関しても当事者の決定権能が存することを承認せざるをえないであろう。したがって、基本的には自白の拘束力を認めてよいと思われる。ただ、誤った法的判断から当事者を救うために、事後的には錯誤による自白の撤回を緩やかに認め、事前には裁判所の法的判断に関する積極的な釈明権の行使が要請されよう。

〔参考文献〕
・竹下守夫「判例綜合研究・裁判上の自白」民商法雑誌44巻3号476頁（1961）
・高橋宏志「権利自白」重点講義民事訴訟法〔新版〕426頁（有斐閣，2000）

2　弁論主義

　訴訟物たる権利または法律関係の存否を判断するのに必要な資料（事実と証拠）を**訴訟資料**という。訴訟資料の探索を裁判所の職責とする建前を**職権探知主義**といい、訴訟資料の提出をもっぱら当事者の権能と責任とする原則を**弁論主義**という。職権探知主義は、人事訴訟事件のように当事者の個人的な利害を越えて公益にかかわる事件において採用されている。これに対して、私的自治の妥当する通常の民事訴訟事件では、弁論主義が採られている。弁論主義は

「我に事実を与えよ，汝に法を与えん」という法格言に由来し，事実の提出は当事者に，法適用は裁判所に，という当事者と裁判所の役割分担を意味する。

(1) 弁論主義の内容

弁論主義の内容を正面から規定する条文はなく，職権探知に関する規定（人訴10条2項・14条・31条など）から逆に推論せざるをえない。一般に，次の3つのテーゼに要約されている。

① 裁判所は，当事者の主張した事実でなければ，判決の基礎としてはならない。
② 当事者間に争いのない事実は，そのまま判決の基礎としなければならない。
③ 当事者が申請した証拠でなければ，取り調べることはできない。

第1テーゼは，**主張責任**を意味し，当事者は自分に有利な事実はこれを主張しないと顧慮されず，不利益な裁判を受けることになる。また，当事者が弁論として主張しない事実は，たとえ証拠調べから心証を得たとしても，それを採用することはできないことを意味する（訴訟資料と証拠資料の峻別）。

第2テーゼは，**自白の裁判所に対する拘束力**を意味し，自白事実について裁判所の審判権を排除する効果をもつ。たまたま他の要証事実の証拠調べから自白事実と異なる心証を得たとしても，裁判所は自白と矛盾する事実を認定してはならない。

第3テーゼは，**職権証拠調べの禁止**を意味する。ただし，どちらか一方の当事者が証拠申請していれば足り，どちらの当事者が証拠申請したかは問わず，証拠調べの結果から申請した側の不利に事実認定することは差し支えない（**証拠共通の原則**）。

(2) 弁論主義の適用対象——主要事実と間接事実の区別

主要事実とは，法律要件の構成要素たる要件事実に該当する具体的事実であり，権利の発生・消滅という法律効果の判断に直接必要な事実であって直接事実ともよばれる。**間接事実**とは，主要事実を経験則上推認させる事実であり，徴憑ともよばれる（規53条1項にいう「請求を理由づける事実に関連する事実」は間接事実をさす）。事件の由来・経過・来歴など事件をより理解しやすくするための背後の事実関係を**事情**というが，これも間接事実の一種である。**補助事実**

とは，証人の性格や証人と挙証者との利害関係など証拠の証明力を示す事実であり，広い意味での間接事実に含まれる。

> **主要事実と間接事実**　以上のことを，売買契約にもとづく代金請求を例にとって，簡単に説明してみよう。要件事実は「財産権移転の約束」と「代金支払の約束」である（民555条）。主要事実は，これらに該当する具体的事実であり，たとえば「×月×日，原告と被告の間で□を目的として売買契約の申込と承諾があり，売買契約書が作成された」という事実である。被告がこの事実を争う場合は，原告としては，たとえば，買主の売買に至る動機，売買を締結する必然性をうかがわせる事由，代金支払のための資金計画など，主要事実を推認させるような事実を主張・立証していく。これが間接事実である。契約成立に立ち会ったと証言する証人が原告と縁戚関係にあることや，契約書の印章が被告のものではないことなどが，補助事実である。

弁論主義は，これらの事実のうち主要事実にのみ適用される。したがって，間接事実は，当事者が弁論として主張したものでなくとも，証言などによって明らかになれば，判決の基礎として採用してよい。また，間接事実も当事者間に争いがあれば証明の対象になるが，当事者の主張する事実と異なる事実を認定しても差し支えない。ただし，間接事実から推認される主要事実が弁論に現れていなければ，その間接事実は役に立たない。また，間接事実について両当事者の一致した陳述があっても，証拠資料からこれと異なる事実を認定することもかまわない。それゆえ，間接事実は，本来主張事実ではなく，経験則を通して事実認定に役立つ証拠資料に属すると解されている。

◇　論　点　◇

一般条項や規範的法律要件の主要事実

通説は，主要事実と間接事実の区別について，法規の規定上，権利の発生・変更・消滅の直接の原因となる事実を主要事実とし，それ以外の事実を間接事実としてきた。しかし，そのような説明では，たとえば権利濫用（民1条3項），公序良俗（民90条），過失（民709条）など，**不特定概念を用いて法律要件を規定している一般条項（規範的法律要件）**の場合には，現実の訴訟における間接

事実の重要性が見落とされいるという批判がある。たとえば，民法90条では「過失」が主要事実であり，交通事故の例でいえばそれを基礎づける具体的事実である「前方不注意」「速度違反」「酒気帯び運転」などが間接事実となるが，間接事実には弁論主義が適用されないとすると，当事者が「過失」と主張しさえすれば，弁論で主張していない個々の具体的事実を認定して判決の基礎とすることができるから，相手方にとっては不意打ちとなるおそれがあるというのである。

そこで，最近では，主要事実だけでなく，訴訟の勝敗に直接影響するような重要な間接事実にも弁論主義の適用があり，当事者の主張を必要とするとの説や，規範的法律要件については，これを基礎づける具体的事実が主要事実であるとする説，あるいは，それら具体的事実を**準主要事実**として弁論主義の適用があるとする説などが出されている。

〔参考文献〕
・倉田卓次「一般条項と証明責任」民事実務と証明論252頁（日本評論社，1987）
・加藤新太郎「主要事実と間接事実の区別」民事訴訟法の争点［第3版］182頁（1998）

◇ 発展・研究 ◇

弁論主義の根拠論

弁論主義の根拠については，諸説が対立している。通説的見解は，弁論主義を民事訴訟の本質に根ざすものとみ，私益をめぐる民事紛争は本来私人間の自由な処分にまかすべきであるから，訴訟においてもその判断資料となる事実と証拠についても当事者の主体的な権限を認めておく必要があると説く（**本質説**）。これに対して，弁論主義は真実発見のための便宜的技術的見地から認められた一つの手段であると説く見解がある（**手段説**）。すなわち，財産関係をめぐる紛争において最も強く利害関係を感じるのは当事者であるから，当事者にそれぞれ自己に有利な資料の探索と提出の責任を負わせるならば，客観的にも十分な資料の収集が期待でき，労少なくして真実を発見しやすいというのである。この説は，同じく真実発見のための手段である釈明権の行使を積極的に押し進めようとする実践的意図に支えられたものである。また，弁論における事実主張の要求は，訴訟運営上道標を設定する必要性，相手方の防御権の保護，

不意打ち判決の防止などの訴訟政策上の要請にもとづくとの見解もある（**不意打ち防止説**）。さらに，弁論主義の根拠を一元的に説明することは困難であるとし，私的自治の尊重，真実発見の効率，不意打ち防止，公平な裁判への信頼確保など，多元的な要請に基づいて歴史的に形成されてきたものとする説もある（**多元説**）。

弁論主義の成立は，明らかに19世紀の自由主義的イデオロギーを背景とし，私的自治の原則の民事訴訟への反映を意味した。それが戦後の福祉国家思想をも背景として，裁判所の後見的作用を求める釈明権の強化に適合した理論を求めたともいえる。その後，手続保障の重視による不意打ち防止の強調につながった，という学説史の大きな流れを跡づけることができる。新民事訴訟法では，信義誠実訴訟追行義務（2条），適時提出主義（156条）当事者照会（163条），訴状の実質的記載事項としての間接事実の要求（規53条）などにより，従来の弁論主義よりも当事者の行為義務が強化されており，裁判所に対しても，期日外釈明（149条）や参考事項の聴取（規61条），各種の争点整理手続と集中証拠調べ（182条）などにより，能動的積極的な関与を要求している。弁論主義の3つのテーゼも，理念としては存続しつつも，機能は実質的に変容している。

〔参考文献〕
・伊東乾『弁論主義』62頁（学陽書房，1975）
・竹下守夫「弁論主義」小山昇ほか編『演習民事訴訟法』375頁（青林書院，1987）
・山本克己「弁論主義のための予備的考察」民事訴訟雑誌39号170頁（1993）
・徳田和幸「弁論主義と新民事訴訟法」法学教室223号27頁（1999）

3　裁判所の釈明権

弁論主義では，判決の基礎となる事実および証拠の提出は当事者の責任とされるが，これは当事者の訴訟追行能力の対等を前提としてのみ健全に機能する。しかし，現実の訴訟では当事者の能力に差があり，その陳述が必ずしも明確になされておらず，事案に適った法的構成がなされているとも限らない。とくに本人訴訟において，これが顕著である。この場合に弁論主義を形式的に適用して，結果として生じる不利益を当事者の自己責任に帰することは正義に適わず，裁判に対する当事者および国民の信頼を確保するうえでも，実質的武器対等の

理念からも許されない。そこで，当事者の弁論に不明な点・不適切な点があるときは，訴訟指揮権の一作用として裁判所が当事者に釈明を求め，場合によっては適切な訴訟行為を促す権能が認められている。これを釈明権という（釈明をするのは当事者だから，日本語の語感からすると違和感があるが，釈明を求める権能を釈明権とよぶ）。また，適正な裁判のための裁判所の責務と捉えて，釈明義務ともいう。したがって，釈明権ないし釈明義務には，弁論主義を補完する役割と実質的武器対等を実現する役割が期待されている。

(1) 釈明権の行使

釈明権は，合議制では裁判長が，単独制では裁判官が，口頭弁論の期日または期日外で行使する（149条1項）。陪席裁判官も，裁判長に告げた上で行使できる（同条2項）。当事者は，必要があれば，裁判長に対して相手方当事者に発問を求めることができる（同条3項）。釈明権の行使は，問いを発し（発問権）または立証を促す形で行う。**期日外の釈明**は，書記官を通じて電話やファックスなど適宜の方法で行うことができる。期日外の釈明で，攻撃防御方法に重要な変更を生じさせるような釈明をしたときは，その内容を相手方当事者にも通知しなければならず（同条4項），これを訴訟記録上明らかにしなければならない（規63条2項）。対席性の欠如に対する手続保障の補充である。

釈明を求められた当事者は，これに応じなければならない義務はないが，必要な釈明をせず放置するときは，裁判所は釈明の対象となった趣旨不明瞭な攻撃防御方法を却下することができる（157条2項）。

(2) 釈明権の範囲

釈明権は，適切な範囲で行使しなければならない。行使が行き過ぎると，不公平な裁判だとして当事者の信頼を失う危険があり，他方，これを怠れば，不親切で不当な審理との非難を受けることにもなる。とくに，釈明義務の重大な懈怠のため，当事者が十分に弁論の機会を与えられなかったと認められるときは，法令違背として上告審の破棄理由（312条3項・325条1項後段・2項）となる。

当事者が事案にとって必要な申立てや主張をしているが，それらに不明瞭，前後矛盾などがみられる場合に，これを問い正す釈明を**消極的釈明**という。これに対して，当事者が事案の内容上必要な申立てや主張をしていない場合に，

これを示唆し，指摘し，または促す釈明を**積極的釈明**という。消極的釈明については過度の行使ということは問題とならず，釈明義務違反のみ問いうる。問題は，積極的釈明である。その許容範囲をめぐっては，時代思潮や社会的背景とも関連し，判例にも歴史的変遷がみられる。昭和初期の大審院時代には釈明義務の範囲を広く捉える破棄判決が数多く出されたが，戦後，最高裁になってからは，英米法の当事者主義の影響を受け，釈明権の行使に極めて謙抑的になった。その後，できるだけ真相を究めて真の紛争解決を図ることが釈明制度の趣旨であるとして，再び積極的釈明を広く認める傾向を示している。ただし，釈明権の許容範囲を画する明確な一義的基準は立てにくく，当事者の属性も含め個別具体的事例に即して決するしかない。なお，新法は，期日外の釈明で攻撃防御方法に重要な変更を生じさせるような釈明をなすことを予定しているが（149条4項），「攻撃防御方法に重要な変更を生じさせる釈明」とは，主要事実が追加または変更されるような場合や，立証を促して証拠が追加される場合などを意味し，ときには訴えの変更をもたらすことも考えられる。それゆえ，新法は広く積極的釈明を認める立場を明文で明らかにしたものと解される。

§3　口頭弁論の準備

〔設例〕

① 妻が盲腸の手術を受けたところ，麻酔が切れず眠ったままとなり，数週間後に亡くなってしまった。病院が詳しい経緯を説明してくれないので，納得できない夫は真実を明らかにしようと訴訟を提起した。手術に立ち会った看護師や麻酔医の名前や居所，当日の手術件数など医療過誤の手掛かりを得るには訴訟法上どんな手段をとりうるか。

② 期日に準備書面を持参して「準備書面記載の通り」と陳述した場合，その記載内容は陳述したものとみなされるか。相手方が在廷し

③ 弁論準備手続終結後に被告が新たに相殺の抗弁を提出することは許されるか。原告は何か文句が言えるか。

1 準備書面

　準備書面とは，口頭弁論に先立ち，弁論の内容を相手方に予告する書面である。充実した口頭弁論を行うため，口頭弁論は書面により準備しなければならない（161条1項）。攻撃防御方法が記載されている訴状は，準備書面としての機能をもつ（規53条3項）。被告が最初に提出する準備書面が，答弁書である（規79条1項）。

　(a) 記載事項　　各自の攻撃・防御方法，相手方の主張に対する認否を記載する。できるだけ相手方に具体的なレベルで反論の準備をさせ，期日における審理を充実させるため，否認には理由を付し，抗弁には重要な間接事実と証拠も記載し，書証の写しを添付する（規79条・80条・81条）。**単純否認の禁止**は訓示規定であるが，証明責任を負わない事項についても積極的に事実関係を提示することを義務づけた規定であり，実質的な争点を早期に確定するために重要である。

　(b) 準備書面の送付　　準備書面は，相手方の準備に必要な期間をおいて，裁判所に提出するとともに相手方に送付する。裁判所は提出期間を定めることができる（162条）。新法では，手続の効率化のため，相手方には裁判所を介さず直送することになった（規83条）。送付手段としては郵送・持参またはFAXを利用することができる。

　(c) 準備書面提出の効果　　準備書面は弁論に代わるものではないから，これを提出していても期日に出頭して陳述しなければ主張として扱われない。ただし，最初の期日だけは陳述が擬制されうる（158条・170条6項）。逆に準備書面を提出していないとき，または提出していても準備書面に記載していない事実は，相手方が在廷しないときは，主張することができない（161条3項）。相手方が在廷するときは，準備書面に記載していない事実も主張することができる。

2 当事者照会

当事者は，主張・立証を準備するために必要な事項について，直接相手方に情報提供を求めることができる（163条）。アメリカのディスカバリー手続におけるinterrogatories（質問書）をモデルに，新法で新たに導入された制度である。「主張・立証のため」でなく，それを「準備するため」であるから，未だ詳細な事実関係が明らかでなく証拠方法も入手できていないときに意味をもつ。とくに公害・薬害・労災・医療過誤・製造物責任訴訟などの**証拠偏在**が著しい当事者間で威力を発揮しうる。通常の訴訟でも証拠方法の手掛かりとなり得るのに有効である。また，文書提出命令の申立てを準備するために，対象となりうる文書のリストを照会することも考えられる。原告としては通常，訴訟提起前にそのような情報が欲しいところであるが，法は訴訟係属後に照会できるものとした。相手方側から見れば，いわば「敵に塩をおくる」制度であって，訴訟資料の探索・提出を自己責任とする伝統的な弁論主義の考え方からすると，基本思想の転換ともいいうる。

(a) 照会の対象　主張・立証の準備に必要な事項であれば，163条ただし書に列挙された場合に該当しないかぎり，照会することができる。

〔当事者照会の具体例〕　交通事故訴訟では，同乗者の氏名（目撃者），速度や事故現場への経路など。契約関係訴訟では，契約書作成の交渉に当たった者の氏名，関与者の氏名など。医療過誤訴訟では，手術に立ち会った執刀医・麻酔医・看護師，退職している場合は現在の勤務先・連絡先・住所，投与した薬剤の種類と量，当日の手術の件数，夜間の勤務態勢など。製造物責任訴訟では，当該製品の設計者の氏名・所属部署，製品の許認可を行った行政官庁の担当部課，当該製品に関する事故件数，製品事故に関する訴訟の裁判所と事件番号，和解で支払った賠償額など，が考えられる。

(b) 回答義務　相手方が求められた期間内に回答に応じないとしても，特別の制裁は規定されていない。しかし，相手方は信義則上，照会に対して誠実に回答する義務を負い（2条参照），正当な理由のない回答拒否は（それ自体は口頭弁論の外であるから弁論の全趣旨とはいえないが）その当事者の不誠実な訴訟追行として間接的に裁判官の心証形成に影響を与えうる。

3 争点整理手続

争点整理手続（争点および証拠の整理手続）は，散漫な審理による訴訟遅延を防止し，口頭弁論における充実した審理と集中証拠調べを実現するため，争点を絞り込み最適の証拠方法を選択する目的で行われる。準備的口頭弁論，弁論準備手続，書面による準備手続の3種が用意されている（164条～178条）。どの手続を選択するかは，事件の性質・内容に応じて裁判所が裁量で決定する。争点整理手続のなかで攻撃防御方法を出し尽くすことを予定しているから，手続終了後（後二者では手続終結後）に新たな攻撃防御方法を提出することは信義に反し，相手方の求めがあれば，争点整理手続のなかで提出できなかった理由を説明する義務を負う（167条・174条・178条）。

(1) 準備的口頭弁論

公開法廷において争点整理を行う手続であり，期日に争点・証拠の整理のみを行う口頭弁論をいう。労働事件や公害事件など，傍聴人が多数予想される事件や社会的に関心の高い事件に適する。通常の法廷または公開のラウンドテーブル法廷が活用される。争点整理に必要な限りで，書証の取調べ，証人尋問，本人尋問などの証拠調べも可能である。各当事者の主張をつきあわせ，そのための証拠を整理しながら，後に行われる集中証拠調べ（182条）を準備する。

争点整理が済んだら準備的口頭弁論を終了（口頭弁論の「終結」ではない）するが，終了するにあたっては，その後の証拠調べにより証明すべき事実を裁判所と当事者双方との間で確認する。当事者に要約書面を提出させることもできる（165条）。

(2) 弁論準備手続

必ずしも公開を要しない争点整理手続であり，法廷以外の場所で裁判官と当事者がくつろいだ雰囲気の中で（裁判官は法服を着ないでよい）率直な意見交換を行うことにより，早期に適切な争点整理を行うことを目的としている。裁判官室や準備室などにおいて当事者双方立会いの下で争点整理を行うのが基本である。弁論準備手続は，その後の口頭弁論期日における集中証拠調べを可能にするため，攻撃防御方法の提出・認否・議論・争点形成・証拠の採否・要証事実の確認を行うものであり，公開法廷における人証の集中証拠調べ以外の実質審理の重要部分を担うものといえる。

弁論準備手続は口頭弁論によらずに実質審理を行う側面があり，当事者が口頭弁論を開くことを強く望んでいるときは円滑な争点整理は期待できないので，裁判所は，事件を弁論準備手続に付するには，当事者の意見を聴いて（168条）協力を求める必要がある。対席主義により当事者双方が立ち会える期日で争点整理が行われる（**立会権**と**当事者公開の保障**）。手続の一般公開はされないが，争点整理の円滑な実施に支障にないかぎり，**関係人公開**が保障されている（169条2項）。

期日における審理充実のため，裁判所は当事者に準備書面を提出させることができる（170条1項）。弁論準備手続期日において，裁判所は，書証の取調べのほか，釈明処分，証拠の採否（証拠決定）などの裁判をすることができる（170条2項）。弁論準備手続は，原則として受訴裁判所が主宰するが，そのうちの1名の裁判官（受命裁判官）に行わせることもできる（職務は少し限定される。171条）。遠隔地に居住する当事者とは電話会議システムを利用して手続を実施することができる（170条3項）。

手続の終結にあたっては，集中証拠調べにより証明すべき事実を裁判所と当事者双方との間で確認する。当事者に要約書面を提出させることもできる。その後の口頭弁論において当事者が手続結果を陳述すると（173条），弁論準備手続において提出された攻撃防御方法が口頭弁論に現出されたことになる。

(3) **書面による準備手続**

当事者が遠隔地に居住する場合や，怪我などにより裁判所への出頭が困難な場合に，当事者の出頭なしに行う争点整理手続である。裁判長が主宰する。準備書面の交換や電話会議を利用して実施する（176条）。手続が遅延しないよう，裁判長は書面の提出期間を定めなければならない。手続終結後の口頭弁論期日で，その後の証拠調べにより証明すべき事実を裁判所と当事者双方との間で確認する（177条）。

§4　当事者の欠席

〔設例〕
① 被告が答弁書も提出せず，第一回口頭弁論期日にも出頭してこない。裁判所はこの事件をどう扱うべきか。
② 口頭弁論期日に原告も被告も欠席した場合，裁判所としてはどう対処すべきか。

　口頭弁論は，あらかじめ期日を指定して当事者双方を呼び出すが，期日に当事者が欠席すると，せっかくの対論の機会が活用されず，口頭弁論の中核であるべき対席審理が実現しない。かといって一切審理ができないとすると，口頭弁論のために準備してきた裁判所や出席当事者の努力が無駄になりかねない。他方，欠席者にも事情がありうるから，当事者不在のまま手続が進められると酷な結果も生じうる。とくに当事者双方が欠席する場合には，裁判所の手続外で当事者間の和解交渉が進められていることもある。そこで，法は双方欠席の場合と一方欠席の場合を分けて，対応を規律している。

1　当事者双方の欠席

　口頭弁論期日に当事者双方が欠席するときは，その期日は目的を達せず終了せざるをえない（出頭しても弁論を一切なさず退廷するときも同じである）。この場合，当事者間で自主的な紛争解決行動をとっているなら裁判所があえてこれに介入する必要はないし，当事者双方に訴訟進行の意思がないかもしれないので，裁判所としては，どちらかの当事者が審理を求めて期日指定の申立てをしてきたら，新期日の指定をすればよい。もし期日指定の申立てがなく1カ月が経過したときは，もはや判決を求める意思がないものとして，訴えの取下げがあったものとみなすこととした（**訴え取下げの擬制**，263条）。この場合，訴訟係属は消滅し，裁判所書記官は既済事件として一件記録を処理することができる。また，過去の実務で，欠席と期日指定を何度も繰り返して裁判所を困

らせた例がいくつもあったことから，新法は当事者双方が2回続けて期日に欠席した場合も同様とした（同条後段）。この取扱いは，弁論準備手続にも適用される。

ある程度審理が進んだ段階での期日の欠席については，それまでの審理の状況を考慮して相当と認めるときは，弁論を終結して終局判決を下すこともできる（**審理の現状にもとづく判決，244条**）。

2 当事者の一方の欠席

(1) 最初の期日の欠席

第1回期日に原告が欠席した場合，本案の申立てがないと口頭弁論は開始できない。そこで，あらかじめ提出されている訴状の請求の趣旨および原因を陳述したものとみなして（**訴状の陳述擬制**），出席した被告に弁論をさせることとした。そして，これとの公平上，被告欠席の場合も，すでに提出した答弁書や準備書面があれば，その陳述擬制を認めた（158条）。この限度で，口頭主義は後退していることになる。

欠席者は，出頭した相手方の提出した準備書面に記載ある事項については，自らの準備書面で争っていないかぎり，自白したものとみなされる（**擬制自白，159条3項**）。争っていれば，出席者の証拠調べに進む。その結果，裁判に熟すれば直ちに弁論を終結できる。したがって，被告が答弁書も提出せず，期日にも出頭しない場合には，訴状に請求原因事実（請求を理由づける事実）がすべて記載されているかぎり，擬制自白により請求認容判決に熟することになる（実務上いわゆる欠席判決である）。

(2) 続行期日の欠席

この場合は，準備書面が提出されていても陳述擬制はなされない。出席した相手方は，自分の準備書面で予告した事実のみ主張できる（161条3項）。裁判所は，欠席者の従前の弁論と出席者の弁論とを突き合わせ，次回期日の指定が必要かどうか判断する。なお，裁判の引き延ばしとみられ，それまでの審理の状況を考慮して相当と認めるときは，出席当事者の申出があるかぎり，裁判に熟していなくても，弁論を終結して判決を下すことができる（**審理の現状にもとづく判決，244条**）。

§5　訴訟審理の進行

〔設例〕
① 土地所有権確認訴訟の係属中に被告会社が破産してしまった。訴訟は誰を相手にどのように進行させたらよいか。
② 控訴状を速達で郵送したところ，大型台風のため交通が遮断され，控訴期間満了後に裁判所に到着した。裁判所は控訴を却下すべきか。

1　職権進行主義

　訴訟手続は，当事者と裁判所の共同作業として展開していく。訴訟の中身をなす請求については当事者に，その内容と根拠を示すとともに判断資料を提供する役割を与え（処分権主義と弁論主義），他方，手続の進行については裁判所に，手続の主宰者として迅速かつ充実した審理の責任を負わせている（職権進行主義）。いわば手続形成は裁判所に，内容形成は当事者に，権限と責任を委ねているということができる。しかし，同時に，裁判所の手続主宰に対しては当事者からの異議や申立権を認め，当事者の弁論活動には裁判所からの釈明権による介入を認めて，相互の牽制と協力を通じて迅速かつ適正な裁判を目指している。

2　裁判所の訴訟指揮権

　訴訟指揮権は，手続を主宰する権能であり，審理を迅速かつ充実したものにするため，裁判所に与えられている。職権進行主義の具体化である。事件の具体的内容や審理の進行状況に対応して，期日を指定したり，期間を裁定したり，当事者の弁論を整理したり，釈明を求めたり，弁論の制限や分離・併合をしたり，いったん終結した弁論を再開するなど，手続のすべての面において広範な裁量による柔軟な手続運営を内容とする。

　訴訟指揮権は原則として裁判所に帰属し，裁判長が代表して行使する（148

条・149条）が，裁判長の固有の権限とされている場合もある（93条・137条）。受命裁判官・受託裁判官も授権された範囲内で訴訟指揮権を行使する。訴訟指揮の裁判（決定・命令）は審理の進行に応じて臨機応変になされる必要があるから，不必要ないし不適当になれば何時でも自ら取り消すことができる（120条）。

3　当事者の申立権

手続の進行は主として裁判所の役割であるが，当事者に，裁判所を促して訴訟指揮上の措置を要求する申立権を認める場合がある。たとえば，訴訟の移送（17条・18条），求問権（149条3項），時機に後れた攻撃防御方法の却下（157条），期日の指定（93条1項），手続の受継（126条）などである。これらの事項について当事者が申立てをしたときは，裁判所はこれに応答して必ずその許否を判断しなければならない。これに対して，職権事項について当事者が申立てをしても，職権の発動を促す意味しかないから，裁判所はいちいち応答する義務はない。

4　手続の進行

訴訟手続は，時間的にみると，訴状の送達，期日の指定・呼出・準備・実施・終了，判決の送達，期間の経過という形で進行する。送達・期日・期間という概念は，手続の進行を段階づけるとともに，弁論と反論の機会を手続上保障する制度である。

(1) 期　　日

期日とは，当事者その他の訴訟関係人が会合して，訴訟行為をするために定められた時間をいう（実務では通常，開始時刻のみを指定している）。その目的によって，口頭弁論期日・準備的口頭弁論期日・弁論準備手続期日・進行協議期日・証拠調期日，和解期日，判決言渡期日などとよばれる。

(a) 期日の指定　　期日は，あらかじめ場所・年月日・開始時刻を明示して指定される。やむをえない場合は，日曜・休日に指定することもできる。裁判長が職権で，または申立てにより指定する。

(b) 期日の呼出し　　指定した期日を当事者その他の訴訟関係人に知らせて

出頭を要求することを呼出しという。呼出しは，書記官が呼出状を作成して，これを**送達**することによって行うのが原則である。出頭している者に対しては，**期日を告知**するだけでよい。「その他相当と認める方法」（93条）として，電話やFAXによる呼出しが可能である。これを**簡易な呼出し**とよぶ。簡易な呼出しによったときは，呼出しの名宛人が出頭しない場合に，欠席による不利益を課することができない。

　呼出しを欠くときは，期日の実施自体が違法となる。期日の呼出しがないために出頭できず，そのまま敗訴判決を受けた者は，代理権欠缺（312条2項4号・338条1項3号）に準じて，上訴または再審による救済を受けることができると解される。

　(c) 期日の実施　　期日は，指定された日時と場所で実施される。口頭弁論期日は，事件の呼上げ（事件を特定しての開始宣言）によって開始する。期日は，その目的たる事項（弁論・和解・判決言渡しなど）の完了によって終了する。目的たる事項に入らず次の期日に委ねて終了するのが期日の延期であり，目的たる事項を完了できず次回に継続することにして終了するのが期日の続行である。

　(d) 期日の変更　　期日の変更は，関係人の予定を狂わせ，訴訟遅延の原因ともなるので，一定の要件の下で許される（93条3項・4項）。①最初の期日の変更は，当事者の合意があれば許される。最初の期日は，当事者の都合を聞かずに指定されるからである。②続行期日の変更は，顕著な事由（急病など）がある場合に限り許される。③弁論準備手続を経た口頭弁論期日の変更は，（顕著な事由よりもっと厳格な）やむをえない事由がある場合でなければ許されない。

　(2) 期　　間

　民事訴訟法上の期間には，種々の分類（行為期間と猶予期間，法定期間と裁定期間，通常期間と不変期間）があるが，とくに重要なのは不変期間である。**不変期間**とは，裁判所が伸縮できない期間という意味であり，控訴期間，上告期間，再審期間，督促異議の申立期間，仲裁判断取消の訴え提起期間など，法律でとくに「不変期間」と定められている。これらは大体裁判に対する不服申立期間や提訴期間であり，期間経過により判決確定や訴権消滅などの失権効が

生じるため，当事者にとって場合によっては酷な結果となる。しかも迅速な解決という観点から，比較的短期間に定められている。そこで一定の要件の下で，追完を認めている。

(a) 訴訟行為の追完　当事者の責めに帰することができない事由により不変期間を遵守できなかった場合には，その事由が消滅した後1週間以内に限り，訴訟行為の追完をすることができる（97条）。当事者の責めに帰することができない事由とは，たとえば天災地変などの不可効力で控訴期間内に控訴状を提出できなかった場合のほか，過失なくして判決の送達を知らなかったため控訴できなかった場合も含まれる。それゆえ，公示送達や補充送達など名宛人に届かなくても送達の効力が生じる方法で判決の送達がなされた場合などは，この規定により**控訴の追完**が認められる可能性がある。

(b) 期間の計算　期間の計算は民法の規定に従う（95条1項）。したがって，初日は算入せず，翌日から起算する（民140条）。期間の末日が日曜日，土曜日，その他一般の休日に当たるとき，または年末年始の12月29日から1月3日までに当たるときは，その翌日に期間が満了する（95条3項）。

(3) 送　　達

送達の方法については，訴状の送達に関連して概説したので（第4章§2参照），ここではそれ以外の点につき補足する。

(a) 送達が必要な書類　当事者その他の訴訟関係人に訴訟上重要な事項を知らせる手段として，送達は最も確実な方法であるが，費用も時間も手間もかかるので，新法では手続の効率化・迅速化のため，より簡易な方法である「送付」を多用し，送達によるのは最も重要な書類に限定した。新法下で送達を要するとされる書類には，次のようなものがある。

訴状（訴訟中の訴えに当たる訴えの変更，中間確認の訴え，反訴の書面も同じ），判決（調書判決も含む），控訴状，上告状，各種の参加申出書，仮執行宣言付支払督促など。

(b) 送達場所・送達受取人の届出　名宛人の住所に週日の昼間は誰も在宅していないことが多く，郵便による送達が届きにくくなっている。そこで，当事者が受け取りやすい場所と受取人を届け出ることを義務づけた（104条）。

(c) 送達の瑕疵　法定の方式に違背した送達は無効であり，送達はなかっ

たことになる。判決の送達に瑕疵あるときは，結局，上訴期間が進行しないことになり，送達から2週間の経過により形式上判決が確定したことになっていても，上訴ができることになる。

5 手続の停止

訴訟の係属中に手続が法律上進行しえない状態になることを，訴訟手続の停止という。停止には，中断と中止がある。

(1) 訴訟手続の中断

訴訟の係属中に，法律上訴訟手続を追行できなくなった当事者を保護するため，新追行者が訴訟に関与できるようになるまで，手続の進行を停止することをいう。

(a) 中断事由　中断は法定の事由（124条1項）があれば当然に発生するもので，裁判所や当事者がこれを知ると否とにかかわらない。

① 当事者の消滅　自然人の死亡，法人の合併。
② 訴訟能力の喪失，法定代理人の死亡，法定代理権の消滅
③ 当事者適格の喪失　信託の任務終了，訴訟担当資格の喪失，選定当事者全員の資格喪失，当事者の破産または破産解止。

(b) 中断の解消　中断は，当事者の受継申立てまたは裁判所の続行命令によって解消し，訴訟手続の進行が再開される。

受継とは，当事者からの中断した手続の続行の申立てをいう。受継の申立ては，新たな当事者・訴訟追行権者，たとえば，相続人，遺言執行者，合併後の新会社，法定代理人，破産管財人など（124条・125条）のほか，相手方当事者もすることができる（126条）。受継申立てがなされたときは，裁判所は相手方に通知し，職権調査のうえ，理由がないときは決定で申立てを却下する（128条1項）。申立てを認める場合は，申立人との間で訴訟手続を続行すればよく，必ずしも決定は必要でない。

当事者双方が受継申立てを怠る場合には，裁判所が職権で，訴訟手続の続行を命ずることができる（129条）。

(2) 訴訟手続の中止

裁判所または当事者に障害があって，訴訟を進行させることが不可能または

不適当な場合に，法律上当然にまたは裁判所の訴訟指揮上の処分によって認められる停止である。

(a) 裁判所の職務執行不能による中止（130条）　天災その他の事故により，裁判所の職務執行が不能な状態になった場合には，中止は当然に発生し，その状態が消滅すれば，中止も解消する。

(b) 当事者の故障による中止（131条）　当事者が急に精神病になった場合や，天災などで交通遮断の地域にあって回復の見通しがつかない場合など，当事者に不定期間の故障があって手続を続行することができないときも，中止が認められる。この場合は，申立てまたは職権で裁判所が中止決定をすることによって生じ，これを取り消す決定によって終了する。

(3) 中断・中止の効果

停止中は，当事者も裁判所も，その事件につき訴訟手続上の行為をすることができない。停止中に当事者の行った行為は，相手方に対する関係で無効である。停止中に裁判所の行った裁判，証拠調べその他の行為は，当事者双方との関係で無効である。ただ，口頭弁論終結後に中断が生じたときは，中断中でも判決を言い渡すことができる（132条1項）。しかし，判決の送達は，中断解消後になす必要がある。

停止になれば，期間は進行を開始しないし，すでに進行中の期間は進行を止め，停止が解消してから改めて全期間が進行する（132条2項）。

第6章 証拠調べ

§1 裁判所の事実認定

　裁判は，法規の適用によって行われるのだが，法規を適用するには，その法規に適用されるべき事実の存否を確定しておかなくてはならない。とくに，原告と被告との間に争いのある事実については，どちらの主張が真実であるかを認定することが必要となる。これが裁判所の事実認定である。

　今日では，裁判所の事実認定は，証拠にもとづいて証明されたものでなければならないとされている。裁判所を構成する裁判官の恣意や主観を排除し，客観的に公正な事実認定を保障するためである。そこで，裁判所が証拠を取り調べるための手続が必要となる。これが証拠調べである。

§2 証　　拠

1　証拠とは

　証拠とは，一言でいえば，裁判所が事実認定を行うための判断材料のことであるが，より細かには，裁判官の心証形成の観点からみて，次の3つの意味に区別される。

　(a) 証拠方法　　証拠調べの対象となるモノをいう。人証（人的証拠）と，物証（物的証拠）とがある。人証は，証人，当事者本人，鑑定人に区別される。物証は，文書，検証物に区別される。

　なお，あるモノについて，それが証拠方法となり得る資格のことを**証拠能力**

(証拠適格) という。

(b) **証拠資料** 裁判官が証拠方法を取り調べて得た内容（情報）をいう。証人の証言内容，当事者本人の供述内容，鑑定人の鑑定意見，文書の記載内容，検証物の検証結果などが，それである。

なお，ある証拠資料について，それが裁判官の心証形成に及ぼす影響力のことを**証拠力**（証拠価値・証明力）という。

(c) **証拠原因** 証拠資料のうち，裁判官の心証形成の原因（決め手）となったものをいう。

なお，証拠資料のほか，口頭弁論の全趣旨も証拠原因となり得る（247条）。

2 証拠の種類

(1) 直接証拠と間接証拠

直接証拠とは，争われている主要事実の存否を直ちに証明するための証拠をいう。これに対して，間接証拠とは，間接事実や補助事実の存否を証明し，これによって主要事実の存否を間接的に証明するための証拠をいう。

(2) 本証と反証

本証とは，争われている主要事実について証明責任を負っている当事者がその事実の存在を証明するために提出する証拠（またはそのための活動）をいい，反証とは，その相手方がその事実の存在を否定するために提出する証拠（またはそのための活動）をいう（証明責任については，本章§5参照）。

§3 証　　　明

1 証明とは

証明とは，裁判の基礎となる事実の存否について，裁判官が確信にいたる程度の心証を形成した状態，あるいはそのような状態にさせるための当事者の活動をいう。ここに確信というのは，数学などの自然科学のように一点の疑いも許されないほどのものでなくてよく，通常の人が疑いを差しはさまない程度に

真実であるとの確信を持ち得るものであればよい（最判昭50・10・24民集29巻9号1417頁・百選Ⅱ［109］事件）。合議制においては，構成裁判官の過半数が確信の状態に達すればよい（裁77条）。裁判（判決・決定・命令）の基礎となる事実を認定するには，証明を要するのが原則である。

> **疎明** 証明に似た概念として疎明というものがある。疎明とは，疎い証明ということである。つまり，裁判の基礎となる事実の存否について，裁判官が一応確からしいとの心証を得た状態，あるいはそのような状態にさせるための当事者の活動をいう。手続上の派生的な事項で迅速な処理を要するものの中には，とくに明文の定めにより，疎明で足りるとされているものがある（たとえば，35条1項・91条2項，規10条3項）。疎明は，在廷証人や持参物件など，即時に取り調べることができる証拠によってしなければならないとされている（188条）。

2 証明の種類

(1) 厳格な証明と自由な証明

　厳格な証明とは，法律の定める証拠調べ手続を通じて行う証明をいう。本案判決の基礎となる事実の証明は，必ず厳格な証明によらなければならない。これに対して，自由な証明とは，必ずしも法律の定めるところに拘束されないで行う証明をいう。たとえば，証人尋問を行わないで，電話で問い合わせたり，あるいは証言に代えて供述書の取調べで済ませることである。とくに法律上の根拠はないのだが，職権調査事項（訴訟要件など）や，決定で完結する事件に関する事実の証明については，その性質からみて，自由な証明でよいものと考えられている。

(2) 本証と反証

　本証とは，争われている主要事実について証明責任を負っている当事者がその事実の存在を証明するための活動（またはそのために提出する証拠）をいい，反証とは，その相手方がその事実の存在を否定するための活動（またはそのために提出する証拠）をいう（証明責任については，本章§5参照）。

3 証明の対象

証明の対象となるのは，通常，事実である。しかし，法規や経験則も，場合によっては，証明の対象となる。

(1) 事　実

事実のうち，証明の対象となる最も主要なものは，法規の定める要件事実に該当する具体的事実（主要事実）である。たとえば，金銭消費貸借契約の成立の有無については，金銭の授受と返還の約束とが現に存在したか否かということである（民587条参照）。しかし，主要事実の存否を直ちに証明し得る直接証拠（契約書や借用証など）が見あたらない場合も少なくない。この場合には，間接事実や補助事実についても，それらが主要事実の認定に影響を及ぼすものである限り，証明の対象となる。

ただし，**当事者間に争いのない事実**（自白された事実）や**顕著な事実**については，証明を要しない（179条）。当事者間に争いのない事実について証明を要しないとされるのは，弁論主義のもとでは，その事実をそのまま判決の基礎としなければならないからである（自白の拘束力）。顕著な事実とは，歴史的に有名な事件や大災害のように，広く一般の人に知れわたっている事実（公知の事実）と，裁判官が過去に自ら行った裁判やその裁判所で公告された破産宣告のように，裁判官が職務上知り得た事実（職務上顕著な事実）とがある。顕著な事実について証明を要しないとされるのは，わざわざ証拠を持ちださなくても，客観的に公正な事実認定が保障されているからである。

なお，証明が必要な事実のことを**要証事実**といい，その必要のない事実のことを**不要証事実**という。

(2) 法　規

法規は，原則として，証明の対象とはならない。裁判官は，その職責として，法規を当然に知っていなければならないからである。しかし，裁判官も人間であるから，外国法，地方の条例，慣習法などについては，必ずしも常にそれを期待することができない。そこで，こうした法規のうち，裁判官の知らないものについては，証明の必要が生じ，証明の対象となる。

(3) 経　験　則

経験則とは，数々の生活上の経験から得られる知識や法則のことをいう。た

とえば，犬は人を噛むことがあるとか，契約書があれば契約はあったものと考えるのが普通であるなどということである。裁判官が当事者の主張を正しく理解し，証拠を合理的に評価するためには，こうした経験則を兼ね備えていなければならない。そこで，常識的な経験則ならば，裁判官も社会人の一人として知っているはずであるから，わざわざこれを証明する必要はないが，公害発生のメカニズムなどのように，特殊な専門的知識に属する経験則については，通常，裁判官が知っていることを期待できないため，証明の必要が生じ，証明の対象となる。

§4　自由心証主義

1　自由心証主義とは

　当事者間に争いのある事実の存否が証拠により証明されたか否かの判断は，裁判所が，口頭弁論の全趣旨と証拠調べの結果を斟酌して，自由な心証により行うものとされている（247条）。この建前を**自由心証主義**という。これに対し，古くは，契約の成立を認定するには必ず証書によらなければならないとか，三人の証言が一致したときは必ずその証言を真実と認定しなければならないなどといったように，証拠方法や証拠力に関する法則（証拠法則）を，あらかじめ法律で定めておくという**法定証拠主義**が採用されていたこともあった。法定証拠主義のもとでは，どんな裁判官でも常に均一な事実認定を行うという保障があるため，裁判官の資質が未熟な時代には，一定の評価を得ていた。しかし，複雑に変化する社会生活に対応すべき証拠法則を，あらかじめすべて法律で定めておくことは到底無理である。そこで，裁判官の資質が向上してくると，むしろ裁判官の自由な心証に委ねたほうが真実に近づくのではないかと考えられるようになり，その結果として，近代の民事訴訟法は，自由心証主義を採用している（刑事訴訟法も同様である。刑訴318条参照）。

2 自由心証主義の内容
(1) 証拠方法の無限定

　自由心証主義のもとでは，証拠方法は原則として限定されない。したがって，いかなるモノも原則として証拠能力がある。たとえば，訴え提起後に作成された文書や，伝聞証拠でも，証拠能力がある。ただし，手続の画一性や迅速性の要請から，例外的に証拠方法が限定されている場合がある（160条3項・188条・214条・352条1項・367条2項・371条，規15条・23条1項など）。

　なお，窃取・横領された文書などのように，違法な手段で収集された証拠（**違法収集証拠**）の証拠能力については，争いがある。判例は，無断で録取された会話の録音テープの証拠能力について，「著しく反社会的な手段を用いて，人の精神的肉体的自由を拘束する等の人格権侵害を伴う方法によって採集されたものであるときは，それ自体違法の評価を受け，その証拠能力を否定されてもやむを得ない」と述べている（東京高判昭52・7・15判時867号60頁・百選Ⅱ [118] 事件）。

(2) 証拠力の自由評価

　自由心証主義のもとでは，事実認定のための資料をどのように評価するかは裁判官の自由な判断に任される。

　事実認定のための資料となるのは，**口頭弁論の全趣旨と証拠調べの結果**である。口頭弁論の全趣旨とは，当事者の陳述の内容や態度などのように，審理に現れた一切の模様・状況をいい，証拠調べの結果とは，前述の証拠資料のことをいう。口頭弁論の全趣旨と証拠調べの結果との間に優劣はない。場合によっては，証拠調べの結果よりも口頭弁論の全趣旨のほうを重視することも可能である（なお，刑訴317条・318条参照）。また，証拠調べの結果については，証拠を提出した当事者に有利に評価することも，逆に，相手方当事者に有利に評価することも可能である（証拠共通の原則）。ただし，若干の証拠法則と目すべきものはある（文書の成立の真正の推定として，228条2項4項。いわゆる証明妨害に対する制裁として，208条・224条・229条2項4項・232条）。

　もっとも，自由心証主義とはいえ，裁判官の好き勝手が認められるわけではない。裁判官は経験則や論理則に従って合理的な判断をしなければならない。経験則違反や論理則違反があれば，場合によっては，上告も認められる（312

条3項・318条1項参照)。

§5 証明責任

> 〔設例〕 Xは，Yに対し，100万円を貸したと主張して，100万円の支払いを求める訴えを提起した。次の各場合において，裁判所は，どのような判決をすべきか。
> ① Yは，この訴訟の口頭弁論期日において，Xから100万円を借りた事実はないから，貸金返還義務を負わないと主張した。証拠調べの結果，XがYに100万円を貸したという事実があったか，なかったか，いずれとも心証が形成できなかった。
> ② Yは，この訴訟の口頭弁論期日において，Xから100万円を借りたのは事実だが，もう弁済したから，貸金返還義務を負わないと主張した。証拠調べの結果，YがXに100万円を弁済したという事実があったか，なかったか，いずれとも心証が形成できなかった。

1 証明責任とは

　自由心証主義のもとにおいても，口頭弁論や証拠調べから得られる資料には限度があるし，また裁判官の認識能力にも限界があるから，判決の基礎となる事実（主要事実）の存否がどうもはっきりしない（**真偽不明**）という事態も，残念ながら生じ得る。しかし，事実が分からないからといって，裁判所が裁判を拒否することは許されない（憲32条参照）。そこで，真偽不明の場合でも裁判を可能にするためには，その事実を存否いずれかに擬制するほかない。普通は，存在することを証明するよりも存在しないことを証明するほうが難しいから，原則としては，存在しないものと擬制するほうがよいと考えられている。そうすれば，その事実の存在を要件とする法律効果の発生を認めない裁判が可能と

なる。つまり，判決の基礎となる事実の存否が真偽不明に終わった場合には，その事実の存在を主張している当事者は，判決において，その事実の存在を要件とする自己に有利な法律効果の発生が認められないという不利益を負うことになる（多くは敗訴につながる）。このような不利益のことを証明責任（挙証責任・立証責任）という。つまり，証明責任とは一種の結果責任である。

2 証明責任の分配

証明責任は，ある1つの事実についてはどちらか一方の当事者のみが負うものであり，一方がその事実の存在について，他方がその事実の不存在（反対事実）について同時に証明責任を負うものではない。また，いかなる事実についてどちらの当事者が証明責任を負うかは，訴訟の始まる前から抽象的に定まっており，原則として，訴訟の途中に一方から他方に移るということはない。その定めのことを証明責任の分配という。証明責任を分配する基準については議論が多い。しかし，現在もなお，**法律要件分類説**とよばれる考え方が通説・判例である。

法律要件分類説とは，一言でいえば，ある法規の定める法律要件に該当する具体的事実（主要事実）については，その法規の定める法律効果の発生を主張する者が証明責任を負うものとする考え方である。より細かにいえば，①権利の発生を定める権利根拠規定の主要事実（**発生要件事実**）については，その権利の発生を主張する者が，②権利の発生を妨げる権利障害規定の主要事実（**発生障害事実**）については，その権利の発生の阻止を主張する者が，③いったん発生した権利の消滅を定める権利消滅規定の主要事実（**権利消滅事実**）については，その権利の消滅を主張する者が，④権利の行使を妨げる権利阻止規定の主要事実（**権利阻止事実**）については，その権利の行使の阻止を主張する者が，それぞれ証明責任を負うというものである。

たとえば，売買代金請求訴訟では，①代金債権の発生要件事実である売買契約の成立（民555条参照）については原告が，②代金債権の発生障害事実である錯誤（民95条参照）については被告が，③代金債権の権利消滅事実である弁済や消滅時効（民166条以下参照）については被告が，④代金債権の権利阻止事実である同時履行の抗弁権の行使（民533条参照）については被告が，それぞれ証

明責任を負うということになる。

　それでは〔**設例**〕の場合はどうか。〔**設例①**〕では，X・Y間の金銭消費貸借契約の成立（民587条参照）の存否が真偽不明の状態にある。X・Y間の金銭消費貸借契約の成立は，Xの貸金債権の発生要件となる事実であるから，この事実については，Xが証明責任を負う。したがって，裁判所は，金銭消費貸借契約の成立によって生じる貸金債権の発生は認められないとして，X敗訴の判決（請求棄却判決）をすべきことになる。〔**設例②**〕では，YのXに対する弁済の有無が真偽不明の状態にある。Yの弁済は，Xの貸金債権を消滅させる事実であるから，この事実については，Yが証明責任を負う。したがって，裁判所は，弁済によって生じる貸金債権の消滅は認められないとして，Y敗訴の判決（請求認容判決）をすべきことになる。

　ところで，このような法規の分類は，個々の法規の構造を分析することで可能となる。実は，実定法規の法文も証明責任の分配を念頭に置いて立法されていることが多い。本文と但書を書き分けているのもその1つである。たとえば，錯誤の事実は意思表示の無効を主張する者が証明責任を負うが（民95条本文），表意者に重大な過失があることは意思表示の有効を主張する者が証明責任を負う（民95条但書）。しかし，個々の法規が分類の基準として必ずしも明確でないため法解釈を必要とする場合や，規定は明確でも当事者間の利益衡量などの観点から修正を必要とすべき場合などがある（その例については，後述の◇**論点**◇を参照）。

　なお，近時では，法律要件分類説を批判し，証拠との距離，立証の難易，蓋然性，信義則などの実質的利益衡量を基準として証明責任を分配すべきだとする**利益衡量説**も有力である。

証明責任に関する補足説明
① 証明責任は裁判官の自由心証が尽きたところで働く原理である。もっとも，証明責任は，弁論主義や自由心証主義に特有のものでなく，職権探知主義のもとでも，また法定証拠主義のもとでも，真偽不明の生じる余地がある限り必要となる原理である。
② 弁論主義のもとでは，各当事者は勝訴すべく自らが証明責任を負っている事

実については証拠を提出して証明しなければならないという行為責任を負っているとも観念し得る。この行為責任を主観的証明責任とよぶが，本来の結果責任としての証明責任（客観的証明責任）とは異なるものである。

③　弁論主義のもとでは，証明責任を分配する基準は主張責任を分配する基準ともなる。また，両者は結果責任であるという点で共通する。しかし，主張責任は，ある事実が主張されていないことによる不利益であるのに対し，証明責任は，ある事実が証明されていないということによる不利益であるという点で，問題とされる段階を異にする。

④　証明責任は真偽不明の場合に働く原理であることから，本証と反証の目的は異なることが明らかになる。すなわち，本証は，証明責任を負っている当事者がその事実の存在について裁判官に確信を抱かせることによりその目的を達するものであるのに対し，反証は，その相手方がその事実の不存在について裁判官に確信を抱かせるまでの必要はなく真偽不明の状態に持ち込むことでその目的を達するものである。

◇　論　点　◇

法律要件分類説の動揺

(1) 履行不能の帰責事由（民415条後段関係）

　民法415条後段の文言からすると，履行不能にもとづく損害賠償請求権については，債権者は，その発生要件事実として，「債務者ノ責ニ帰スヘキ事由」を主張・立証しなければならないと読むのが自然である。ところが，民法419条2項後段の文言からすると，非金銭債務の不履行による損害賠償請求権については，債務者は，その権利阻止事実として，不可抗力の抗弁（免責の抗弁）ができるように読める。そうだとすると，帰責事由と免責の抗弁とは表裏の関係にあるにもかかわらず，前者については債権者が，後者については債務者が，それぞれ証明責任を負うことになってしまう。ところで，債権者による帰責事由の証明は，債務者側の内部事情を証明せよというに等しく困難である。また実体法的にも，債務者は，いずれにせよ，一定の給付を義務づけられている。そこで，通説・判例は，条文の文言には反するが，債権者が債務者の帰責事由の存在について証明責任を負うのではなく，債務者が自己の帰責事由の不存在

について証明責任を負うものと解している（最判昭34・9・17民集13巻11号1412頁・百選Ⅱ［A33］事件参照）。

(2) 準消費貸借契約における旧債務（民588条関係）

民法588条によれば，準消費貸借は，当事者が金銭その他の物を給付する既存債務（旧債務）を消費貸借の目的とする合意をすることで成立する。その際，要物性は緩和されるが，旧債務の存在は必要である。そこで，旧債務の存在は，準消費貸借契約の成立要件であると解する余地がある。そうだとすると，準消費貸借契約にもとづく貸金返還請求訴訟では，準消費貸借契約の成立を主張する原告（債権者）が，旧債務の存在について証明責任を負うことになる（原告説）。しかし，学説の多くは，被告（債務者）が，旧債務の不存在について証明責任を負うものと解している（被告説）。一般に，準消費貸借では，契約成立時に旧債務に関する証書が新債務に関する証書に置き換えられて，旧証書は破棄され，しかも，新証書が旧債務を表示しないで新たな貸借が行われたような記載がなされている場合が多く，したがって，債権者による旧債務の存在の証明は困難であるというのが，その理由である。判例は被告説に立っている（最判昭43・2・26民集22巻2号217頁・百選Ⅱ［120］事件）。

(3) 背信行為と認めるに足りない特段の事情（民612条2項関係）

民法612条2項は，賃借人の賃借権の無断譲渡・賃借物の無断転貸につき賃貸人の解除権の発生を規定している。もっとも，現在では，一般に，賃借人保護の見地から，「賃貸人に対する背信行為と認めるに足りない特段の事情」があるときは，賃貸人は解除を主張することができないとされている（いわゆる信頼関係破壊理論）。この要件は解釈により付加されたものであるため，その証明責任の分配が当然に問題となる。まず，「特段の事情」があるときは，「解除権は発生しない」とする見解がある（最判昭28・9・25民集7巻979頁）。そうだとすると，「特段の事情」は，賃貸人の解除権の発生を妨げる事実となるから，賃借人がその存在について証明責任を負うということになる。次に，「特段の事情」があるときは，「解除権を行使できない」とする見解がある（最判昭30・9・22民集9巻1294頁）。そうだとすると，「特段の事情」は，解除権の行使を阻止する事実となるから，賃借人がその存在について証明責任を負うということになる（最判昭41・1・27民集20巻1号136頁・百選Ⅱ［122］事件）。いず

れにせよ，現在では，賃借人が「特段の事情」の存在について証明責任を負うものと解されているのであるが，「特段の事情」を被告の抗弁として位置づけるか，あるいは間接反証事実として位置づけるかは，さらなる問題である（間接反証については，後述の◇発展・研究◇を参照）。

〔参考文献〕
・笠井正俊「証明責任の分配」民事訴訟法の争点〔第3版〕206頁（有斐閣，1998）と，そこに掲記の諸文献

3　証明負担の軽減

　立法政策上の配慮などから，当事者（挙証者）の証明すべき負担が軽減されることがある。

(1) 証明責任の転換

　証明責任の転換とは，法律に特別の規定を設けることにより，通常の証明責任の分配を変更して，相手方に反対事実の証明責任を負わせることをいう。たとえば，不法行為にもとづく損害賠償請求訴訟では，被害者が加害者の過失について証明責任を負うのであるが（民709条），自動車事故の場合については，被害者を保護する必要から，加害者が自らの無過失について証明責任を負うものとされている（自賠3条。その他の例として，民714条～718条，製責3条～4条など）。つまり，証明責任の転換は，相手方に反対事実の証明責任を負わせることにより，挙証者の証明すべき負担を軽減させる立法技術である。もっとも，この証明責任の転換は，訴訟の始まる前からすでに定まっており，訴訟の進行状況に応じて生じるものではない。

(2) 法律上の推定

　法律上の推定とは，法律で，「A事実（前提事実）があればB事実（推定事実）があると推定する」（民186条2項・619条・772条，破126条など）とか，「α事実があればβ権利（法律効果）があると推定する」（民188条・229条・762条2項など）という旨を定めることをいう（より細かには，前者を法律上の事実推定といい，後者を法律上の権利推定という）。そこで，「B事実があればR権利がある」と定められている場合，R権利を主張する者は，当然のことながら，B事実を証明すればよいのだが，それが困難なときは，B事実に代えて，A事

実を証明すれば足りることになる。たとえば、所有権の取得時効を主張する者は、一定期間の占有の継続を証明する（民162条）ことに代えて、前後両時点の占有を証明すれば足りる（民186条2項）ということである。そして、A事実が証明されたときは、相手方によりB事実の不存在が証明されない限り、R権利の発生が認められる。つまり、法律上の推定は、挙証者に証明すべき事実について選択の幅を与えるとともに、前提事実が証明されたときは、相手方に要件事実とは反対の事実の証明責任を負わせることにより（法律上の推定は証明責任を転換する）、挙証者の証明すべき負担を軽減させる立法技術である。

なお、法律上の推定と区別すべきものとして、**事実上の推定**がある。事実上の推定とは、「A事実があればB事実も存在した蓋然性がある」という経験則がある場合に、裁判官がA事実の存在が証明されたことからB事実の存在を推定することをいう。事実上の推定は、主要事実の存否を直ちに証明しうる直接証拠がない場合に、間接事実から主要事実の存否を認定するのに役立つ。つまり、事実上の推定は、自由心証主義の段階で機能するものであり、証明責任の転換とは無縁のものである。

> **損害額の認定**　新法は、損害賠償請求訴訟において、被害者の損害の発生は証明されたが、損害の性質上その額の証明が極めて困難な場合（幼児の逸失利益、慰謝料など）、裁判所は、口頭弁論の全趣旨と証拠調べの結果にもとづき、相当な損害額を認定することができるものとした（248条）。これは、従来の実務を追認し、被害者の救済を容易にするために、自由心証主義の枠組みを維持しつつも、損害額の認定に必要とされる証明の程度を軽減したものである（ただし、裁判所に裁量権を与えたものだと理解する見解もある）。

◇ 発展・研究 ◇

証明負担の軽減理論

(1) 間 接 反 証

間接反証とは、ある主要事実の存在について証明責任を負う者がこれを推認させるのに十分な間接事実を一応証明した場合に、相手方がこの間接事実と両

立しうる別個の間接事実（**間接反証事実**）を主張立証して主要事実の推認を妨げる立証活動をいう。たとえば，子の父に対する認知請求訴訟において，原告が，①原告の母が懐妊当時被告と性的交渉があった，②血液型が矛盾しない，③身体的特徴が類似しているなどの間接事実を証明すれば，父子関係の存在は一応推認されるであろう。この場合，被告としては，①～③を直接争うこともできるが，これらと矛盾しない④原告の母が懐妊当時他の男性とも性的交渉があったという間接事実（不貞の抗弁）を証明すれば，父子関係の推認を妨げることができる（最判昭32・12・3民集2巻13号2009頁・百選Ⅱ［114］事件参照）。もちろん，間接反証は主要事実の証明責任の分配に変更をもたらすものではない。しかし，被告による間接事実④の証明が不成功に終わり真偽不明に終わったときは，原告による間接事実①～③の証明により主要事実の証明が成功したことになる。このことを実質的に考えると，主要事実の一部の証明責任が，原告から被告に転換されたものとみることができる。そこで，間接反証は，法律要件分類説による証明責任の分配を維持しつつも，事案に柔軟に対応できる理論的工夫であるとして，実務で頻繁に活用されている。

(2) 一応の推定・表見証明

　一応の推定とは，他人の所有山林において樹木を伐採した場合や，注射部位が化膿し障害が生じた場合のように，加害の客観的事情さえ証明されれば加害者の故意または過失を一応推定することができる場合には，これに疑念を抱かせる特段の事情が加害者によって証明されない限り，加害者の故意または過失を認定することができるとする考え方である。古くからの判例の立場であるとみられている（たとえば，最判昭32・5・10民集11巻5号715頁・百選Ⅱ［112］事件）。また，これに似たものとして，表見証明とよばれる理論が，ドイツの判例法理として確立している。表見証明とは，自動車が歩道に乗り上げ通行人をはねた場合や，開腹手術を受けたことのある患者の腹腔内から手術用メスが発見された場合のように，いわゆる定型的事象経過がある場合には，加害者の行為や外的事実の証明だけで過失や因果関係の証明には十分であるとし，これを覆すためには，加害者が別の経路の可能性を示す事実を証明して定型的経過事象に疑念を生じさせる必要があるとする考え方である。一応の推定も表見証明も，自由心証主義の枠組みの中で，蓋然性の高い経験則を利用した証明負担軽

減の技術である。

(3) 証明妨害

　証明妨害とは，医療過誤訴訟の事例で被告（医師）が診療録を廃棄するなどして原告（患者）の証明困難を招いた場合のように，挙証者にとって，自己の主張事実を立証するために必要な証拠の入手が，相手方の作為または不作為により困難ないし不可能になった場合に，相手方に不利な事実を認定することにより，双方の利益調整をはかろうとする理論的試みである。確かに，法は，故意による証明妨害に限り，若干の制裁規定を設けている（224条・229条2項・4項・232条1項・208条）。しかし，この試みは，故意・過失を問わず，より広範囲に証明妨害をとらえようとするものである。多くは，当事者間の信義則にその根拠を求めている。そして，妨害者に対する制裁としてどの程度不利な事実を認定すべきかは，妨害行為の態様などを考慮し，裁判官の自由心証の枠組みの中で判断されるものだとしている。

(4) 事案解明義務

　事案解明義務とは，医療過誤や公害事件などの場合のように，挙証者（原告）の主張・立証すべき事実・証拠が相手方（被告）の支配下にあるため，挙証者がこれに接近することは困難ないし不可能であるが，相手方はこれを容易に利用することができる場合には，主張責任・証明責任とは別に，相手方に積極的に事案を解明すべき義務を負わせ，これを怠ったときは，相手方に不利な事実を認定することにより，当事者間の実質的平等を回復しようとする理論的試みである。近時，有力な見解である。

〔参考文献〕
・竹下守夫「間接反証という概念の効用」法教第二期(5)144頁（1974）
・中野貞一郎「過失の『一応の推定』について」『過失の推認』1頁（弘文堂，1978）
・本間義信「証明妨害」民商65巻2号181頁（1971）
・春日偉知郎「証拠の蒐集および提出過程における当事者行為の規律」『民事証拠法研究』233頁（有斐閣，1991）

§6 証拠調べ

1 証拠調べの通則

(1) 証拠の申出

　弁論主義のもとでは，証拠調べも，原則として，当事者の申立て（証拠の申出）にもとづいて行われる（例外的に職権で証拠調べが行われる場合として，14条・207条1項・228条3項など）。申出は，証拠方法と，証明すべき事実とを特定してしなければならない（180条1項・221条1項4号，規106条・150条。なお，規99条1項参照）。申出は，口頭弁論期日のほか，期日前にもすることができる（180条2項）。これにより証人などをあらかじめ裁判所に呼び出しておくことが可能となる。

　なお，申出は，証拠調べ開始前であれば自由に撤回することができるが，証拠調べ開始後は，証拠方法から相手方に有利な証拠資料が生じている可能性もあるので（証拠共通の原則），相手方の同意がなければ撤回することができない。証拠調べ終了後は，もはや撤回することができない。

(2) 証拠の採否

　不適法な証拠の申出は却下される。もっとも，適法な申出だからといって，必ずしも常に証拠調べが実施されるわけではない。その判断は裁判所の裁量による（181条）。たとえば，不要証事実に関するものであるとか，主要事実との関係で意味のないものであるというように，証拠調べを行う必要がない場合には，証拠の申出は採用されない。また，証人の行方不明や文書の紛失などのように，証拠調べをいつ行えるか見込みがつかない場合には，証拠調べが実施されないこともある。

　なお，判例は，当事者の申し出た証拠が唯一の証拠方法である場合，特段の事情のない限り，それを却下するのは違法であるという理論を確立している（大判明31・2・24民録4輯2巻48頁，最判昭53・3・23判時885号118頁・百選Ⅱ[125]事件など）。

(3) 証拠調べの実施

　証拠調べは，直接主義と公開主義の要請から，受訴裁判所の法廷内で行われ

るのが原則である。ただし、証人が遠隔地にいたり入院している場合や、騒音の程度を現地で検証する場合などのように、必要な場合には法廷外で行われることもあり、この場合には、受命裁判官または受託裁判官により行われることが認められている（185条・195条。外国での証拠調べについては、184条参照）。

当事者には証拠調べに立ち会う権利がある。したがって、裁判所は、証拠調べの期日と場所を指定して、当事者を呼び出さなければならない（93条・94条）。しかし、この機会を与えた以上は、当事者が欠席した場合でも、裁判所はできる範囲で証拠調べを行うことができる（183条）。

証拠調べの結果は調書に記載される（規67条など）。

集中証拠調べ　証人および当事者本人の尋問については、できる限り、争点および証拠の整理を終えた後に集中して行わなければならない（182条、規101条。なお、規100条参照）。これを集中証拠調べという。従来の実務では、いわゆる五月雨式審理として、争点等の整理と証拠調べとを並行して行っていたが、これが審理の充実とその促進の妨げとなっているとの指摘が強くあった。そこで、新法は、集中証拠調べを採用し、審理の効率化を狙っている。

2　証人尋問
(1) 意　義
証人尋問とは、当事者とその法定代理人以外の自然人（証人）に対し、その者が過去に知り得た事実について、口頭で質問（尋問）し、口頭の応答（供述・証言）を得るという方法で行われる証拠調べである。わが国の裁判権に服する者はすべて証人となる義務を負う（190条）。証人義務は、出頭義務、宣誓義務、供述義務（証言義務）からなる。

(2) 手　続
(a)　**証人の出頭**　裁判所は、証人尋問の申出を採用するときは、期日を定めて、証人を呼び出す（規108条）。証人は、正当な理由なしに出頭しないと、過料（192条）、罰金・拘留（193条）の制裁を受ける。身柄を拘束（勾引）されて強制的に出頭させられることもある（194条）。

(b) **証人の宣誓**　裁判所は，証人に対し，尋問に先立って，人違いでないことを確かめ（人定尋問），宣誓させる。証人は原則として宣誓する義務がある（201条。なお，規112条参照）。証人は，正当な理由なしに宣誓を拒むと，出頭義務違反の場合と同様の制裁を受ける（201条5項）。宣誓した証人が虚偽の証言をすると，偽証罪に問われることがある（刑196条）。

(c) **証人の尋問**　尋問は，原則として，まずその証人の尋問を申し出た当事者が尋問（**主尋問**）し，次に相手方当事者が尋問（**反対尋問**）し，さらに再主尋問，再反対尋問という順序で尋問が続き，最後に裁判長が補充的に尋問（**補充尋問**）するという方式（**交互尋問制**）で行われる（202条1項，規113条1項2項）。もっとも，裁判長は，適当と認めるときは，当事者の意見を聴いて，この順序を変更することができるし（202条2項），必要に応じて，自ら尋問（**介入尋問**）することもできる（規113条3項）。陪席裁判官も裁判長の許可を得て尋問することができる（規113条4項）。証人は，書面に頼らないで口頭で供述するのが原則であるが，裁判長が許可したときは，文書，図面，写真，模型などを用いて供述することができる（213条，規116条）。複数の証人を同一期日に尋問する場合には，個別に実施するのが原則であるが（規120条参照），これらの者が同じ交通事故を目撃していたはずなのに証言が食い違うような場合には，その点についての弁明討論（**対質**）が命じられることもある（規118条）。なお，裁判所は，証人が遠隔地に居住する場合には，受訴裁判所の法廷で尋問を行うことに代えて，**テレビ電話会議システム**を利用して尋問を行うことができる（204条，規123条）。また，証人が病気などの理由により出頭が困難な場合には，当事者に異議がなければ，証人の尋問に代えて，書面を提出させること（**書面尋問**）ができる（205条）。さらに，実務では，尋問を受けるべき者の供述を記載した**陳述書**を書証として提出することが広く行われている。尋問によるべき供述を書証で取り調べることには問題もあろうが，証拠調べの効率化の観点から一概に否定すべきものではないと考えられている。

(d) **公務員の尋問**　公務員，国会議員，国務大臣を証人として職務上の秘密について尋問する場合には，それぞれ監督官庁，議院，内閣の承認を得ていなければならないが，当該監督官庁等は，公共の利益を害し，または公務の遂行に著しい支障を生じるおそれがある場合でなければ，承認を拒むことができ

ないとされている（191条）。

(e) 証言拒絶権　証言義務がある者でも，自分または自分と一定の身分関係にある者が刑事訴追を受けたり有罪判決を受けるおそれがある事項や，職務上の秘密などに関する事項（大阪高決昭48・7・12下民集24巻5～8号455頁・百選Ⅱ［126］事件，札幌高決昭54・8・31下民集30巻5～8号403頁・百選Ⅱ［127］事件］参照）については，証言拒絶権がある（196条・197条。なお，198条・199条参照）。証人は，こうした正当な理由なしに証言を拒むと，出頭義務違反の場合と同様の制裁を受ける（200条）。

3　当事者尋問

(1) 意　義

当事者尋問とは，当事者本人に対し，その者が過去に知り得た事実について尋問し，供述を得るという方法で行われる証拠調べである。当事者の法定代理人もこの手続の対象となる（211条。なお，37条参照）。

(2) 手　続

当事者尋問は，申出によるほか，職権によっても実施される（207条1項前段）。証人尋問と当事者尋問の双方が実施される場合には，原則として，証人尋問が先に実施される（**当事者尋問の補充性**。207条2項本文）。当事者は訴訟の直接の利害関係人であり公正な供述は期待しがたいというのがその理由である。しかし，事実関係を熟知している当事者が最も重要な証拠方法であることも多いし，当事者の供述が証人の証言に比べて信用性が乏しいとは必ずしもいえない。そこで，裁判所は，適当と認めるときは，当事者の意見を聴いた上で，当事者尋問を先に実施することができるとされている（207条2項但書）。当事者尋問を命じられた当事者は，出頭・宣誓・供述義務を負うが，宣誓は裁判所の裁量による（207条1項後段）。正当な理由なく出頭・宣誓・供述を拒んだ場合には，裁判所は，尋問事項に関する相手方の主張を真実と認めることができるものとされている（208条）。宣誓のうえ虚偽の供述をすると，過料の制裁を受ける（209条）。尋問の方法については，証人尋問の場合とほぼ同じである（210条，規127条）。

4 鑑定

(1) 意義

鑑定とは，特別の学識経験を有する者（**鑑定人**）に対し，その専門的知識やこれにもとづいて得られた判断（**鑑定意見**）を報告してもらうという方法で行われる証拠調べである。なお，交通事故で負傷した被害者を治療した医師のように，特別の学識経験があるために知り得た事実について供述する者は，証人として尋問される（**鑑定証人**。217条）。

(2) 手続

鑑定人の指名は当事者でなく裁判所がする（213条）。鑑定人は，自然人のみならず，官公署や法人でもよい（218条）。鑑定人は証人と異なり代替性がある。そこで，鑑定に必要な学識経験を有する者は鑑定する義務を負うとされるものの（212条），勾引してまで鑑定させられることはない（216条但書）。また，鑑定の公正さを期するため，鑑定人の忌避の制度が認められている（214条）。鑑定人は，書面または口頭で，鑑定意見を報告する（215条）。口頭で報告する場合には，尋問が行われることもある（216条本文，規134条。なお，規133条参照）。しかし，通常は，**鑑定書**の提出で済ませている（規131条2項参照）。

> **私鑑定** 最近では，医療過誤訴訟，薬害訴訟，公害訴訟などの事例において，裁判所からの鑑定依頼に学識経験者の積極的な協力を得られない場合も少なくない。そこで，当事者が直に学識経験者に鑑定を依頼し，鑑定結果（鑑定書）を証拠として提出することがある。これを私鑑定とよんでいるが，私鑑定は，本来の鑑定とは異なるから，当事者の忌避権や尋問権が保障されないおそれがある。実務では，書証による証拠調べを行っている。

5 書証

(1) 意義

書証とは，裁判官が，文書を閲読して，その記載内容を知るという方法で行われる証拠調べである。

(2) 文書の意義

　文書とは，契約書，領収書，医師の作成する診療録（カルテ）などのように，作成者の思想（意思・認識・報告など）が文字や記号などにより表現されている有体物をいう。また，図面，写真，録音テープ，ビデオテープその他の情報を表すために作成された物件で文書でないものも，文書に準じて証拠調べの対象となる（**準文書**。231条）。なお，フロッピーディスクなどの電子記憶媒介に記憶された電子情報の証拠調べについては，書証によるか検証によるかの争いがある（大阪高決昭53・3・6高民集31巻1号38頁・百選［132］事件は，書証とする）。

(3) 文書の種類

　書証においては，文書の種類が重要な役割を演じるので，ここでその整理をしておくことにする。

　(a)　公文書・私文書　　公文書とは，公務員がその権限にもとづいて職務上作成した文書であり，それ以外の文書を私文書という。

　(b)　処分証書・報告証書　　処分証書とは，法律行為が直接その書面によってなされている文書であり（手形，遺言状など），それ以外の文書を報告証書という。

　(c)　原本・正本・謄本・抄本　　原本は作成者が作った元の文書である。正本は原本と同一の効力を持たせるために公証権限を有する者が作成した写しである（判決正本など）。謄本は原本の全部の写しである。抄本は原本の一部の写しである。書証は，原則として，原本，正本または認証ある謄本（市町村長の認証ある謄本など）を対象としてなされる（規143条）。

(4) 文書の証拠力

　書証においては，文書の記載内容が要証事実の証明にどれほど役立つか（**実質的証拠力**）が検討される前に，その文書が確かにその作成者とされる者の意思によって作成されたものであるか（**文書の成立の真否・形式的証拠力**）が確かめられなければならない。文書の成立の真否が争われると，証明の対象となる（228条1項。なお，134条参照）。その際，公文書であれば真正なものと推定される（228条2項）。また，私文書でも，本人またはその代理人の署名または押印があれば真正なものと推定される（228条4項）。もっとも，この署名等は

本人等の意思にもとづいてなされたものでなければならない。この点について，判例は，文書の印影が本人等の印章によるものであることが明らかとなれば，その押印が同人の意思にもとづいて行われたものと（事実上）推定され，よって文書全体の成立の真正が（法律上）推定されるとしている（最判昭39・5・12民集18巻4号597頁・百選Ⅱ［133］事件）。

(5) 書証の申出

書証の申出は，当事者（挙証者）が自ら所持している文書であれば，これを裁判所に提出して行えばよいが，相手方当事者または第三者が所持する文書については，裁判所に文書提出命令を申し立てなければならない（219条。なお，後者の文書については，送付嘱託を申し立てることもできる。226条）。

(6) 文書提出命令

文書提出命令とは，相手方当事者または第三者が所持する文書を証拠方法として利用するために，裁判所がその所持者に対しその文書を提出するよう命じるというものである。

文書提出命令は，文書の所持者が**文書提出義務**を負う場合に発せられる。文書提出義務があるとされるのは，まず，①相手方当事者が訴訟において文書を引用した場合（**引用文書**），②挙証者が所持者に対し文書の引渡しまたは閲覧を求める請求権を有する場合（民262条4項・487条，商153条1項・263条2項など参照），③文書が挙証者の利益のために作成された場合（**利益文書**。承諾書，受取証など），または文書が挙証者と所持者との間の法律関係について作成された場合（**法律関係文書**。契約書，通帳など）である（220条1号～3号）。さらに，これらの場合に該当しない文書であっても，㋑文書の所持者やその近親者等が刑事訴追や有罪判決を受けたり名誉を害されるおそれのある事項が記載されている文書，㋺公務員の職務上の秘密に関する文書で，その提出により公共の利益を害し，または公務の遂行に著しい支障を生ずるおそれがあるもの，㋩職務上の秘密等が記載されている文書，㋥もっぱら文書の所持者の利用に供するための文書（**自己使用文書**。日記，メモなど。なお，最高裁は，銀行の貸出稟議書も，特段の事情のない限り，自己使用文書に当たると解している［最決平11・11・2民集53巻8号1787頁・平成11年度重判解123頁］），㋭刑事訴訟に関する書類等の文書，という5つの例外を除いては，一般的に提出義務があるも

のとされている（220条4号）。

> **文書提出義務の一般義務化**　文書は，現代の社会生活における重要性を反映して，証拠としても重要度を増している。しかも，公害訴訟・薬害訴訟・医療過誤訴訟など，いわゆる現代型訴訟においては，訴訟の勝敗を決すべき重要な文書が，証明責任を負うべき原告（多くは個人）の手もとになく，強大な力をもつ被告や第三者の側（国・行政庁・企業など）にあるという現象が見られる（証拠の偏在）。文書提出命令の制度はこれを克服するための手段の1つとしても重要である。ところが，旧法で文書提出義務があるとされていたのは，前述の①〜③の場合に該当する文書に限られていたため（旧312条），判例・学説は，利益文書や法律関係文書の概念を拡張解釈して文書提出義務の範囲の拡大に努めてきた（福岡高決昭52・7・13高民集30巻3号175頁，大阪地決昭61・5・28判時1209号16頁・百選Ⅱ［130］事件など）。しかし，他方で，内部文書や守秘義務のある文書などについては，文書提出義務の範囲はむしろ制限的に解釈されてきた（東京高決昭59・9・17高民集37巻3号164頁・百選Ⅱ［128］事件，東京高決昭54・3・19下民集32巻9〜12号1319頁・百選Ⅱ［129］事件など）。新法220条4号は，こうした動きを受けて，一定の例外を認めた上で，文書提出義務を一般義務化したものである。

　文書提出命令の申立ては，文書の表示・文書の趣旨・所持者・証明すべき事実・文書提出義務の原因を明らかにした書面でしなければならない（221条1項，規140条1項。なお，221条2項参照）。もっとも，文書の表示やその趣旨を明らかにすることが著しく困難な場合には，これらの事項に代えて，所持者がその文書を識別できる事項を明らかにすれば足りるものとされている（222条1項）。この場合には，所持者の側で文書の表示やその趣旨を明らかにすべきことになる（222条2項）。なお，裁判所は，第三者に対して文書の提出を命じようとする場合には，その第三者を審尋しなければならない（223条2項。さらに同条3項〜5項参照）。また，文書が一般的提出義務の例外（220条4号イ〜ニ）に該当するものか否かが問題となるときは，裁判所は，所持者に文書を提示させることができる（223条6項前段）。このときは，何びともその提示された文書の開示を求めることはできない（223条3項後段）。つまり，裁判所のみ

が文書を閲読して提出義務の有無を判断することになる。所持者の秘密を保護するためである。これを**イン・カメラ手続**とよぶ。

　裁判所は，申立てに理由があると認めるときは，決定で，文書の所持者にその提出を命じることになる（223条1項前段）。この場合，文書に取り調べる必要のない部分や提出義務のない部分があったときは，その部分を除いて，文書の一部の提出を命じることができる（223条1項後段）。所持者が文書提出命令に従わない場合には，以下の制裁が課される（直接強制は認められない）。相手方当事者が命令に従わない場合には，裁判所は，文書の記載に関する挙証者の主張を真実と認めることができる（224条1項）。挙証者の使用を妨げる目的で文書を滅失させるなどして使用を不能にした場合も同様である（224条2項）。さらに，これらの場合において，挙証者が文書の記載に関して具体的な主張をすることと，その文書により証明すべき事実を他の証拠により証明することとが著しく困難になったときは，裁判所は，この事実についても真実と認めることができる（224条3項。なお，この規定のなかった旧法下でこれを認めた判例として，東京高判昭54・10・18下民集33巻5～8号1031頁・百選Ⅱ [131] 事件）。第三者が文書提出命令に従わない場合には，過料の制裁が課される（225条）。

6　検　　証

　検証とは，裁判官が，その五官を駆使して，物（**検証物**）の性質・状態・現象などを検査し，その結果（**検証結果**）を得るという方法で行われる証拠調べである。人（身体検査，血液採取など）や文書（紙質や筆跡など）も対象となる。また，場所（交通事故の現場など）や無体物（臭いなど）も対象となる。わが国の裁判権に服する者は，証人義務と同じく，検証物を提示する義務と，検証を受忍する義務を負うものと解されている。検証の手続は書証のそれとほぼ同じである（232条1項）。

7　調査の嘱託

　調査の嘱託とは，裁判所が，官公署などの団体に対し，公正さを疑われることのない客観的な事項（一定の地域における特定の日時の天候など）について，調査を委託し，その報告をしてもらうという方法で行われる簡易迅速な証拠調

べである（186条）。なお，当事者がこれと同様に公私の団体から資料の提供を受ける手段として，代理人弁護士が所属弁護士会を通じてする報告の請求の制度がある（弁護23条ノ2）。

◇ 発展・研究 ◇

証 拠 保 全

　証拠保全とは，正規の証拠調べを待っていたのでは証拠方法の取調べが不可能になったり困難になったりするおそれがある場合に，訴訟係属の有無を問わず，あらかじめその証拠方法を取り調べて，その結果を保存しておくという手続である（234条）。たとえば，証人となるべき者が重病で余命幾ばくもないとか，火災その他の事故現場とか，文書の保存期間が経過寸前で廃棄されてしまうおそれがあるという場合に利用することができる（診療録の改ざんのおそれがある場合については，広島地決昭61・11・21判時1224号76頁・百選Ⅱ［136］事件参照）。証拠保全は原則として当事者の申出により行われるが，既に訴訟が係属しているときは，職権で行われることもある（237条）。証拠保全における証拠調べも通常のそれと異なるところはなく，証人尋問・当事者尋問・鑑定・書証・検証などのすべてを行うことができる（なお，236条参照）。なお，最近では，当事者の一方が相手方の手中にある証拠方法を保全するためというよりも，むしろその内容を開示させて自己の主張を補充したり有利な証拠を発見するための手がかりとする目的で利用している例が少なくない。

〔参考文献〕
・町村泰貴「証拠保全制度の機能」民事訴訟法の争点［第3版］228頁（有斐閣，1998）
・高見進「証拠保全の機能」新堂幸司編集代表『講座民事訴訟5巻』321頁（弘文堂，1983）

第7章　裁判によらない訴訟の終了

§1　訴訟の終了

　訴えの提起によって開始された訴訟は，訴えの目的が達成されるか，またはその達成が不可能となったときに終了する。民事訴訟法に規定する最も典型的な訴訟の終了の仕方は，①終局判決の確定（116条）であるが，②訴えの取下げ（267条）や，③訴訟上の和解（203条）による場合も実際には多い。また，④請求の放棄または認諾（267条）によっても終了する。

　そのほか，⑤訴訟係属中に当事者の一方が死亡し，相手方が単独の相続人として訴訟物となっている権利義務を承継したときや，訴訟係属中に原告法人と被告法人が合併したときのように，原告と被告の地位に混同が生じた場合（民179条・520条）や，⑥離婚訴訟の当事者である夫または妻が死亡したり，否認訴訟の係属中に破産手続が解止（破産の取消・廃止・終結）したときのように，訴訟物が一身専属権であったり当事者適格を承継する者がいない場合（民770条，破76条参照）には，二当事者対立の原則に反することになり，訴訟は当然に終了する。

　①は民事訴訟法が予定する最も基本的な訴訟終了の事由であり，**裁判所の訴訟行為**が基準となる点で他の終了事由と異なる。これに対して，②から④の事由は，**当事者の行為**によって訴訟が終了する場合であり（民事訴訟法はこれらを「裁判によらない訴訟の完結」と称して規定する），**処分権主義**（当事者処分権主義ともいわれる）の発現形態の一場面である。すなわち，民事訴訟は**私的自治の原則**が行われる私人間の紛争を対象とするので，訴訟の開始と同様，その終了も**当事者の自由な処分**に任せているのである。②④の場合は一方当事者の行為により，③の場合は当事者双方の合意による。⑤⑥の事由は，裁判所

の訴訟行為でも当事者の訴訟行為でもなく，訴訟外の事由によって特別の手続を要せず当然に訴訟が終了する場合である。訴訟の終了をめぐって争いがあるときは，裁判所が「訴訟終了宣言」をすることがある。

本章では，②，③，④の当事者の行為による訴訟終了について概説し，第8章で①の終局判決の確定による訴訟終了について解説する。

§2　訴えの取下げ

〔設例〕　医療過誤で死亡した患者の遺族が病院に損害賠償請求訴訟を提起したところ，病院が請求の7割の額を提示し示談が成立した。原告が訴えを取り下げるにはどのような手続が必要か。また，両当事者が期日に出頭せず，放置しておくとどうなるか。

1　意　義

訴えによる**審判要求を撤回**する旨の，裁判所に対する原告の意思表示（訴訟法律行為）である。この意思表示が有効になされると，訴えが始めからなかったことになる。したがって，訴訟係属の効果が遡及的に消滅し，訴訟は終了する（262条1項）。判決言渡し後の訴え取下げは，判決の効力を消滅させる（判決無効）。

訴えの取下げは上訴審に移ってからでもできる。上訴の取下げは上訴審の係属のみを消滅させ，原審判決を確定させる効果をもつが，訴えの取下げは下級審をも含めた訴訟係属全体を遡及的に消滅させ，原審判決を失効させる点で異なる。

訴えの取下げは，実際には，**裁判外**で**和解**が成立したときや，被告が債務を履行したときなど，紛争が解決ずみとなった場合になされるのが通常である。

なお，訴えの取下げは原告の意思表示によりなされるが，それとは別に法律

上訴え取下げの効果が**擬制**される場合がある（263条，行訴15条4項，家審19条2項，民調20条2項など）。設例の**両当事者欠席の場合**がこれに当たる。

2 要　件

(1) 訴えを取り下げることができるのは**原告**である。実体法上当事者の自由処分を許さず請求の放棄ができない事件（後述）でも，訴えの提起自体が原告の意思に任されている以上，訴えの取下げは許される。

(2) 原告は，終局判決が確定するまでは，いつでも訴えを取り下げることができる（261条1項）。ただし，被告が本案（請求の当否＝訴訟物たる権利の存否）につき，答弁書または準備書面を提出し，弁論準備手続で申述し，あるいは口頭弁論期日に弁論をした後は，**被告の同意**がなければ取下げは効力を生じない（同条2項）。被告が態勢を整え応訴した以上は，被告にもその訴訟を利用して請求棄却の判決（権利の確定）を求める利益が生じているからである。

(3) 訴えの一部を取り下げることもできる。数個の請求のうち一個を取り下げることができることに問題はない。数量的に可分な一個の請求（ことに一定金額の請求）の一部の取下げについては，これを訴えの変更（143条）とみる説と，訴えの一部取下げと解する説がある（書面の要否，被告の同意の要否に違いがある）。

(4) 訴え取下げは訴訟法律行為であるから，原告に訴訟能力があり，または代理人に代理権がなければならない（32条2項・55条2項2号）。ただし，無能力者や無権代理人が提起した訴えは，追認があるまでは自分で訴えを取り下げることができる。

3 手　続

(1) 訴訟の係属する裁判所に取下書を提出してするのが原則であるが，期日に出頭して口頭で取り下げることもできる（261条3項，進行協議期日につき規95条2項）。

(2) 訴状送達後の取下げの場合には，取下書を被告に送達し，被告欠席の期日における口頭の取下げの場合には口頭弁論調書の謄本を被告に送達しなければならない（261条4項）。被告に，取下げに同意するか否かの考慮を求め，ま

た不必要な準備をさせないためである。
　(3)　訴えの取下げについての被告の同意も，裁判所に対して書面または口頭で行う。同意書が提出された時点，または期日において同意する旨の陳述がなされた時点で，取下げの効力が発生する。逆に同意拒絶の意思表示により取下げの無効が確定し，その後それを撤回して同意しても，もはや取下げの効力を生じない。被告が明確な応答をしない場合には，遅滞を避けるため，二週間の経過で被告の同意が擬制される（261条5項）。

4　効　果

　(1)　**訴訟係属の遡及的消滅**　訴え取下げが効力を生じると，訴訟係属は遡及的に消滅する（262条1項）。弁論や証拠調べ，裁判など，一切の訴訟行為の効果が失効する。訴え提起に伴う時効中断の効果も消滅する（民149条）。すでに下された判決も無効となる。ただし，調書や裁判は訴訟記録として残るから，他の訴訟で書証として利用することは可能である。
　(2)　**再訴の禁止**　訴え取下げは，訴訟を始めからなかったことにするので，改めて訴えを提起することを妨げない。ただし，請求認容ないし棄却の本案判決がなされた後に訴えを取り下げた原告は，もはや同一の訴えを提起することは許されない（262条2項）。これは，裁判を徒労に帰せしめたことに対する制裁であり，同一紛争を蒸し返して訴訟制度をもてあそぶような事態を防止するためとされている（最判昭52・7・19民集31巻4号693頁・百選Ⅰ[84]事件）。

5　訴え取下げの効力についての審理

　訴えの取下げがなされているか否か，また有効か否かは，手続の進行に関する問題であるから，裁判所は疑問があれば職権で調査しなければならない。当事者は，訴えの取下げの不成立または無効を主張して，**期日指定を申し立てる**ことができる。申立てがあれば，裁判所は口頭弁論を開いて審理しなければならない。審理の結果，取下げを有効と認めたときは，取下げにより訴訟が終了した旨を宣言する判決をする。取下げが不成立または無効と判断したときは審理を続行し，その判断を中間判決（245条）または終局判決の理由中で明らかにすべきである。

訴えの取下げが錯誤や詐欺によってなされた場合，取下げの効力を否定すべきか否かが問題となる。判例は，訴えの取下げは訴訟行為であるから意思表示の瑕疵に関する民法の規定（95条・96条など）は適用されないとし，例外的に詐欺・脅迫など刑事上罰すべき他人の行為によって意思表示がなされたと認められる場合に限って（338条1項5号参照）無効の主張を許す（最判昭和46・6・25民集25巻4号640頁・百選Ⅰ [82] 事件）。学説は，近時，民法の規定の類推を認める見解が有力である。

§3　訴訟上の和解

〔設例〕　XがYに対して賃貸借契約の解除を理由に，家屋の明渡しを求める訴えを提起したところ，立退料70万円の支払と引換えに明け渡す旨の和解が成立した。XはYの口座に70万円を振り込んだが，立ち退こうとしない。Xは家屋明渡しの強制執行ができるか。

1　意　義

訴訟上の和解とは，訴訟係属中に，当事者双方が裁判所（受命裁判官，受託裁判官）の面前で，訴訟物たる権利関係に関して互いにその主張を譲りあって（**互譲**），訴訟を終了させる旨の**合意**である。この合意が調書に記載されると，確定判決と同一の効力が認められる（267条）。

訴訟係属中，すなわち訴えの提起後，当該事件の係属する裁判所（簡易裁判所もあれば，地方裁判所，高等裁判所，さらには最高裁判所で成立することさえある）でなされ，これによって訴訟が終了する点で，訴え提起前の和解と異なる。**訴え提起前の和解**とは，起訴前の和解又は即決和解ともよばれ，紛争当事者の一方からの申立てを受けた簡易裁判所が和解期日を定めて当事者を呼び出し，そこで合意が成立すればそれを和解調書に記載することによって，確定

判決と同一の効力を取得するものである（275条）。訴訟を予防するための和解ともいうことができる。訴訟上の和解も訴え提起前の和解も，裁判所において行われることから，両者あわせて**裁判上の和解**とよばれる。和解それ自体の内容については民法に規定する和解（民695条。裁判上の和解と対比して**裁判外の和解**という。語義からすれば，裁判所での和解と裁判所外の和解といった方が分かりやすい）と異なるところはないが，裁判所の審査を経ることを通じて確定判決と同一の効力が与えられる点で大きく機能を異にする。

訴訟上の和解は，実務上よく行われている。その理由としては，判決と異なり法律の枠にとらわれずさまざまな事情を考慮して解決が図られるため社会的に妥当な解決が得られること，当事者の合意によるため減額したり分割払いにしても判決より履行が得られやすいこと，判決を下す場合よりも迅速に終結し当事者にとって早期決着が得られるし，裁判所にとっても弁護士にとっても事件処理の効率化につながることなどが挙げられる。

2 要 件

訴訟上の和解は訴訟手続の一部として行われるが，和解それ自体の内容は民法に規定する和解と同じであるので，内容的には実体法上の和解の要件を具備するとともに，手続的には訴訟法上の要件を具備することを必要とする。

(1) **実体法的要件**

法律行為としての一般的な成立要件・有効要件（したがって，和解の内容が公序良俗違反その他法律上許されないものであってはならない）のほか，和解に特有な要件として，①当事者間に争いがあり，②その争いをやめるため当事者双方が互いに譲歩することが必要である（民695条）。

(2) **訴訟法的要件**

①当事者に訴訟能力があり，代理の場合には特別の授権・委任を要する（32条2項・55条2項）。②和解が訴訟物たる権利関係についてなされ，かつ，それが当事者の自由な処分に任されたものでなければならない。したがって，請求の認諾と同じく，人事訴訟事件は一般に訴訟上の和解に親しまない。ただし，離婚訴訟については，民法上協議離婚が認められているので，訴訟上の和解を認めてもよいとする見解も有力である。

3 手　続

(1)　裁判所は，訴訟のいかなる段階においても和解を勧めることができる（89条）。上告審でもなしうる。**和解勧試**の潮時としては，主張整理が終わり証拠調べに入る前の段階と，証拠調べが終わり心証形成を得た段階が，特に重要といわれる。和解のため必要と認められるときは，訴訟代理人がいても，本人の出頭を命じることができる。

(2)　訴訟上の和解は，期日において当事者双方が口頭で陳述して行うのが原則である。ただし，新法は**出頭の必要性**を緩和し，当事者の一方が遠隔地に居住しているなどの理由で出頭が困難な場合，その者があらかじめ裁判所から提示された和解条項案を受諾する旨の書面を提出し，他方当事者が期日に出頭してその**和解条項案を受諾**したときは，和解の成立を認める（264条，規163条）。

(3)　和解の陳述がなされた場合，裁判所は訴訟上の和解の要件を審査し，有効と認めれば書記官にその内容を調書に記載させる（規67条）。

(4)　新法は，両当事者の共同の申立てがあれば，裁判所が和解条項を定めることができるものとした（**和解条項の裁定制度**，265条）。実質的には，裁判官による仲裁に類似する。この場合，裁判所の裁定した和解条項を当事者双方に告知したときに，和解が調ったものとみなされる（同条5項，規164条）。

4 効　果

和解調書への記載により，訴訟は当然に終了し，その記載は**確定判決と同一の効力**を有する（267条）。

(1)　和解調書が一定の給付義務を記載したものであるときは，**執行力**を生じる（民執22条7号）。設例の場合，Xは和解調書にもとづき，家屋明渡しの強制執行ができる。

(2)　訴訟上の和解が既判力を有するか否かについては争いがある。特に和解の意思表示に錯誤や詐欺などの瑕疵があった場合に，それを理由とする無効や取消の主張を認めるかの問題と関連し，既判力否定説はこれを認め，既判力肯定説は再審事由以外これを認めない。さらに，実体法上の瑕疵による和解の無効・取消を認めつつ，裁判所の判断により無効・取消が確定するまでは既判力があるととらえる制限的既判力説も唱えられている。判例は，制限的既判力説

に近いとみられている（最判昭33・3・5民集12巻3号381頁，最判昭33・6・14民集12巻9号1492頁）。

§4　請求の放棄・認諾

〔設例〕　Xは出版社Yに対して，週刊誌の記事による名誉棄損を理由に，謝罪広告の掲載と慰謝料1,000万円の支払を求めて提訴した。訴訟の途中で，とりあえず謝罪広告のみ求める戦術に転換し，慰謝料請求については放棄した。名誉棄損の成立が認められ謝罪広告請求に勝訴した後，改めて慰謝料請求を求めることはできるか。

1　意　義

　請求に理由がないことを自認する，**原告の裁判所に対する意思表示が請求の放棄**であり，逆に，請求が理由のあることを認めるとの，**被告の裁判所に対する意思表示が請求の認諾**である。これが調書に記載されると確定判決と同一の効力を生じ（267条），訴訟は終了する。請求の理由の有無とは訴訟物である権利関係があるかないかであるから，請求の放棄・認諾とは，結局，裁判所に向かって，訴訟物たる権利関係の存否に関する相手方の主張を認めることである。したがって，調書の記載は，放棄なら請求棄却，認諾なら認容判決が下されたのと同じ効力をもつ。

　請求の放棄は，原告の意思で訴訟を終了させる点で訴えの取下げと共通するが，訴えの取下げは請求の中身に関する確定効果をもたないのに対し，請求の放棄は請求棄却と同じ効果をもつ点で異なる。請求の認諾は，相手方の主張を認め裁判所の審理を不要とする点で，自白と共通するが，請求そのものを認める点で，請求を基礎づける個々の事実を認める自白や先決的権利関係に関する権利自白と異なる。

放棄・認諾の性質については，私法行為説，訴訟行為説，私法行為であるとともに訴訟行為だとする両性説があるが，現在では訴訟行為説が多数説である。放棄・認諾を訴訟行為とする説では，従来，意思の瑕疵に関する民法の規定は適用されないとするのが通常であったが，最近では民法の規定の類推を認める見解が有力である。そこでは，放棄・認諾が当事者の意思にもとづき，訴訟物たる権利関係を実体法上処分したと同じ結果を生じさせるものであり，しかもその成立過程には裁判所がつねに関与するわけでもないという点が重視されている。

2 要　件

(1) 訴訟物たる権利・法律関係が，当事者の自由に処分できるものでなければならない。判決効の相対性の原則が妥当し，弁論主義が適用される通常の民事事件については，放棄・認諾ができることに問題がない。これに対して，婚姻・養子縁組事件は，判決が対世効をもち，婚姻・縁組を維持する方向での片面的職権探知主義がとられ（人訴14条），しかも認諾を許さないことを明言する（人訴10条1項後段）規定があるので，認諾は認められないが，放棄は許されると解されている（ただし，協議による離婚・離縁が認められる以上，離婚の訴えや離縁の訴えについて放棄・認諾ともに認めてよいとす説もある）。親子関係事件は，公益性が強く双面的職権探知主義がとられる（人訴31条）から，認諾も放棄も許されないとするのが通説である。また，職権探知主義はとられないが，請求認容判決については対世効を認める会社関係訴訟（商109条・104条・136条・140条・247条・252条など参照）でも，放棄はできるが認諾は許さないとする説がある。

(2) 訴訟物たる権利・法律関係が，法律上許されないものや公序良俗違反，あるいは不法原因や強行法規違背によって生じた場合も認諾は許されない。

(3) 請求の放棄・認諾に訴訟要件の具備を要するかについては争いがある。通説は，請求の放棄・認諾が本案判決にかわる訴訟終了原因であり，既判力を生じる点に着目して，訴訟要件の具備を必要とする。

(4) 放棄・認諾をする当事者が訴訟能力を有し，また代理の場合には特別の授権・委任があることを要する（32条2項・55条2項）。

3 手続

　口頭弁論期日（または弁論準備手続期日・和解期日・進行協議期日）において口頭の陳述によって行うのが原則である（266条1項，規95条2項）。しかし，放棄・認諾のためだけに出頭を強いるのは負担が大きいので，新法は書面でもなしうる余地を認め，あらかじめ放棄・認諾をする旨の書面を提出して期日に出頭しないときは，裁判所の判断で陳述擬制をなしうるものとしている（同条2項）。放棄・認諾は上訴審でもできるし，請求の一部についてなすこともできる。放棄・認諾の陳述がなされると，裁判所はその要件の調査をし，要件を具備していなければ手続を進め，具備していれば書記官に調書に記載させる。請求の放棄か訴え取下げか，また請求の減縮か不明の場合は釈明を要する。

4 効果

　(1) 放棄・認諾を記載した調書の成立とともに訴訟終了の効果を生じる。それにもかかわらずになされた本案判決は違法であり，当事者は上訴してその取消しを求めることができる。上訴審で請求の全部または一部につき放棄・認諾がなされると，その限度で訴訟は終わり，原審判決も失効する。

　(2) 放棄・認諾を記載した調書は**確定判決と同一の効力**を有する（267条）。給付請求についての認諾調書には**執行力**を生じ（民執22条7号），形成請求についての認諾調書には**形成力**を生じる。放棄調書・認諾調書に既判力が認められるかについては争いがある。既判力を肯定する立場では，法的安定を重視し，放棄・認諾の意思表示に錯誤などの瑕疵があっても手続の再開を許さない。既判力を肯定するのが従来の通説であったが，近時はこれを否定する見解が有力である。判例は，一方で既判力を認めながら（大判昭19・3・14民集23巻161頁），他方で放棄・認諾の無効・取消を主張して手続の続行を求めることができるとする（大判昭8・7・11民集12巻2042頁）。

第8章　終局判決による訴訟の終了

§1　終局判決とは何か

　訴えの提起によって開始された民事訴訟は，いずれ終了の時を迎える。実際には，当事者間で訴訟上の和解が成立するなど，当事者の行為によって終了する場合も多いが，基本的には，終局判決とよばれる形式の裁判によって終了することになる。それでは，終局判決とは，どんな裁判であり判決をいうのか，その辺りから解説を始めることにする。

1　裁判とは

　裁判とは，裁判機関がその判断や意思を法定の形式で表示する訴訟行為をいう。裁判は，裁判機関としての裁判所または裁判官の行為であるところ，裁判所書記官や執行官の行為（処分とよばれることが多い）とは区別される。また，裁判は，裁判機関の判断や意思を表示する訴訟行為であるところ，弁論の聴取や証拠の取調べなどの事実行為とも区別される。

2　裁判の種類

　裁判は，その主体・手続・対象の違いから，判決・決定・命令に区別される。

　(a)　裁判の主体　　判決と決定は，裁判所が行う裁判である。合議制では合議体が行い，単独制では単独裁判官が行うことになる。これに対して，命令は，裁判官が，裁判長，受命裁判官または受託裁判官の資格で行う裁判である。

　(b)　裁判の手続　　判決は，原則として，必ず口頭弁論による審理を行い（87条1項本文），判決書を作成し，判決原本にもとづく言渡しによって成立する（250条・252条）。判決に対する不服申立ては，控訴・上告による。これに対

して，決定と命令は，必ずしも口頭弁論による審理を行う必要はなく（87条1項但書），そして，相当と認める方法で告知することによって成立する（119条）。決定や命令に対する不服申立ては，抗告・再抗告によるが，必ずしも独立の上訴ができるとは限らない。

(c) 裁判の対象　判決は，訴訟の主題である訴訟物を対象として行う裁判である。これに対して，決定と命令は，訴訟指揮に関する事項など，訴訟に付随する事項を対象として行う裁判である。

以上のことから分かるように，裁判の中で最も基本的かつ重要なのは，判決である。そこで，法も，判決を中心に規定を設けており，決定と命令については，その性質に反しない限り，判決に関する規定を準用するものとしている（122条）。

3　判決の種類

判決は，ある審級に係属中の訴訟事件につき，その審級での審理を完結させるものかどうかで，**終局判決**と**中間判決**に区別される。訴訟の進行過程の順序に従い，中間判決のほうから解説することにする。

(1) 中間判決

中間判決とは，訴訟の進行過程において当事者間で争点となった事項につき，終局判決に先だって解決しておく判決をいう。審理の整序と終局判決の準備を目的とする。ある争点について中間判決をするか，あるいは終局判決の理由中で判断を示すかは，訴訟指揮の問題として裁判所の裁量に委ねられている。

(a) 中間判決事項　中間判決の対象としてよい事項は，次の3つに限定されている（245条）。

(イ) 独立した攻撃防御方法　攻撃防御方法のうち，他の攻撃防御方法とは分離独立して審判でき，それだけで1つのまとまった権利関係の存否の判断ができるものをいう。たとえば，所有権にもとづく移転登記請求訴訟で，原告が所有権の取得原因として売買・取得時効を主張している場合には，売買・取得時効の各主張が，貸金返還請求訴訟で，被告が弁済・相殺・消滅時効の抗弁を主張している場合には，弁済・相殺・消滅時効の各主張が，それぞれ独立した攻撃防御方法にあたる。もっとも，独立した攻撃防御方法につき判断した結果，

直ちに請求認容または棄却の結論に達する場合には，終局判決をすることになる。たとえば，前例の貸金返還請求訴訟で，被告の弁済・相殺・消滅時効の抗弁のうち，いずれか1つでも認められる場合には，請求棄却の終局判決をすることになる。

(ロ) 中間の争い　訴訟手続に関する争いのうち，口頭弁論にもとづいて判断すべきものをいう。たとえば，合意管轄の有無など，訴訟要件の存否が争われる場合である。

(ハ) 請求の原因　請求の原因と数額に争いがある場合において，請求の原因につき，まずこれを肯定する結論に達したときは，中間判決（**原因判決**）をすることができる。ここに請求の原因というのは，訴訟物の特定要素としての請求の原因とは別の概念であり，数額以外の権利関係の存否に関する事項を意味する。たとえば，不法行為にもとづく損害賠償請求訴訟では，違法行為の存在，加害者の過失，損害の発生，因果関係が請求の原因にあたり，損害額が請求の数額にあたる。

(b) 中間判決の効力　中間判決をした裁判所は，その主文で示した判断に拘束され，その判断を前提として終局判決をしなければならない。そのため，当事者は，以後，中間判決の直前の口頭弁論期日までに提出し得た攻撃防御方法を提出し得なくなる。なお，中間判決は既判力や執行力を生じない。

中間判決に対しては独立の上訴は認められていない。これを争うには，終局判決を待ち，終局判決に対する上訴を提起するほかない（283条）。なお，上級審が終局判決のみを取り消して事件を原審に差し戻した場合には，中間判決はなお有効で，差戻しを受けた原審を拘束する。

(2) **終 局 判 決**

終局判決とは，ある審級に係属中の訴訟事件の全部または一部につき，その審級での審理を完結させる判決をいう。終局判決は，事件の全部を完結させるものかどうかで，**全部判決**と**一部判決**に区別される。また，本案について判断したものかどうかで，**本案判決**と**訴訟判決**に区別される。

(a) 全部判決と一部判決　(イ) 全部判決　同一訴訟手続で審理されている事件の全部を同時に完結させる終局判決をいう。1つの手続で一個の請求が審理されている場合のほか，1つの手続で数個の請求が併合審理されている場

合にも，そのすべてを一個の判決で完結させるときは，それは一個の全部判決である。

(ロ) 一部判決　同一訴訟手続で審理されている事件の一部を，他の部分と切り離して完結させる終局判決をいう。ここに一部というのは，一個の請求のうちの一部という場合と，数個の請求のうちの一部という場合とがある。たとえば，500万円の貸金請求のうち争いのない300万円という場合が前者の例であり，貸金請求と代金請求のうち貸金請求という場合が後者の例である。一部判決は，複雑な訴訟の審理の整理に役立つほか，一部ではあるが，事件の早期解決が図られる点で当事者の利益にもなる。ただし，一部判決をするか否かは，裁判所の裁量に委ねられている（243条2項。なお，41条1項参照）。一部判決後，審理が続行された部分を完結させる判決を，残部判決という。

(ハ) 追加判決　裁判所が，全部判決をしたつもりでも，事件の一部について裁判をし残してしまうことはあり得る。このことを裁判の脱漏という。脱漏部分はなお裁判所に係属中である（258条1項）。したがって，裁判所は，いつでも職権でまたは申立てにより，脱漏部分について裁判をしなければならない。それが判決でなされるときは，この判決を追加判決という（なお，258条2項・259条5項参照）。

(b) **本案判決と訴訟判決**　(イ) **本案判決**　原告の訴訟上の請求（本案）について判断した終局判決をいう。原告の請求を認める**認容判決**と，それを認めない**棄却判決**とがある。認容判決は，訴えの種類に応じて，**給付判決・確認判決・形成判決**に区別される。棄却判決はすべて確認判決である。なお，上訴を正当として認容する判決や，それを不当として棄却する判決も，本案判決である。

(ロ) **訴訟判決**　訴訟要件を欠く場合に，本案の審理を打ち切り本案判決をしないで訴えを不適法として却下する終局判決をいう。訴え却下判決ともいう（俗に門前払い判決ともよばれる）。なお，上訴の適法要件を欠くとして上訴を却下する判決も，訴訟判決である。

判決の中で最も基本的かつ重要な位置を占めるのは，全部判決であり本案判決でもある終局判決である。そこで，以下では，この意味における終局判決を念頭に置いて解説を進めることにする。

§2　判決の成立と確定

1　判決の成立

判決は，裁判所が，判決内容を確定し，判決書を作成し，判決を言い渡すことによって成立する。その後，判決書の正本が各当事者に送達される。

(1) 判決内容の確定

裁判所は，「訴訟が裁判をするのに熟した」(243条)とき，口頭弁論を終結し，判決内容の確定に取りかかる。判決内容は，直接主義の要請から，判決の基礎となる口頭弁論（最終口頭弁論）に関与した裁判官が確定する（249条1項）。単独制の場合には，単独の裁判官の意見によって判決内容を確定する。合議制の場合には，合議体を構成する裁判官が評議を行った上で，過半数の意見によって確定する（裁77条。なお，裁75条・76条参照）。

(2) 判決書の作成

裁判所は，判決内容を確定したら，判決書の作成に取りかかる。判決書には，次の事項を記載しなければならない（253条1項）。

(a)　主文　　判決の結論を表示する。たとえば，第一審においては，認容判決であれば，「被告は原告に金100万円を支払え」とか，「別紙目録記載の建物は原告の所有であることを確認する」とか，「原告と被告とを離婚する」などと記載する。棄却判決であれば，「原告の請求を棄却する」と記載し，訴訟判決であれば，「原告の訴えを却下する」と記載する。そのほか，主文には，仮執行宣言（259条4項）や訴訟費用の負担（67条）などを表示する。

(b)　事実　　口頭弁論に現れた各当事者の申立てや主張などの要約を表示する。事実の記載においては，既判力の客観的範囲を明示するために請求の内容を明らかにし，かつ，主文の正当性を基礎づけるのに必要な事実を摘示しなければならないとされている（253条2項）。

(c)　理由　　主文に表示した結論を導くにいたった判断過程を表示する。それは事実の確定と法規の適用からなる。すなわち，裁判所の事実判断と法律判断の集積である。

(d)　口頭弁論の終結の日　　既判力の基準時を明示するために表示する。

(e) 当事者および法定代理人　判決の名宛人と訴訟の追行者を表示する。なお，実務では，送達などの便宜のため，訴訟代理人も記載されている。

(f) 裁判所　判決をした裁判所を表示する。

さらに，判決書には，判決をした裁判官が署名押印しなければならない（規157条）。

(3) 判決の言渡し

判決は，言渡しによって成立する（250条）。言渡しは，原則として，口頭弁論の終結の日から2カ月以内にしなければならない（251条1項）。言渡期日は裁判長が指定し，当事者を呼び出す。ただし，当事者が在廷していない場合でも言渡しは可能である（251条2項）。言渡しは，判決書の原本（判決原本）にもとづいて（252条），公開法廷で（憲82条1項），裁判長が主文を朗読して行う（規155条1項）。判決理由を告げるかどうかは，裁判長の裁量に任されている（規155条2項参照）。

(4) 判決の送達

裁判所は，判決言渡し後遅滞なく，判決原本を書記官に交付し，書記官は，これに言渡日と交付日を付記して押印し（規158条），その正本（判決正本）を作成し，2週間以内に当事者に送達しなければならない（255条，規159条）。判決の送達は，当事者に判決内容を十分に知らせて不服申立ての機会を与えることを目的とする。なお，判決送達時から上訴期間（2週間）が進行する。

調書判決　新法は，原告の権利救済の迅速性を図る観点から，実質的に争いのない事件（いわゆる自白事件・公示送達被告欠席事件）につき，原告の請求を認容するときは，判決書の作成を省略し，判決原本にもとづかないで言い渡すことができるものとした（254条1項）。この場合，裁判所は，判決書の作成に代えて，書記官に，当事者および法定代理人，主文，請求，理由の要旨を，判決の言渡しをした口頭弁論期日の調書（判決書に代わる調書）に記載させなければならない（254条2項）。その後，判決正本の送達に代えて，調書の謄本が送達されることになる（255条）。以上における判決のことを，調書判決という。

2　判決の確定

　判決は，たとえ成立しても，当事者が上訴によって争うことができる状態にある限り，上訴審によって取り消される可能性を秘めている。しかし，当事者が上訴によって争うことができない状態になると，その可能性はなくなる。このように，もはや上訴によって取り消すことができなくなった判決の状態を判決の確定といい，このような状態にいたった判決を**確定判決**という。判決が確定すると，訴訟は完全に終了することになる。

(1) 確定の時点

　判決は，上訴（または異議申立て）ができなくなった時点で確定する。したがって，①上訴期間が満了した時点で確定する（116条参照）ほか，②上告審の判決であればその言渡しの時点で確定し，③第一審の判決でもその言渡し前に不控訴の合意があれば言渡しの時点で確定し，④判決言渡し後に不控訴の合意があればその合意の時点で確定し，⑤判決言渡し後に上訴権の放棄があればその放棄の時点で確定する。なお，上訴期間内に適法な上訴がなされた場合には，原判決の確定は遮断されるが，その後，上訴を却下・棄却する判決がなされ確定したときは，その時点で原判決も確定することになる。

(2) 確定証明

　確定判決を利用して，登記の申請（民執173条，不登27条）や戸籍の届出（戸籍63条・77条）などをすることができる。しかし，判決書それ自体からは，判決が確定しているか否かは分からない。そこで，当事者ら一定の者は，訴訟記録を保管している裁判所の書記官に，判決の確定証明書の交付を請求することができるものとされている（規48条。なお，規185条・186条参照）。

定期金による賠償を命じた確定判決の変更を求める訴え　たとえば，交通事故での身体障害を理由とする損害賠償請求訴訟においては，原告の申立てにもとづき，「被告は原告に一定期間にわたって各期末ごとに一定額を支払え」との定期金賠償を命じる判決がなされることがある。この判決確定後，賠償額の算定基礎とされた事情が著しく変化・変動した場合には，判決確定後であっても，公平の観点から，その判決の内容を事後的に修正することが適当である。そこで，新法は，口頭弁論終結前に生じた損害につき定期金による賠償を命じた確定判決に

ついて，口頭弁論終結後に，後遺障害の程度，賃金水準その他の損害額の算定の基礎となった事情に著しい変更が生じた場合には，その確定判決の変更を求める訴えを提起することができるものとした（117条）。

§3 判決の効力

1 判決の成立により生じる効力

(1) 自己拘束力

判決が成立すると，判決をした裁判所は，もはや自らその判決を撤回したり変更したりすることが許されなくなる。これを判決の自己拘束力（自縛力）という。そうでないと判決は安定性を欠き信頼を失うことになる。ただし，判決の自己拘束力は，次のように，判決の更正や判決の変更が認められる限度で緩和されている（なお，決定・命令の自己拘束力については，決定・命令の性質上，大幅に緩和されている。判決に関する規定を準用する122条のほか，120条・333条参照）。

(a) 判決の更正（更正決定）　判決に計算違いや誤記その他これらに類する明白な誤りがあるときは，裁判所は，申立てによりまたは職権で，いつでも簡易な決定手続で，判決を訂正（更正）することができる（257条）。上訴提起後でも判決確定後でも差し支えない。実際に数字や氏名などにつき更正決定がなされることは少なくない。

(b) 判決の変更（変更判決）　裁判所は，判決に法令の違反があることを発見したときは，その言渡し後1週間以内に限り，口頭弁論を経ない判決手続で，判決を変更することができる（256条）。判決の変更は，判決の更正と異なり，表面的な誤りを是正するものでなく，内容的な変更をもたらすものである。実際に変更判決がなされることは極めてまれである。

(2) 羈束力

判決や決定など裁判の判断内容が，当該手続内において，他の裁判所を拘束

することがある。たとえば、移送の裁判は、移送を受けた裁判所を拘束し（22条）、事実審が適法に確定した事実認定の判断は、上告審（法律審）を拘束し（321条1項）、上級審が原判決を取り消しまたは破棄する理由とした判断は、差戻しまたは移送を受けた下級審を拘束する（裁4条、民訴325条3項後段）。これを裁判の羈束力という。

2 判決の確定により生じる効力

(1) 形式的確定力

判決の確定とは、もはや上訴によって取り消すことができない判決の状態をいうが、この取消不可能性を、確定判決の効力とみて、形式的確定力という。判決確定後の上訴が不適法なものとして却下されるのは、形式的確定力による。

(2) 内容的効力

(a) **本来的効力** 終局判決が確定し形式的確定力を生じると、当該訴訟手続を超えて、判決本来の内容上の効力が生じる（確定判決の本来的効力）。**既判力**、**執行力**、**形成力**がそれである。既判力は訴訟の勝敗を問わずすべての確定判決に生じるが、執行力は給付判決だけに生じ、形成力は形成判決だけに生じる（それぞれの詳細については、本章§4～§9を参照）。

(b) **付随的効力** 確定判決の本来的効力ではないが、特別の法規定または法理論によって認められている効力がある（確定判決の付随的効力）。①訴訟法によって認められている効力として、補助参加人や、訴訟告知を受けたが参加しなかった者に対する**参加的効力**（46条・53条。これらについては、第9章§3◇論点◇と◇発展・研究◇を参照）、人事訴訟における別訴禁止主義にもとづく**訴権喪失効**（人訴9条・26条）などがある。②実体法が、確定判決の存在を法律要件として一定の法律効果の発生を認めている場合がある。たとえば、確定判決による時効の進行（民157条2項）、確定判決による短期消滅時効の長期化（民174条ノ2）、確定判決による供託物取戻権の消滅（民496条1項）などである。これらを確定判決の効力とみて**法律要件的効力**とよんでいる。③法理論によって―争いはあるが―認められている効力として、**争点効**と、**反射効**がある（それぞれの詳細については、本章§6◇発展・研究◇と、§7◇発展・研究◇1を参照）。

3　判決の無効

(1) 判決の不存在（非判決）

　ある判決が，きちんと判決として存在するものと認められるためには，裁判官が，その職務活動の一環として作成し言い渡したものでなければならない。したがって，裁判官でない者が作成したり言い渡した判決や，裁判官が作成した判決でも，修習生の研修用に作成した判決とか，まだ言い渡していない判決は，そもそも判決ではなく，何らの効力も生じない（**判決の不存在・非判決**）。

(2) 判決の無効（無効判決）

　判決としての存在が認められる限り，全然なきに等しいという意味での無効な判決（**判決の当然無効**）はない。何らの手続も経ずに判決の存在を無視できるようでは，判決による法的秩序の安定もままならなくなるからである。したがって，手続上違法な判決や内容上不当な判決（**瑕疵ある判決**）でも，上訴や再審などによって取り消されない限り，訴訟上の効力を生じることになる。

　もっとも，場合によっては，判決としての存在は認められるが，既判力・執行力・形成力などの内容上の効力を生じないという意味での無効な判決（**判決の無効・無効判決**）はある。たとえば，実在しない者に対する判決，裁判権に服しない者に対する判決，夫婦でない者に対する離婚判決，判決内容が意味不明な判決，現行法上認める余地のない権利を認めた判決などである。このような判決でも，当該審級を終了させ，確定すれば当該訴訟を終了させる効力はあるため，その内容を是正するには，確定前であれば上訴を提起し，確定後であれば別訴（同一訴訟物の別訴や請求異議の訴えなど）を提起すべきことになる（なお，確定後につき再審の訴えを認める見解もある）。

◇　論　　点　◇

確定判決の不当取得（騙取判決）

　たとえば，①原告が被告の住居所不明と偽って公示送達を申し立て，被告の手続関与を妨げて勝訴判決を得る場合や，②原告が証拠を偽造して勝訴判決を得る場合などのように，当事者が故意に相手方や裁判所を欺いて確定判決を得る場合が考えられる（**確定判決の不当取得・騙取判決**）。この場合，相手方は，再審を経ることなく，別訴でその判決の無効（または当然無効）を主張するこ

とが許されるか。また，その判決にもとづいて損害が生じたときは，直接に不法行為にもとづく損害賠償請求や不当利得返還請求を求めることができるか。

判例は，①の場合については，再審を経ることなく，別訴での無効の主張を許し（最判昭43・2・27民集22巻2号316頁参照），直接の損害賠償請求も認める（最判昭44・7・8民集23巻8号1407頁・百選Ⅱ［151］事件）。また，②の場合については，刑事上有罪判決が確定するなど，「明白に公序良俗違反を認めうる場合」に限り，直接の損害賠償請求を認めている（東京高判昭45・10・29判時610号53頁，那覇地判平元・12・26判タ733号166頁）。

学説の多くは，法的安定の観点から，再審の訴えや上訴の追完（97条）によって判決の取消しを得てからでないと，別訴で無効を主張することができないとみている。しかし，近時では，敗訴者の手続保障の観点から，再審を経ることなく，別訴で無効を主張することも，直接の損害賠償請求を求めることも許されるとする見解も有力である。

〔参考文献〕
・上田徹一郎「騙取判決の既判力と不当取得」谷口（知）還暦『不当利得・事務管理の研究(3)』265頁（有斐閣，1972）
・石川明「不当取得判決とその救済」三ケ月古稀『民事手続法学の革新下巻』1頁（有斐閣，1991）
・中山幸二「訴訟係属と判決無効」中村（英）古稀『民事訴訟法学の新たな展開上巻』321頁（成文堂，1996）

§4 既判力とは何か

1 既判力とは

(1) 既判力の意義

既判力とは，確定した終局判決の判断内容が，後訴の判断を拘束する効力をいう。すなわち，確定した終局判決の判断内容については，後訴で，①当事者はその判断内容に反する主張をすることが許されず，②裁判所としてもその判断内容に反する判断をすることが許されないというものである。既判力は，裁

判所の終局的判断を制度的に尊重し，判決による紛争解決の実効性を確保するための手段である。したがって，既判力は，訴訟制度の中核をなす重要概念となるべきものである。なお，形式的確定力との対比で，実体的確定力とか実質的確定力ともよばれる。

(2) **既判力を有するものと有しないもの**

(a) 確定した終局判決

(イ) 本案判決　既判力を生じる。認容判決であると棄却判決であると，また，給付判決であると確認判決であると形成判決であるとを問わない。

(ロ) 訴訟判決　既判力を生じる。ただし，訴訟判決の既判力は，却下事由とされた個々の訴訟要件の欠缺（たとえば，裁判権・当事者適格・訴えの利益の不存在など）についてのみ生じ，他の訴訟要件についてまでは生じない。

(b) 中間判決　もっぱら終局判決を準備するためのものであるから，当該訴訟手続内において効力を生じるだけであり，既判力を生じない。

(c) 決定・命令　訴訟指揮に関する決定・命令をはじめ，決定・命令は，通常，既判力を生じない。しかし，訴訟費用に関する決定（69条～73条）や支払督促に対する異議却下決定（394条）などのように，決定で完結すべき事件で実体関係につき終局的判断をした場合には，既判力を生じる。なお，非訟事件の裁判（決定）は，その性質上，実体的権利の存否を判断したものでも，既判力を生じないと解されている。

(d) 確定判決と同一の効力を認められる裁判等　仲裁判断（公催仲裁800条），調停に代わる裁判（民調18条3項，家審25条3項）には，既判力が認められる。これに対して，放棄調書・認諾調書・和解調書（267条），調停調書（民調16条，家審21条1項）については，争いがある。仮執行宣言付支払督促（396条）は，確定しても既判力を生じない。

(e) 外国判決　わが国で承認されれば，既判力を生じる（118条参照）。

(3) **既判力の作用**

(a) 消極的作用と積極的作用　既判力は後訴において作用する。既判力の作用には，①当事者は既判力の生じた判断に反する申立てや主張・抗弁をすることが許されず，裁判所はそれらを排斥しなければならないという消極的作用と，②裁判所は既判力の生じた判断に拘束され，これを前提として判決をしな

ければならないという積極的作用とがある。この両者の関係については，既判力作用論として，積極的作用を本体とみる拘束力説と，消極的作用を本体とみる一事不再理説とが，両極で対立する。しかし，今日の多くは，両者は相互に補完しあう関係にあるとみている。いずれにせよ，民事訴訟の対象（訴訟物）となる私法上の権利または法律関係は，その性質上，時間の経過とともに変動する可能性をもつから，同一請求が繰り返されたときでも，後訴の基準時（本章§5参照）における請求の当否につき本案判決をすべきことになる。

(b) 作用の場面　既判力は，後訴において，前訴判決の判断内容が再び問題となった場合に作用する。具体的には，次の3つの場合が考えられる（本章§6参照）。

(イ) 後訴の訴訟物が前訴の訴訟物と同一の場合　たとえば，家屋の所有権確認訴訟で敗訴した原告が，再び同一被告を相手に同一家屋の所有権確認訴訟を提起する場合や，貸金返還請求訴訟で敗訴した被告が，その債務の不存在確認訴訟を提起する場合である。

(ロ) 後訴の訴訟物が前訴の訴訟物を先決関係として定まる場合　たとえば，家屋の所有権確認訴訟で敗訴した原告が，同一被告を相手にその家屋の所有権にもとづく明渡訴訟を提起する場合である。この場合，前訴の訴訟物と後訴の訴訟物は，同一ではないが，前訴の訴訟物である所有権は，後訴の訴訟物である明渡請求権の論理的前提である。

(ハ) 後訴の訴訟物が前訴の訴訟物と矛盾関係に立つ場合　たとえば，XのYに対する所有権確認訴訟で敗訴したYが，Xを相手に同一物件の所有権確認訴訟を提起する場合である。この場合，前訴の訴訟物（Xの所有権）と後訴の訴訟物（Yの所有権）は，同一ではないし，先決関係にもないが，実体法上の一物一権主義の原則から，Xの所有権が確定している以上，Yの所有権を認める余地はない。

(c) 既判力の双面性　既判力は，通常，勝訴当事者に有利に作用するが，不利に作用することもある。これを既判力の双面性という。たとえば，土地所有者を相手方とする家屋の所有権確認訴訟で勝訴した者は，その後，相手方から家屋収去土地明渡訴訟を提起された場合において，その家屋は自分の所有物でないと主張することは許されない。

(4) 既判力の職権調査性

既判力の有無は，職権調査事項とされている。当事者が既判力を排除する旨の合意をしても，裁判所は既判力を無視することができない。もっとも，既判力の生じた判断によって確定された権利または法律関係を，後に実体的に変更する旨の合意は可能である。なお，前訴判決の既判力と抵触する後訴判決は，当然には無効とならないが，違法なものとして，上訴または再審によって取り消され得る（338条1項10号・342条3項）。

2 既判力の本質・根拠
(1) 既判力の本質

既判力の本質（法的性質）については，既判力本質論として，諸説がある。

(a) **実体法説** 当事者間の和解契約と同様に，確定判決を実体法上の法律要件の一種とみて，正当な判決は，従来の実体関係に新たな確証を与え，不当な判決は，その判断どおりに従来の実体関係を変更するものであるとし，その結果，裁判所もこれに反する判断が許されなくなるとする説である。

(b) **訴訟法説** 既判力を国家的判断の統一からの要請にもとづくものとみて，訴訟外の実体法上の権利関係とは無関係に，もっぱら訴訟法上の効力として，後訴裁判所は前訴裁判所の判断に抵触する判断をすることが許されなくなるとし，その結果，これに反する当事者の主張も無駄になるとする説である。

(c) **権利実在説** 前二説はいずれも訴訟以前に実体法上の権利が存在することを前提としているのに対して，訴訟以前には当事者の私的な法適用による仮象としての権利が存在するにすぎず，裁判所の確定判決によって，仮象としての権利に実在性が与えられ，この実在化した権利こそが裁判所や当事者を律する規準となるとする説である。実体法説の再構成と評価し得る。

(d) **新訴訟法説（一事不再理説）** 既判力を紛争解決の一回性の要請に支えられた一事不再理の理念にもとづくものとみて，私的紛争がいったん公権的に解決されたからには，後訴裁判所はその判決内容を尊重し，これに抵触する判断をすることが許されないとする説である（前述の既判力作用論における一事不再理説とは異なる。むしろ，そこでの拘束力説と結びつく）。訴訟法説の再構成と評価し得る。

(2) 既判力の根拠

前述の既判力本質論は，いずれの学説も，より実践的な課題である既判力の時的範囲・客観的範囲・主観的範囲（本章§5～§7を参照）の判定に際して，直接の指標を導くことが難しい。そこで，最近では，既判力根拠論として，既判力の及ぶ範囲を決定づける実質的根拠の検討に重点が置かれるようになった。

(a) **法的安定説**　既判力の根拠は，確定判決の判断内容の法的安定性をはかることにあるとし，既判力は，訴訟制度に不可欠な制度的効力であるとする説である。従来の通説であった。

(b) **二元説**　既判力は，訴訟制度に不可欠な制度的効力であるとするとともに，さらに，当事者が既判力を不利益に受けることを正当化する根拠を問う必要があるとし，この正当化根拠は，手続過程における当事者としての手続保障とその結果としての自己責任に求められるとする説である。最有力説である。

(c) **手続保障説**　既判力の根拠は，もっぱら手続過程における当事者としての手続保障とその結果としての自己責任に求められるとする説である。

§5　既判力の時的範囲

〔**設例**〕　Xは，Yに対し，商品Aを代金100万円で売ったと主張して，100万円の支払いを求める訴えを提起した。この訴訟（前訴）において，Xの主張が全面的に認められ，「YはXに100万円を支払え」との判決がなされ確定した。その後，Yは，Xに対し，同一の代金債務不存在確認を求める訴えを提起した。この訴訟（後訴）において，Yは，次の各事実を主張することができるか。
① 前訴の係属前に弁済していたという事実
② 前訴の判決確定後に弁済したという事実
③ 前訴の判決確定後，詐欺を理由に売買契約を取り消したという事実

④　前訴の判決確定後，前訴の係属前からXに対して有していた100万円の貸金債権と相殺したという事実

1　基準時

　民事訴訟の対象（訴訟物）となる私法上の権利または法律関係は，当事者の行為や時間の経過などに伴い，変動（発生・変更・消滅）する可能性を有する。したがって，終局判決の判断内容は，ある一定の時点における権利または法律関係の存否を判断したものにほかならない。そこで，既判力を生ずべき判断内容は，いつの時点における権利または法律関係の存否を判断したものかが問題となる。これが既判力の時的範囲（時的限界）とよばれる問題であり，その基準となる時点は既判力の基準時（標準時）とよばれている。

　当事者は，事実審の口頭弁論終結時まで攻撃防御方法を提出することができるし，裁判所も，この時点までに提出された資料にもとづいて判決をすることから，この時点を既判力の基準時とするのが合理的である。そこで，既判力は，事実審の口頭弁論終結時における権利または法律関係の存否の判断について生じるということになる。それ以前に当該関係が存在したか否か，それ以後も当該関係が存続するか否かは，既判力の及ぶところではない。

　ここに事実審の口頭弁論終結時というのは，本案判決のみを念頭に置くならば，①訴訟が第一審の判決だけで確定した場合には，第一審の口頭弁論終結時であり，②第二審の判決で確定した場合には，第二審の口頭弁論終結時であり，③第三審の判決で確定した場合には，第三審は法律審なので，第二審の口頭弁論終結時である。

2　失権効

　前述のように，既判力は，事実審の口頭弁論終結時を基準時として生じるから，当事者は，基準時前に生じていた事実を後訴において主張することは許されない。前訴で主張しなかったことについて過失があったかどうかを問わない。仮に当事者が，基準時前の事実を主張したとしても，裁判所は，この主張を排斥しなければならない。このような既判力の消極的作用を，とくに失権効（遮

断効)という。これに対して、基準時後に生じた事実を主張し、既判力の生じた判断を争うことは妨げられない（民執35条2項参照）。

　それでは〔**設例**〕の場合はどうか。〔**設例**〕では、Yに売買代金の支払いを命じる給付判決が確定しているから、Yは、後訴において、売買契約の不成立や無効事由のほか、基準時前における弁済・免除・更改などの債務消滅事由も主張することはできない。①の事実は、まさしく基準時前の事実であるから、後訴において主張することはできない。これに対して、②の事実は、基準時後に生じた事実であるから、後訴において主張することができる（なお、③と④の事実については、後述の◇**論点**◇を参照）。

◇　論　　点　◇

形成権の行使

　基準時前に発生していた取消権・解除権・相殺権などの形成権を基準時前に行使せず、基準時後に行使し、後訴において、その形成の効果である法律関係の変動を主張することは許されるか。法律関係の変動の時点に着目すれば、基準時後に新たな事由が生じたものとして、失権効は及ばないと考えられよう。しかし、それだけの考慮にとどまらず、それぞれの形成権の特性にも着目するのが一般である。

　詐欺などを理由とする**取消権**の行使については、前訴で審理の対象とされた法律行為の瑕疵にもとづくものであることから、前訴の段階で取消権を行使して法律関係の変動を主張すべきであったし、また主張することができたこと、さらに取消事由よりも重大な瑕疵であるとされる無効事由（公序良俗違反・錯誤など）の主張でさえ遮断されることとの釣り合いからみて、基準時後の行使は許されないとするのが通説・判例である（最判昭55・10・23民集34巻5号747頁・百選Ⅱ[142]事件）。**解除権**についても、結論として、失権効が及ぶとするのが通説・判例であるとみてよい（最判昭54・4・17判時931号62頁。なお、最判昭59・1・19判時1105号48頁・昭和57年度重判解129頁は、前訴での主張が容易でもなければ期待されていたともいえない場合には、失権効は及ばないとする）。**白地手形の補充権**についても同様である（最判昭57・3・30民集36巻3号501頁・百選Ⅱ[143]事件）。

これに対して，**相殺権**の行使については，前訴の被告が，前訴の訴訟物である債権とは直接に関係のない別個の債権を持ちだし，これを犠牲にするものであることから，基準時後の行使も許されるとするのが通説・判例である（最判昭40・4・2民集19巻3号539頁）。**建物買取請求権**についても，結論として，失権効は及ばないとされる（最判平7・12・15民集49巻10号3051頁・平成7年度重判解115頁）。

なお，このような状況の中にあっても，既判力は基準時に権利が存在していたことを確定するだけで，それが将来にわたって形成権の行使により消滅する可能性のないことまで確定するわけではないとして，基準時後における形成権の行使には，失権効は及ばないのが原則であるとする見解も有力である。また，最近では，基準時前の事実かその後の事実かで失権効の有無を判断する伝統的な時的限界論ではこの問題を解決することができないとし，当該事実を前訴判決の基準時前に提出することができた場合であったか否かと，その者の実体法上の地位との関係で前訴で提出しておくべき責任が認められるか否かとで，当該事実につき失権効が及ぶか否かを判断しようとする提出責任説も有力である。

〔参考文献〕
・高橋宏志「既判力と再訴」三ケ月古稀『民事手続法学の革新中巻』541頁（有斐閣，1991）
・中野貞一郎「形成権の行使と請求異議の訴」『強制執行・破産の研究』36頁（有斐閣，1971）
・上田徹一郎「遮断効と提出責任」『判決効の範囲』224頁（有斐閣，1985）

◇ **発展・研究** ◇

限定承認の主張と失権効

相続債権者が相続人を相手に給付訴訟を提起した場合において，相続債務の存在とともに限定承認の事実が認められたときは，「相続財産の限度で」支払いを命じる判決（留保付判決）をすべきものとされている（判例・通説）。そこで，次の2つの問題が生じる。

まず，相続人の立場からみて，前訴の基準時前に限定承認をしていたのに，前訴でそれを主張せず，無留保の判決が確定した後，後訴でそれを主張して，

責任の範囲を争うことが許されるかが問題となる。限定承認は，執行可能な債務者の責任財産を限定するものであるところ，執行段階ではじめて問題となる事由であるとして，基準時後の主張を許す見解もある。しかし，学説の多くは，基準時後における取消権や解除権等の行使と同じく，もっぱら防御的なものであるとして，既判力の失権効が及ぶと解している。

次に，相続債権者の立場からみて，留保付判決が確定した後，基準時前に存在していた限定承認と相容れない事実（民法921条の法定単純承認の事実など）を主張して，無留保の判決を得るため新たに訴えを提起することが許されるかが問題となる。判例は，「前訴の訴訟物は，直接には，給付請求権即ち債権（相続債務）の存在及びその範囲であるが，限定承認の存在及び効力も，これに準ずるものとして審理判断されるのみならず，限定承認が認められたときは…（略）…主文においてそのことが明示されるのであるから，限定承認の存在及び効力についての前訴の判断に関しては，既判力に準ずる効力があると考えるべきである」とし，訴えを却下するのが相当であるとしている（最判昭49・4・26民集28巻3号503頁・百選Ⅱ［146］事件）。もっとも，この「既判力に準ずる効力」もそうであるが，留保部分の拘束力をどのように解するかはこれからの課題であると思われる。

〔参考文献〕
・新堂幸司「責任限定を明示した給付判決の効力」『訴訟物と争点効（下）』1頁（有斐閣，1991）

§6 既判力の客観的範囲

〔設例〕 次の各場合において，前訴判決の既判力は後訴に及ぶか。
① 家主が，賃貸借終了にもとづく家屋明渡訴訟（前訴）で敗訴し，その後，所有権にもとづいて家屋明渡訴訟（後訴）を提起した場合
② 所有権にもとづく登記請求訴訟（前訴）で敗訴した被告が，その

後，原告を相手に所有権確認訴訟（後訴）を提起した場合
③　XがYを相手取り貸金100万円の支払いを求める訴えを提起した。この訴訟（前訴）において，Yは，Xに対して有する代金債権（反対債権）300万円のうち100万円をもって相殺するとの抗弁を提出し，これが認められ，「原告の請求を棄却する」との判決がなされ確定した。その後，Yは，Xを相手取り，同一の代金債権につき，300万円の支払いを求める訴訟（後訴）を提起した場合

　確定した終局判決における判断内容のうち，どんな事項についての判断に既判力が生じるかという問題がある。これが既判力の客観的範囲（物的限界）とよばれる問題である。

1　原則——判決主文中の判断
(1)　判決主文中の判断の原則
　既判力は，判決主文に「包含」される判断だけに生じるのが原則である（114条1項）。判決主文は，原告の訴訟上の請求（訴訟物）の当否についての判断を表示するものであるから，既判力は，訴訟物である権利または法律関係の存否についての判断だけに生じるのが原則だということである（なお，訴訟判決の場合には，当該訴訟要件欠缺についての判断だけに生じる）。
　それは，視点を変えれば，判決理由中の判断には生じないのが原則だということでもある。判決理由は，主文に表示した結論を導くにいたった判断過程を表示するものであるから，既判力は，主文中の判断の前提となる事実認定や法律解釈には生じないのが原則だということである。
　もっとも，主文の文言は簡潔であるから，主文がどんな事項を判断したものかを読み取ろうとするときは，多くの場合，事実や理由の記載を参照することにはなる。たとえば，認容判決の場合に，「被告は原告に金〇〇円を支払え」という主文だけでは，原告のどんな債権を存在するものと判断したのか分からないし，また，棄却判決の場合に，「原告の請求を棄却する」という主文だけでは，原告のどんな権利を存在しないものと判断したのか分からないため，それぞれ事実や理由の記載を参照することになる。ここに「包含」の意味がある。

(2) 根　　拠

　民事訴訟は，当事者（原告）が意識的に審判を求めた事項（訴訟物）をめぐる争いであるから，この事項についての判断に既判力を認めれば必要にして十分であり，この判断の前提にすぎない事実認定や法律解釈にまで既判力を認める必然性はない。また，そうなると，当事者としては当面の請求のみを考慮して訴訟を追行すればよく，前提問題についてはその訴訟限りで自由に処分することができるし（たとえば，些細な争点については，自白してもよかろう），裁判所としても実体法上の論理的順序に縛られることなく，弾力的かつ迅速に審理を進め，最短距離を選択して結論を下すことができることになる（たとえば，請求を棄却するには，複数併存する抗弁のうち，どれか1つでも認定できればよい）。

(3) 訴訟物との関係

　前述のように，既判力は，訴訟物についての判断に生じるものであるから，既判力の客観的範囲は，訴訟物の範囲と一致することになる。そこで，既判力の客観的範囲の判定にあたっては，新旧の訴訟物理論が決定的な役割を演じることになる。たとえば，家主が，賃貸借終了にもとづく家屋明渡請求訴訟（前訴）で敗訴し，その後，所有権にもとづく家屋明渡請求訴訟（後訴）を提起する場合（〔設例①〕の場合），旧訴訟物理論によれば，実体法上の請求権ごとに訴訟物が構成されるところ，前訴の訴訟物は，賃貸借終了にもとづく家屋明渡請求権であり，後訴の訴訟物は，所有権にもとづく家屋明渡請求権であるから，前訴判決の既判力は後訴に及ばないということになる。これに対して，新訴訟物理論によれば，同一の給付を求める実体法上の請求権が複数あっても訴訟物は1つとされるところ，前訴の訴訟物も後訴の訴訟物も，ともに同一家屋の明渡請求権（受給権）であるから，前訴判決の既判力は後訴に及ぶということになる。

　いずれにせよ，判決理由に示される事実認定や法律解釈には既判力は生じないから，訴訟物を異にする後訴ではこれと異なる判断も可能である（なお，本章§4の1(3)(b)を参照）。たとえば，利息請求の前訴において，たとえ元本債権の存在が判決理由中で認められていたとしても，元本請求の後訴において，元本債権の存在を争うことができる。また，所有権にもとづく登記請求訴訟で敗

訴した被告Yが，その後，原告Xを相手に所有権確認訴訟を提起した場合（〔設例②〕の場合）には，前訴の訴訟物は所有権の存否ではないため，前訴判決の既判力は後訴に及ばないということである（Y勝訴の可能性もあるということである）。もし当事者が前提問題たる法律関係の存否についても既判力による確定を望むのであれば，中間確認の訴え（234条）を提起し，この判断を主文に掲げさせればよい（なお，後述の◇論点◇と◇発展・研究◇を参照）。

2　例外──相殺の抗弁

　法の認める唯一の例外がある。すなわち，被告が相殺の抗弁を提出し，裁判所が判決理由中でその当否を判断したときは，訴訟上の相殺であると訴訟外の相殺であるとを問わず，訴求債権（受働債権）を消滅させるのに必要な額（「相殺をもって対抗した額」）に限り，反対債権（自働債権）の存否についての判断にも既判力が生じる（114条2項）。相殺の抗弁は，訴求債権を，これとは無関係な反対債権をもって対等額の限度で消滅させる抗弁であるため，これについての判断に既判力を認めておかないと，訴求債権の存否の争いが後に反対債権をめぐる争いとして蒸し返されることになり，判決による紛争解決が実効性をもたなくなってしまうというのが，その理由である。もっとも，この要請が認められるのは，請求の当否を審判するため反対債権の存否が実質的に判断された場合に限られるから，相殺の抗弁が時機に後れたものとして却下された場合（157条），相殺適状にない場合（民505条），相殺がそもそも許されない場合（民509条など）には，既判力は生じない。

　たとえば，〔設例③〕では，前訴において，被告Yが相殺の抗弁を提出し，裁判所が判決理由中でそれを認めているのであるから，Yの反対債権300万円のうち，相殺をもって対抗した額100万円については，既判力が生じるということになる（残額200万円については，既判力は生じない）。

　被告が相殺の抗弁を提出したときは，裁判所は，訴求債権の存在を認めたうえで，相殺の抗弁の当否を判断すべきである（この点で弁済や時効の抗弁とは扱いが異なる）。反対債権の不存在を理由に相殺の抗弁を排斥した場合には，反対債権の不存在について既判力が生じる。また，相殺の抗弁を認めて原告の請求の全部または一部を棄却した場合には，原告の訴求債権と被告の反対債権

とが共に存在しかつそれらが相殺により消滅したことについて既判力が生じるとする有力説もあるが，反対債権の不存在について既判力を認めれば足りるとするのが多数説である。いずれにせよ，既判力が生じるのは，相殺をもって対抗した額に限られるから，反対債権が訴求債権を超えるときは，対抗額を超える部分についての判断には既判力を生じない。反対債権がもともと不成立であるとして相殺の抗弁が排斥された場合でも，被告は対抗額を超える債権の存在を主張して残額請求することを妨げられない。

◇ 論　点 ◇

一部請求と残額請求

　数量的に可分な債権の一部のみを請求し勝訴または敗訴判決を受けた者が，後日，その残額（残部）を請求することが許されるかの問題がある。学説には，一部請求に対する判決の既判力は債権の一部の存否についてのみ生じ残部には及ばないとする見解，履行期の違いや担保権の有無などのように債権の一部を特定できる標識がない限り既判力は残部にも及ぶとする見解，特定の標識がなくても既判力は残部にも及ぶとする見解などがある。判例は，一部請求であることを明示していた場合には，既判力は残部に及ばないが（最判昭37・8・10民集16巻8号1720頁・百選Ⅱ〔147〕事件。なお，最判平10・6・12民集52巻4号1147頁・平成10年度重判解122頁は，明示的一部請求で敗訴した原告の残額請求は，特段の事情のない限り，信義則に反して許されないとする），そうでない場合（黙示の場合）には，既判力は残部にも及ぶとしている（最判昭32・6・7民集11巻6号948頁・百選Ⅱ〔148〕事件）。判例の見解は，原告の分割行使の自由を尊重すると同時に，被告の予期しえなかった応訴の煩わしさを考慮している点で，具体的妥当性を有するものとして，これを支持する見解も有力である。

　また，交通事故などによる損害賠償請求訴訟で勝訴した者が，その後の予測し得なかった後遺症の発生にもとづいて損害賠償を請求する場合についても，判例は，一部請求の理論で考え，前訴と後訴とでは訴訟物が異なるから，前訴判決の既判力は後訴に及ばないとしている（最判昭42・7・18民集21巻6号1559頁。なお，調停成立後の拡大損害につき，最判昭43・4・11民集22巻4号862頁・百選Ⅱ〔149〕事件）。しかし，学説では，時的限界の理論で考え，後遺症

の発生は前訴の基準時後に生じた事由とみる見解も有力である。

〔参考文献〕
・高橋宏志『重点講義民事訴訟法〔新版〕』88頁（有斐閣，2000）
・飯塚重男「判決の既判力と後遺症」鈴木忠一＝三ケ月章編『新・実務民事訴訟講座(4)』137頁（日本評論社，1982）
・小松良正「一部請求理論の再構成」中村（英）古稀『民事訴訟法学の新たな展開上巻』135頁（成文堂，1996）

◇ 発展・研究 ◇

争点効

伝統的な「訴訟物＝判決主文中の判断＝既判力の客観的範囲」という図式を厳格に貫くと，どうしても不自然な事態が生じ得る。たとえば，X（買主）のY（売主）に対する，売買契約にもとづく土地の明渡請求の前訴において，売買が無効とのYの抗弁が認められ請求が棄却された場合，前記の図式に従えば，売買が無効との判断は判決理由に示される判断であり既判力を生じないため，XのYに対する，売買の有効を理由とする土地の所有権移転登記請求の後訴が許されることになるし，また，XのYに対する，売買の無効を理由とする手付金の返還請求の後訴において，売買が有効とのYの抗弁も許されることになる。そこで，このような事態を避けるため，古くから，判決理由中の判断にも何らかの拘束力を認めようとする試みがなされてきたが，現在最も有力なのが争点効なる拘束力を認める見解である。

争点効とは，前訴で当事者が主要な争点として争い，かつ，裁判所がこれを審理して下したその争点についての判断に生じる通用力で，同一の争点を主要な先決問題とした異別の後訴請求の審理において，その判断に反する主張立証を許さず，これと矛盾する判断を禁止する効力をいう。争点効を正当化する根拠は，信義則ないし当事者の公平の理念である。争点効は，もともと当事者が争わない自由のある前提問題であっても，実際に争った以上はその結果を甘受すべきであるとの自己責任を内容とする点で，既判力が当事者の態度を問わず訴訟物についての判断に生じるのと大きく異なる。また，この違いから，既判力の有無は職権調査事項とされるのに対して，争点効の有無は当事者の主張を待って考慮すれば足りるとされている。争点効によれば，訴訟物を異にする後

訴においても前訴判決と論理的に矛盾しない解決が広い範囲で保障されることになり，判決による紛争解決の実効性が飛躍的に増幅しよう。

　学説は概ね争点効に好意的である。しかし批判もあった。その多くは争点効の適用要件が不明確であることを挙げた。そこで，争点効を支持する立場は，争点効は信義則が判決効の1つにまで定着した制度的効力だとみて，その適用要件の定式化をはかる立場と，争点効は単なる信義則の具体的発現だとみて，信義則の性質上，その適用要件の定式化をあきらめるべきとする立場とに分かれるにいたった。さらに，後者の流れの1つとして，判決理由中の判断につきずばり信義則による拘束力を認めつつも，勝訴当事者に対しては禁反言ないし矛盾挙動の原則を指標とし，敗訴当事者に対しては権利失効の原則を指標とすべきとの見解も現れた。

　判例は，争点効理論の登場を契機として，下級審において，肯定するもの（京都地判昭40・7・31下民集16巻7号1280頁など）と，否定するもの（大阪高判昭42・2・1下民集18巻1〜2号136頁など）が登場したが，最高裁は，判決理由中の判断は「既判力およびこれに類似する効力（いわゆる争点効）を有するものではない」と明確に否定した（最判昭44・6・24判時569号48頁・百選Ⅱ［145］事件）。その後の判例もこれを踏襲している（最判昭48・10・4判時724号33頁，最判昭56・7・3判時1014号69頁）。しかし他方で，最高裁は，訴訟物の枠を離れて，後訴の請求が前訴の請求の実質的な蒸し返しにあたる場合には，後訴の請求は信義則に照らして許されないとの理論を打ち出した（最判昭51・9・30民集30巻8号799頁・百選Ⅰ［15］事件）。その後も多くの判例がこの法理を支持しており，もはや判例法理として定着した感さえある（最判昭52・3・24金判548号38頁，最判昭59・1・19判時1105号48頁など）。もっとも，下級審の中には，前訴において主要な争点について攻防が尽くされたことを重視し，後訴の請求を支える主張が前訴の判決理由中で判断されている主張の蒸し返しと認められる場合には，後訴の主張は信義則に照らして許されないとの理論を打ち出すものもあり（東京地判昭63・12・20判時1324号101頁，東京地判平2・4・16判時1368号74頁，仙台地判平2・7・27判時1373号101頁など），争点効理論への傾倒もみられる。

〔参考文献〕
・新堂幸司『訴訟物と争点効（上）（下）』（有斐閣，1988・1991）
・吉村德重「判決理由中の判断」法政研究33巻3～6号449頁（1967）
・中野貞一郎「争点効と信義則」『過失の推認』201頁（弘文堂，1978）
・竹下守夫「判決理由中の判断と信義則」山木戸還暦『実体法と手続法の交錯（下）』72頁（有斐閣，1985）
・原強「判決理由中の判断の拘束力」民事訴訟法の争点［第3版］238頁（有斐閣，1998）

§7　既判力の主観的範囲

〔設例〕　Xは，Yに対し，家屋αを売買によって取得したと主張して，家屋の引渡しを求める訴えを提起した。この訴訟において，Xの主張が全面的に認められ，「YはXに家屋αを引き渡せ」との判決がなされ確定した。この判決の効力は次の者に及ぶか。
① 判決確定後にYが死亡したため，Yから家屋αを相続したYの子A
② 判決確定後にYから家屋αを買い受け，家屋αを占有しているB
③ この訴訟の係属前からYと同居している妻C
④ 判決確定後にYと結婚し同居している妻D

　既判力は誰に及ぶかという問題がある。これが既判力の主観的範囲（人的限界）とよばれる問題である。

1　原則——既判力の相対性

　既判力は，対立する当事者（原告・被告）間にのみ及ぶのが原則である（115条1項1号）。これを既判力の相対性（相対効の原則）という。民事訴訟は，当事者間の私的紛争を解決するための制度であるから，確定判決の判断内容も当事者間を相対的に拘束すれば必要にして十分である。またそのために，処分

権主義および弁論主義のもとで訴訟が追行されるのであるから、訴訟の結果は当事者のみが甘受すべきであって、訴訟を追行する機会のなかった第三者に対してこれを甘受させることは、第三者の裁判を受ける権利を奪うことになり許されない。

2　例外——第三者への拡張

既判力は、対立する当事者間にのみ及び、第三者には及ばないのが原則である。ただし、法は、当事者間における紛争解決の実効性を確保する必要から、当事者と一定の関係にある第三者に既判力を拡張する場合を認め、さらに、法律関係を画一的に処理する必要から、一般第三者に既判力を拡張する場合を認めている。

(1)　訴訟担当の場合の利益帰属主体

他人の権利義務につき当事者として訴訟を追行する資格を有する者（訴訟担当者）の受けた判決は、その他人すなわち訴訟物たる権利義務の利益帰属主体（被担当者）に対しても既判力が及ぶ（115条1項2号）。任意的訴訟担当の場合には被担当者の意思により、法定訴訟担当の場合には法律上の特別の規定により、それぞれ訴訟担当者がいわば被担当者を代行して訴訟を追行してきたわけだからである。被担当者は訴訟担当者が訴訟追行権を欠いていたことを主張するほかに自己固有の防御方法をもたない（なお、後述の◇**論点**◇1を参照）。

(2)　口頭弁論終結後の承継人

既判力の基準時後（事実審の口頭弁論終結後）に、訴訟物についての法的地位を当事者または訴訟担当の場合の利益帰属主体から承継した者は、当事者の受けた判決の既判力に拘束される（115条1項3号）。そうでないと、ことに敗訴した当事者が係争物を第三者に譲渡することで、当事者間の訴訟の結果は無駄なものとなり、判決による紛争解決の実効性が失われるからである。承継の前主が、原告か被告か、勝訴者か敗訴者かを問わない。また、承継の態様が、一般承継（相続・合併など）であると、特定承継（債権譲渡・債務引受など）であるとを問わない。さらに、承継の原因が、任意処分（売買・遺贈など）であると、国家による強制処分（転付命令・競売など）であると、法律上当然の承継（相続など）であるとを問わない。〔**設例①**〕のAは、判決確定後に敗訴

被告Yから家屋αを相続した者であるから，Yの受けた判決の既判力に拘束されることになる（なお，〔**設例②**〕については，後述の◇**論点**◇2を参照）。

(3) 請求の目的物の所持者

請求が特定物の現実の引渡しを目的とするものである場合において，その目的物の所持につき自己固有の利益をもたず，もっぱら当事者，訴訟担当の場合の利益帰属主体または口頭弁論終結後の承継人のために所持している者は，当事者の受けた判決の既判力に拘束される（115条1項4号）。たとえば，家族，同居人，管理人，受寄者などがこれにあたる。これらの者は，もっぱら当事者のために目的物を所持しているにすぎず，自己固有の利益をもたない以上，引渡請求に関する限り当事者と同視して既判力を及ぼしても，所持者の固有の利益を害する心配がないからである。この趣旨からして，引渡請求が物権的請求権にもとづくものか債権的請求権にもとづくものかを問わないし，目的物が動産か不動産かも問わない。また，基準時前からの所持者も含む。〔**設例③**〕の妻Cは基準時前からの同居人であり，〔**設例④**〕の妻Dは基準時後からの同居人であるから，両者とも敗訴被告Yの判決に拘束されることになる。

これに対して，賃借人や質権者などのように，自己固有の利益のために目的物を占有する者は，同時に当事者の占有代理人であっても，ここでいう所持者にはあたらないと解されている。また，法定代理人や法人の代表者など，当事者の所持機関による所持は，当事者の占有であるから，ここでいう所持者にはあたらない。雇人の主人の住居・店舗内における雇人の所持もその一例である。

なお，目的物につき名義上は所有者であっても引渡請求の執行を免れる目的で債務者から仮装譲渡を受けた者は所持者と解すべき余地がある。所有権移転登記請求の被告から通謀虚偽表示により目的物の移転登記名義を得た者を本条項を類推して所持者と解した判例があり（大阪高判昭46・4・8判時633号73頁・百選Ⅱ［153］事件），多くの支持を得ている。

(4) 訴訟脱退者

第三者が独立当事者参加（47条），参加承継（49条・51条），引受承継（50条・51条）によって当事者となったため，従来の当事者の一方が訴訟から脱退した場合には，参加または引受けをした者と相手方との判決は，脱退した者に対しても既判力その他の効力を及ぼす（48条）。

(5) 一般第三者

通常の訴訟は，対立する当事者間の紛争を個別的相対的に解決すれば足りるから，既判力を第三者に及ぼす必要はない。しかし，身分関係や団体関係をめぐる訴訟の中には，個別的相対的に解決すると余計に利害関係人の法律生活を混乱させるおそれを生じるものがあるため，法律関係を画一的に処理する必要から，既判力を一定範囲の第三者または一般の第三者にも及ぼす場合が認められている。

(a) **限定的拡張** 集団的債権処理手続の実効性を確保する必要から，一定範囲の第三者に既判力が拡張される場合がある。たとえば，破産債権確定訴訟の判決は，破産債権者全員に対して効力を生じる（破250条）。また，更生債権・更生担保権確定訴訟の判決は，更生債権者・更生担保権者・株主の全員に対して効力を生じる（会更154条）。

(b) **一般的拡張（対世効）** 広く一般の第三者に既判力が拡張される場合がある。すなわち，対世効を生じる場合がある。たとえば，婚姻無効，婚姻取消，離婚，離縁などの人事訴訟の判決は，認容判決であると棄却判決であるとを問わず，対世効を生じる（人訴18条1項・26条・32条1項。例外，18条2項）。身分関係の画一的確定の要請からである。また，会社の合併無効，設立無効，株主総会決議取消・無効・不存在，新株発行無効などの会社関係訴訟の判決は，認容判決の場合に限り，対世効を生じる（商109条1項・136条3項・247条2項・252条・280条ノ16など）。認容判決の効力が相対的であるとすると法律関係の収拾がつかなくなるからである。

◆ 論　点 ◆

1　債権者代位訴訟と既判力の拡張

債権者代位訴訟は，一般に法定訴訟担当の一例と考えられている。そこで，代位債権者（訴訟担当者）の受けた判決の既判力は，債務者（被担当者）に対して，有利にも不利にも及ぶと解するのが，伝統的な通説・判例である（大判昭15・3・15民集19巻589頁）。しかし，そう解すると，代位債権者の敗訴判決の既判力が訴訟に直接関与していない債務者に及ぶということにもなるが，それは，債務者の手続保障の観点から，必ずしも疑問がないわけではない。そこで，

この難点に対処すべく，いろいろと理論的再構成が試みられている。

1つは，法定訴訟担当を，債権者代位訴訟の場合のように，担当者の利益と被担当者の利害が鋭く対立・拮抗する関係にある対立型訴訟担当と，破産管財人を当事者とする訴訟の場合のように，担当者の権限が被担当者の権限を吸収する関係にある吸収型訴訟担当とに区別し，対立型訴訟担当の場合には，既判力は債務者の有利にのみ片面的に拡張されるとする説である。この説は，債務者の手続保障に厚いが，この説によると，第三債務者は，代位債権者に勝訴しても，なお債務者から同一の債権で再び訴えられる可能性が残る点で負担が大きい。

もう1つは，債権者が債務者に対して訴訟告知をした場合には，債務者が参加しなかったとしても，既判力は債務者の有利にも不利にも全面的に拡張されるとする説である。さらに，代位債権者は，訴え提起に際して遅滞なく債務者に対して訴訟告知をすべきとし（商268条3項の類推），その上で，訴訟告知がなされるまでは被告（第三債務者）は応訴を拒むことができ，一定期間内に訴訟告知がなされなければ訴えは不適法なものとして却下されるが，訴訟告知がなされた場合には，債務者が訴訟参加したか否かにかかわらず，既判力は債務者の有利にも不利にも全面的に拡張されるとする説もある。これらの説は，債務者の手続保障に厚いばかりか，これらの説によると，既判力の全面的拡張によって紛争の一回的解決をはかることができる。現在の有力説である。

〔参考文献〕
・三ケ月章「わが国の代位訴訟・取立訴訟の特異性とその判決の効力の主観的範囲」『民事訴訟法研究第6巻』1頁（有斐閣，1962）
・福永有利「当事者適格理論の再構成」山木戸還暦『実体法と手続法の交錯（上）』34頁（有斐閣，1985）
・池田辰夫『債権者代位訴訟の構造』（信山社，1995）
・上原敏夫「訴訟担当における判決効」民事訴訟法の争点［第3版］248頁（有斐閣，1998）

2　口頭弁論終結後の承継人の範囲

口頭弁論終結後の承継人の範囲については，議論が多い。

まず問題となるのは，既判力の基準時後に，当事者から何を承継した者が既

判力の拡張を受ける承継人となるかである。古くは，訴訟物に関する権利または義務そのものを承継した者と解されていた（**依存関係説**）。しかし，それでは狭きに失するとして，訴訟物についての当事者適格を伝来的に承継した者と解するのが最近までの通説的見解である（**適格承継説**）。これによれば，貸金返還請求訴訟の勝訴原告から債権を譲り受けた者や，敗訴被告から債務を引き受けた者のみならず，土地の所有権にもとづく建物収去土地明渡請求訴訟の敗訴被告から建物を譲り受けあるいは賃借して土地を占有した者なども含むことになる。もっとも，当事者適格の有無は，訴訟物たる権利関係を基準として決まるので，適格承継説のもとでは，訴訟物理論の違いにより，承継人の範囲に差異を生じる場合がある。たとえば，建物収去土地明渡請求訴訟の敗訴被告から建物を譲り受けあるいは賃借して土地を占有した者の場合，実体法上の性質と結合する旧訴訟物理論によれば，その請求が対世的な物権にもとづくものであれば承継人となるが，対人的な債権にもとづくものであれば承継人とならない。これに対して，実体法上の性質を捨象する新訴訟物理論によれば，その請求が物権にもとづくものであれ，債権にもとづくものであれ，一律に承継人となる（ただし，物権を背後に控えた取戻請求権とそうでない交付請求権とを区別して，後者の場合には承継人とはならないと解する説もある）。判例は，訴訟物たる権利関係の実体法上の性質を問題としていない（裁判上の和解調書に関するものであるが，土地の賃貸借終了にもとづく事案につき，大決昭5・4・24民集9巻6号415頁，最判昭26・4・13民集5巻5号242頁）。なお，最近では，建物収去土地明渡請求訴訟の敗訴被告から第三者が建物を賃借して土地を占有した場合のように，前訴と後訴で訴訟物が異なるとみる余地がある場合については，適格承継説では説明が困難であるとして，当事者適格の承継に代えて紛争の主体たる地位の承継だとする説も有力である（**紛争主体承継説**）。また，承継は訴訟法上の基準ではあるが，当事者と第三者との実体私法上の法的地位の依存関係の有無こそがその決定的な判断基準であると解する説も注目を集めている（**法的地位依存関係説**）。

次に問題となるのは，前述の基準を満たす第三者が自己固有の実体的地位（ないし抗弁）を有する場合に，この第三者をなお既判力の拡張を受ける承継人とみるべきかである。たとえば，①買主提起による所有権移転登記請求訴訟

で敗訴した売主から二重譲渡を受け、基準時後に移転登記を経て対抗要件を具備した者（民177条参照）や、②虚偽表示を理由とする所有権移転登記請求訴訟で敗訴した者から、基準時後に善意で目的物を譲り受け移転登記を経た者（民94条2項参照）が問題となる。これについては、形式説と実質説が対立する。**形式説**は、自己固有の実体的地位を有する第三者といえども、基準時後に当事者から登記や占有を取得しているからには既判力の及ぶ承継人であるとし、その上で、承継人の独自の抗弁は、基準時後の事由として後訴で争うことができるものとする。これに対して、**実質説**は、基準時後に当事者から登記や占有を取得した第三者といえども、自己固有の実体的地位を有しているからにはもはや既判力を及ぼすべき承継人にはあたらないとする。判例は実質説に立つものとみられる（前例①につき、最判昭41・6・2判時464号25頁。前例②につき、最判昭48・6・21民集27巻6号712頁・百選Ⅱ［152］事件）。いずれの説に立つにしても、第三者の固有の抗弁は考慮されるから、結論的にはそれほど大差がない（その対立がより鮮明になるのは、訴訟の場面ではなく、むしろ執行の場面である）。

〔参考文献〕
・兼子一「訴訟承継論」『民事法研究第1巻』1頁（酒井書店、1950）
・三ケ月章「特定物引渡訴訟における占有承継人の地位」『民事訴訟法研究第1巻』285頁（有斐閣、1962）
・上田徹一郎「原始取得と既判力の主観的範囲の拡張の限界」『判決効の範囲』32頁（有斐閣、1985）
・伊藤眞「口頭弁論終結後の承継人」民事訴訟法の争点［第3版］244頁（有斐閣、1998）

◇ 発展・研究 ◇

1 反 射 効

相対効の原則を厳格に貫くと、どうしても不自然な結果が生じ得る。たとえば、X（債権者）のY（主債務者）に対する貸金返還請求の前訴において、主債務の不存在が認定され、Xの請求が棄却された場合、相対効の原則に従えば、X・Y間の既判力はZ（保証人）に及ばないため、XのZに対する保証債務履行請求の後訴において、前訴とは反対に主債務の存在が認定され、Zが保証債

務の履行を命じられることもあり得るが、しかし、これは保証債務の附従性（民448条）からすれば不自然な結果である。そこで、このような事態を避けるため、さまざまな試みがなされてきたが、現在最も有力なのが反射効（反射的効力）なる拘束力を認める見解である。

反射効とは、第三者が直接に判決の既判力を受けるわけではないが、当事者間に既判力の拘束力のあることが、当事者と特殊な関係（実体法上の依存関係）にある第三者に対し、反射的に利益または不利益な影響を及ぼす効力である。たとえば、主債務者が債権者との間の訴訟で勝訴し、債権者に弁済する必要がなくなれば、保証債務の附従性（民448条）から、保証人は、主債務者勝訴の確定判決を自己に有利に援用することができる。また、合名会社が会社債権者との間で受けた判決の効力は、商法80条・81条との関係で、社員に対し有利にも不利にも及ぶ。

学説は、反射効を認めるのが多数説である。しかし、実体法上の依存関係を基礎として既判力の拡張で処理すべきとする説や、既判力の拡張と同じく明文の規定のない限り承認すべきでないとする説もある。さらに、最近では、手続法上の観点からも検討を加え、反射効を支持する見解も現れている。

判例は、反射効を認める下級審判決も若干あるが、最高裁は反射効に否定的である（土地所有者の借地人に対する賃貸借解除を理由とする建物収去土地明渡請求を認容した判決が、土地の転借人や転借人所有の地上建物の賃借人に反射効を及ぼすかが争われた事案につき、最判昭31・7・20民集10巻8号965頁。債権者と連帯保証人との間の訴訟で保証人敗訴の判決が確定した後、債権者と主債務者との間の訴訟で債務不存在を理由に主債務者勝訴の判決が確定したため、保証人が主債務者の勝訴判決を援用して自己の敗訴判決にもとづく強制執行に対する請求異議の訴えを提起した事案につき、最判昭51・10・21民集30巻9号903頁・百選Ⅱ［156］事件。不真正連帯債務者の一人の提出した相殺の抗弁を認めた判決の効力が、不真正連帯債務者の他の一人と債権者との訴訟に及ぶかが争われた事案につき、最判昭53・3・23判時886号35頁・百選Ⅱ［157］事件）。

〔参考文献〕
・高橋宏志『重点講義民事訴訟法［新版］』636頁（有斐閣、2000）
・鈴木正裕「既判力の拡張と反射的効果(1)(2)」神戸法学雑誌9巻4号508頁・10巻1号

37頁（1960）

2 法人格否認の法理と判決効の拡張

いわゆる法人格否認の法理が適用される事案においては、当該法人に対する判決効（既判力・執行力）が、当該法人と同視される第三者（形骸化事例では背後者、濫用事例では新法人）にまで拡張されるかが問題となる。判例は、訴訟手続や執行手続の明確性・安定性を理由にこれを否定する（濫用事例につき、最判昭53・9・14判時906号88頁・百選Ⅱ［155］事件）。

学説は、否定説も少なくないが、最近では、形骸化事例に限り肯定する見解や、形骸化事例と濫用事例のいずれについても肯定する見解など、判決効の拡張に肯定的な見解が多数を占める。いずれにせよ、実体面の否認と手続面の否認とでは異なる面があり、後者のほうに明確性・安定性の要請が強く働くことは確かであるため、その適用範囲をより絞り込む点では一致している。

〔参考文献〕
・奥山恒朗「いわゆる法人格否認の法理と実際」鈴木忠一＝三ケ月章監修『実務民事訴訟講座(5)』157頁（日本評論社、1969）
・吉村德重「執行力の主観的範囲と法人格否認」大石忠生ほか編『裁判実務体系7民事執行訴訟法』3頁（青林書院、1986）

§8 執 行 力

1 執行力とは

執行力（狭義の執行力）とは、給付判決で宣言された給付内容を強制執行によって実現することができる効力をいう。執行力は、給付判決にのみ生じ、確認判決や形成判決には生じない。執行力は、判決の確定を待って生じるのが原則であるが、仮執行宣言（本章§10の1参照）を得ると、判決の確定を待たずに生じる（民執22条1号・2号。その他に執行力を生じるものとして、同3号～7号参照）。

なお、確定判決にもとづいて、強制執行以外の方法によって判決内容に適合

した状態を実現することができる場合が認められている。たとえば，戸籍簿の記載や訂正を申請したり（戸籍63条・77条・79条・116条），登記の抹消や変更（不登27条）を申請したりすることである。これを確定判決の効力とみて広義の執行力とよんでいる。広義の執行力は，給付判決に限らず，確認判決や形成判決でも生じる。

2 執行力の範囲

(1) 時的範囲

執行力は，既判力と同じく，事実審の口頭弁論終結時を基準時として生じる（民執35条2項参照）。

(2) 客観的範囲

執行力の客観的範囲は，判決主文の記載で決まる。その限りで，新旧の訴訟物理論による差異を生じないし，判決理由中の判断につき執行力を問題とする余地もない。

(3) 主観的範囲

執行力の主観的範囲は，既判力と同じく，当事者のほか，訴訟担当の場合の利益帰属主体，口頭弁論終結後の承継人，およびこれらの者のために請求の目的物を所持する者にも及ぶ（民執23条1項・2項。なお，27条参照）。

§9 形 成 力

1 形成力とは

形成力とは，形成判決で宣言された法律関係の変動（発生・変更・消滅）を現に生じさせる効力をいう。形成力は形成判決にのみ生じる。形成力も判決の確定を待って生じる。たとえば，離婚判決が確定すると，婚姻関係は解消する。

2 形成力の範囲

(1) 時的範囲

　形成力は，既判力と同じく，事実審の口頭弁論終結時を基準時として生じる。ただし，法律関係の変動の効果が遡及するか否かは，個別の実体法的考慮によって判断される。たとえば，嫡出否認（民775条）や認知（民784条）については，遡及効を認めて，変動の効果を徹底させる必要があるが，離婚（民770条），婚姻取消（民748条），合併無効（商110条），設立無効（商136条3項・428条3項）については，変動の効果を将来に向かってのみ確実かつ画一的に生じさせれば足り，従来の法律関係はむしろそのまま認めて利害関係人の安定をはかることになる。

(2) 客観的範囲

　形成力の客観的範囲は，判決主文の記載で決まる。その限りで，新旧の訴訟物理論による差異を生じないし，判決理由中の判断につき形成力を問題とする余地もない。

(3) 主観的範囲

　形成力の主観的範囲は，実定法で個別的に定められていることが多い。たとえば，婚姻無効，婚姻取消，離婚，離縁などの人事訴訟の判決については，対世効を生じる旨の規定がある（人訴18条1項・26条・32条1項。例外，18条2項）。また，合併無効，設立無効，株主総会決議取消・無効・不存在，新株発行無効などの会社関係訴訟の判決については，認容判決の場合に限り，対世効を生じる旨の規定がある（商109条1項・136条3項・247条2項・252条・280条ノ16など）。なお，株主による解散請求（商406条ノ2）や取締役の解任請求（商257条3項）に対する認容判決などについては，対世効を認める必要があるが，それを定める規定がないため，解釈で対世効を認められるか争いがある。

§10　終局判決に付随する裁判

1　仮執行宣言
(1)　仮執行宣言とは
　仮執行宣言とは，未確定の終局判決に，確定した場合と同様の執行力を付与する裁判をいう。判決は確定を待って執行力を生じるのが原則であるが，そうなると，敗訴した被告が判決に対して上訴を提起するときは，判決の確定が遮断され，執行力の発生が遅れ，それに応じて勝訴原告の早期権利実現の利益が損なわれることになる。また，敗訴被告が執行の引き延ばしを狙って故意に上訴するという弊害も考えられる。そこで，勝訴原告の早期権利実現の利益と敗訴被告の上訴の利益との調和をはかるために認められたのが仮執行宣言である。なお，仮執行宣言の付された終局判決を仮執行宣言付判決という。

(2)　仮執行宣言の要件
　仮執行宣言は，財産権上の請求に関する判決につき，仮執行の必要性がある場合に付することができる（259条1項。なお，310条前段参照）。財産権上の請求であれば，仮執行終了後に上級審で請求が棄却されても，通常は原状回復が比較的容易であり，金銭賠償で収拾がつくからである。仮執行の必要性の有無は，裁判所の裁量によって判断される。

(3)　仮執行宣言の手続
　仮執行宣言は，原則として，申立てによりまたは職権で，終局判決の主文中で行う（259条1項4項。例外的に，必ず職権で行う場合につき，259条2項・376条1項，決定で行う場合につき，259条5項・294条・323条）。裁判所は，勝訴原告に対し，無条件でまたは担保の提供を条件として仮執行を許し（259条1項など），敗訴被告に対しては，担保を提供すれば仮執行を免れうることを宣言することができる（259条3項。仮執行免脱宣言）。

(4)　仮執行宣言の効力
　仮執行宣言の付された終局判決は，確定を待たずに，言渡しと同時に執行力を生じる（民執22条2号）。仮執行宣言付判決にもとづく強制執行（仮執行）は，確定判決にもとづくそれと同様であって，執行そのものが仮というわけでなく，

権利の終局的実現の段階まで進む。仮執行宣言は，判決の確定前にその宣言が変更されるか，またはその基本である終局判決が変更されると，その限度で失効する（260条1項。なお，同条2項3項も参照）。この失効は遡らない。

2 訴訟費用の負担の裁判

(1) 訴訟費用とは

訴訟費用とは，訴訟の追行に必要な諸経費をいう。訴訟費用の範囲とその額は，民事訴訟費用等に関する法律で定められている。訴訟費用には，裁判費用と当事者費用とがある。**裁判費用**とは，当事者から裁判所に納めるべき費用をいい，手数料（印紙の貼用）と立替金（証人・鑑定人の旅費・日当・宿泊料，送達の費用など）とに分かれる。**当事者費用**とは，裁判費用以外の費用であり，当事者が裁判所以外の者に支払うべき費用をいう（訴状などの書記料，当事者の旅費・日当・宿泊料など）。なお，訴訟費用には，いわゆる**弁護士費用**を含まないのが原則である（例外については，155条2項，民訴費2条11号参照）。

(2) 訴訟費用の敗訴者負担の原則

訴訟費用は，原則として，敗訴者が負担する（61条）。一部敗訴の場合には，裁判所が裁量で定める（64条）。共同訴訟の場合には，共同訴訟人間での平等負担が原則である（65条）。なお，例外的に，当事者間の公平の見地から，勝訴者に負担させる場合が認められている（62条・63条）。

(3) 訴訟費用の負担の裁判

裁判所は，事件を完結する裁判において，職権で，その審級における訴訟費用の全部について，訴訟費用の負担の裁判をしなければならない（67条）。この裁判のみに対する独立の上訴は認められていない（282条・313条）。なお，和解で完結した場合については，68条を，訴えの取下げや請求の放棄・認諾で完結した場合については，73条を参照されたい。

(4) 訴訟費用額の確定手続

前述(3)の裁判においては，訴訟費用の負担者とその割合が定められるのみである。したがって，その額が確定しなければ，償還を求めたり，執行をすることができない。そこで，訴訟費用の負担の裁判が執行力を生じた後に，申立てにより，第一審裁判所の書記官が定めることとされている（71条）。

第9章　複雑訴訟

§1　請求―訴訟物概念

1　訴訟物概念

〔設例〕　Xは，Yバス会社の主催した日帰りツアーに参加し，バスに乗車していたが，バスの運転手の運転ミスでバスがカーブを曲がりきれずに横転し，負傷してしまった。Xは，治療費や慰謝料合計500万円の損害賠償を請求するため，Yバス会社を訴えた。この場合，以下の事例は，訴訟物理論によって結論が異なるか。

①　Xは，Yバス会社に対して不法行為を理由とする損害賠償請求と，債務不履行を理由とする損害賠償請求とを合わせて申し立てた場合。

②　Xは，当初Yバス会社の不法行為を理由とする損害賠償請求を提起したが，訴訟係属中，これに債務不履行を理由とする損害賠償請求に変更した場合。

③　Xは，当初提起した不法行為を理由とする損害賠償請求訴訟の係属中，他の裁判所に債務不履行を理由とする損害賠償請求の訴えを提起した場合。

④　Xは，当初提起した不法行為を理由とする損害賠償請求の訴えで敗訴（判決確定）したため，再度，債務不履行を理由とする損害賠償請求の訴えを提起した場合。

(1) 意　　義

　民事訴訟における審理・判決の対象を，**訴訟対象**，**訴訟上の請求**，または**訴訟物**とよぶ。このうち，訴訟上の請求という用語は，もともと民事訴訟の1つである給付訴訟の審判の対象が実体法上の請求権であると考えられていたことに由来する。しかし，その後，確認訴訟や形成訴訟の存在が承認されるに及び，請求権だけでなく，支配権や形成権もまた審判の対象となることが認識されるにいたったが，現在なお審判の対象を表す概念として，訴訟上の請求という用語が使用されている。

　なお，訴訟上の請求とは，一定の権利または法律関係の主張をさし，そこで主張されている権利または法律関係自体を訴訟物として区別して用いる見解もある。さらに，近時，相手方に対する権利または法律関係の主張を狭義の訴訟上の請求，給付・確認・形成という裁判要求の種類をも含めた意味での訴訟上の請求を広義の訴訟上の請求として区別する見解もある。

　ところで，審判の対象としての訴訟対象を構成するものとはなにかについては，昭和30年代に入り，わが国において活発な論争が展開された（訴訟物論争）。ドイツでも，当初は個々の実体法上の請求権を訴訟対象と考える実体法説が採られたが，その後訴訟対象を実体法上の請求権から切り離して考える訴訟法説が支配的となった。そして，この訴訟法説は，さらに訴訟対象を裁判所に対する判決の要求であるとみる説（要求説）と，相手方に対する権利主張であるが，実体法上の請求権による分断を認めない説（権利主張説）とに分かれる。また，訴訟対象は申立てのみにより特定されるとみる見解（一肢説）と，申立てと事実関係により特定されるとみる見解（二肢説）とが主張されている。なお，近時，わが国において，訴え却下の訴訟判決が言い渡される場合をも考慮に入れ，「原告の判決要求」を「形式的な審判の対象」とよび，「原告の権利主張」（すなわち請求）を「実質的な審判の対象」と読んで，両者を使い分ける見解が主張されており，注目される（林屋礼二『新民事訴訟法概要』48頁〔2000〕）。

　他方，アメリカでは，訴訟対象に相当する概念は，既判事項の原則との関係での「訴訟原因」または「請求」であると考えられ，それは，現在のところ「同一の事件」という観点からかなり広く定義されている。そして，それは，

原告が同一の事件から生じた被告に対する数個の請求を有する場合，原告はそれらの請求を併合して訴えなければならないのであり，その訴訟で併合されなかった請求にもとづく後訴の提起は許されないとする必要的請求併合のルールに相当するものと考えられている。

(2) わが国の学説——訴訟物論争

わが国において昭和30年代に新・旧両訴訟物理論により展開された訴訟物論争は，いわゆる訴訟物の4つの試金石といわれる訴えの併合，訴えの変更，重複訴訟，および既判力の客観的範囲の問題を中心として展開された。そこで，まず，これらの見解について概観することにする。

(a) 旧訴訟物理論　この見解は，民事訴訟における訴訟対象（請求・訴訟物）は，個々の実体法上の請求権により構成されるとみるものである（実体法的訴訟対象論）。この見解によれば，上記の〔設例①〕のような請求権競合の事例では，不法行為にもとづく損害賠償請求権と債務不履行にもとづく損害賠償請求権とは実体法上別個の請求権であり，異なる訴訟対象を構成するから，これらの双方を併せて訴えると請求の併合（136条）が生じることになる。

次に，〔設例②〕では，Xが最初に不法行為にもとづく損害賠償請求権にもとづいて訴えを提起した後，訴訟係属中にこれを債務不履行にもとづく損害賠償請求権に変更することは，両者が別個の訴訟対象であるから，訴えの変更（143条）となる。〔設例③〕では，Xが不法行為を理由とする訴訟の係属中，他の裁判所に債務不履行を理由とする訴えを提起しても，両者は別個の訴訟対象であるから，重複訴訟の禁止（142条）に触れない。〔設例④〕では，不法行為にもとづく損害賠償請求につき敗訴判決が言い渡され確定しても，既判力（114条）はその請求についてのみ生じ，Xは，再度債務不履行にもとづく後訴を提起することができることになる。

(b) 新訴訟物理論　この見解は，旧訴訟物理論によると，設例のような請求権競合の事例では，社会的に一個の紛争が実体法上の請求権により分断され妥当でないこと，また旧訴訟物理論は，数個の実体法上の請求権が併合される場合を選択的併合と構成するが，そのような構成自体が各請求権ごとに訴訟物が異なるとする旧理論の前提と矛盾すること等を指摘する。そして，民事訴訟の訴訟対象は，個々の実体法上の請求権から切り離された，相手方に対して一

定の給付を求める法的地位または受給権である，と構成する。この見解によれば，上記①の設例では，被告に対し500万円の損害賠償を求める一個の法的地位が訴訟物であり，したがって，不法行為と債務不履行の双方の請求権を主張しても，請求の併合は生じない。〔**設例②**〕では，Xは，初めから一個の訴訟物だけを有しているから，請求原因を債務不履行から不法行為に変更しても，単に理由付けを変更したにすぎず，訴えの変更とならない。〔**設例③**〕では，XはすでにYに対して損害賠償を求める一個の訴訟物について訴えを提起しており，その訴訟の係属中に他の理由にもとづき別の裁判所に訴えを提起しても，両者の訴訟物は同一だから，重複訴訟禁止の原則に触れ許されない。そして，〔**設例④**〕では，XのYに対する不法行為にもとづく前訴について敗訴判決が確定すると，その判決はXのYに対する損害賠償の要求という一個の訴訟物について既判力を生じさせるから，その後債務不履行を理由とする後訴を提起しても，両者の訴訟物は同一であり，既判力に抵触して許されないことになる。このような結論は，上述の給付訴訟だけでなく形成訴訟にも当てはまる。これに対して，確認訴訟は，権利または法律関係の確定による将来の紛争の予防をその目的とするから，その訴訟対象は旧訴訟物理論と同一の結論となるとする。

(3) **訴訟物論争後の展開**

上述のような訴訟物論争は，その後新たな２つの方向での学説の発展を生じさせるに至った。第１に，新旧訴訟物理論の対立を通して，新実体法説等の新たな訴訟対象論が主張されることとなった。また，第２に，訴訟物論争を通して訴訟物概念の役割が再検討された結果，いずれかの訴訟対象論を採ることにより，訴えの併合，変更，重複訴訟，および既判力の客観的範囲という問題が一義的に決定されるとする態度が反省され，訴訟物概念の有用性を前提としつつ，なおそれぞれの問題領域について個別的検討が必要であることが認識された。そこで，まず訴訟物論争後の新たな訴訟物理論の展開について概観し，その後に，とくに重複訴訟と既判力の客観的範囲の領域における訴訟物概念の役割について概観することにする。

(a) **新たな訴訟対象論の登場** (イ) **新実体法説** この説は，新訴訟物理論が，訴訟対象から実体法上の請求権を切り離した点を反省し，訴訟対象を実体法上の視点から再構成しようとする見解である。これらの学説には，まず第

1に，観念的には数個の実体法上の請求権が存在する場合でも，実在としては単一請求権のみが存在するものとみる見解がある。第2に，観念的には数個の請求権が存在する場合でも，処分対象（譲渡対象）としては一個としかみられないときは，社会的実在として，一個の実体法上の請求権のみが存在するとみる見解が主張される。第3に，ある生活事象が複数の法規の下に包摂される場合でも，実体法秩序が特定の一個の給付だけを是認するにすぎないときは，真に法的に保護すべき利益＝実体的請求権は，一個しか成立せず，その請求権は，基礎をなす複数の法規の総体により決定される統一的な属性（法的性質）を持つとする見解が主張される。そして，第4に，第3の見解のように，その法的効果（請求権の属性）に関して規範統合を行うだけでなく，その構成要件についても規範統合を行うべきであるとする見解も主張されている。

(ロ) 二肢説（二分肢説）　この説は，原告が申立て（請求の趣旨）を理由づけるために主張する事実関係との関係で，申立てに理由があるか否かが裁判されるから，民事訴訟における訴訟対象は申立てと事実関係により特定されるとみる見解である。この説によれば，設例のバス事故の事例では，訴訟物は，一定金額の支払いを命じる判決の申立てと事故という事実関係により特定され，競合する実体法上の請求権はこの訴訟上の請求を理由づける法的観点（攻撃方法）にすぎない（松本＝上野・民訴［2版］142-143頁）。したがって，〔設例①〕では，訴えの併合にはならないし，〔設例②〕では訴えの変更の問題を生じさせない。また，〔設例③〕では，重複訴訟に該当し，〔設例④〕では，後訴の提起は，既判力に触れ許されないことになる。

(ハ) 相対的訴訟物説　この見解は，上述の二肢説を前提とし，訴訟物は申立てと事実関係により特定されるとする立場から，訴えの併合，変更，重複訴訟については二肢説と同一の結論をとる。これに対して，既判力の客観的範囲の問題については，裁判所は，判決に際し，訴訟要件が肯定される限り，実体法を適用して実体法上の権利（または法律関係）の存否を判断するのであり，裁判所によりその存否が判断され，既判力により確定されるのは，実体法上の一定の属性をもった権利であるとみる（中野貞一郎・民事訴訟法の論点Ⅰ46頁［1994］）。したがって，競合する請求権の一方のみを否定して損害賠償請求を棄却する判決が確定した場合，既判力の作用は他の請求権の存否に及ばず，別

の理由（信義則等）によるのでない限り，後訴における他の請求権の主張を妨げない，とされる（中野・前掲47頁）。

　(b)　訴訟物概念の役割の再検討　　訴訟物概念は，上述のように，従来，訴訟物の4つの試金石といわれる訴えの併合，変更，重複訴訟，および既判力の客観的範囲の問題について重要な意義を有するとされてきたが，近時，これらの問題のうち，とくに重複訴訟と既判力の客観的範囲の問題については，訴訟物概念のもつ役割が相対的に低下しつつある状況にあるといってよいであろう。そこで，次にこれらの問題と訴訟物概念の役割との関係について概観することにする。

　(イ)　重複訴訟　　当事者は，裁判所に係属する事件については，更に訴えを提起することができないと定める（142条）。これを重複訴訟禁止の原則という。この原則は，訴訟経済と矛盾判断の防止をその根拠としている。ところで，通説は，重複訴訟の要件である事件の同一性について，訴訟物の同一性と当事者の同一性をその判断基準としている。そこで，双方の訴訟の訴訟物が異なるならば，同一当事者間の訴訟であっても重複訴訟の要件を満たさないことになろう。これに対して，近時の有力説は，たとえ双方の訴訟の訴訟物が異なる場合でも，これらの訴訟がその主要な争点（攻撃防御方法）を共通にするときは，訴訟経済と矛盾判断防止の観点からそれらを重複訴訟として扱い，後発訴訟を先行訴訟の係属する裁判所に移送したうえで，弁論を併合すべきであるとする（新堂・新民訴195頁）。

　(ロ)　既判力の客観的範囲　　(i)　手続事実群による調整　　この見解は，ある訴訟において「主要な争点」とされるものと，それに関連して相手方当事者が最終決着がついたと期待する争点，すなわち「決着期待争点」とが一致しない場合，その相手方の期待を保護することが，他方当事者の態度を含めた手続経過ないし紛争過程のもろもろの状況（手続事実群）から，公平であると認められるときは，訴訟上の請求を前提とする既判力の客観的範囲を超えた遮断効を肯定する見解である（新堂・新民訴616頁）。

　(ii)　提出責任論　　この見解は，判決効の根拠を裁判官による判断を前提とした判断効とみるのではなく，攻撃防御方法レベルでの提出責任効と構成するとともに，後訴に対する作用の点では，拘束力としてではなく，一事不再理効

として把握する。そして，当事者がどのような攻撃防御方法について提出責任を負担するかは，訴訟物概念によってではなく，紛争過程における当事者間の役割分担にもとづいた提出責任規範により決定されるべきであるとする。このように，この見解は，評価規範としてだけでなく，行為規範としての訴訟物概念の役割についても疑問を投げかけている（井上治典他・これからの民事訴訟法217頁［1984］）。

(iii) 信義則による調整　判例は，前訴と後訴がその訴訟物を異にする場合であっても，後訴が実質的に前訴の蒸返しとみられ，また前訴で後訴請求をすることになんらの支障もなかったこと等の理由があるときは，そのような後訴の提起は，信義則に照らして許されない，と判示した（最判昭51・9・30民集30巻8号799頁・百選Ⅰ［32］事件）。

(4) 訴訟対象の特定

　訴状には，当事者および法定代理人のほか，請求の趣旨および原因の記載が必要である（訴状の必要的記載事項。133条2項）。このうち，とくに後者の請求の趣旨および請求の原因の記載が必要とされるのは，当事者の攻防の対象や裁判所の審判の対象を明確にするため，訴訟対象を特定する必要があるからである。ところで，訴訟対象の特定のために請求の原因にどのような事実を記載すべきかについては，請求を理由あらしめる主要事実のすべてを記載すべきものとする**理由記載説**と，請求を特定識別するために必要とされる事実のみを記載すればよいとする**識別説**とがある。新民訴法は，この点について，請求の原因とは，請求を特定するのに必要な事実をいうものと規定し（規53条1項），識別説をとることを明らかにする一方，早期の充実した争点整理を可能とするため，請求を理由づける事実を具体的に記載し，かつ，立証を要する事由ごとに，当該事実に関連する事実で重要なものおよび証拠を記載しなければならないと定める（同条同項）。次に，これを各訴えの類型ごとに考察することにする。

　(a) 給付の訴え　給付の訴えの訴訟対象が，どのように特定されるかは，いずれの訴訟対象論を採るかにより異なる。実体法的訴訟対象論は，訴訟対象を実体法上の請求権と構成するので，請求の趣旨だけでは特定せず，請求原因に実体法上の構成要件事実を記載しなければならない。これに対して，訴訟法的訴訟対象論は，実体法上の法的地位または受給権を訴訟対象と構成するから，

訴訟対象は請求の趣旨のみの記載で足り，請求原因の記載を要しないと解される。ただし，この立場においても，同一当事者間に数個の同額の金銭債権が発生するような場合は，請求の趣旨だけでは特定しないので，請求の原因による特定を必要とすると解される。

(b) 確認の訴え　確認の訴えは，特定の権利または法律関係の存否をその訴訟対象とするから，それは訴状の請求の趣旨における記載により特定され，請求の原因による特定を要しないと解される。

(c) 形成の訴え　形成の訴えにおいても，給付の訴えの場合と同様，訴訟対象がどのように特定されるかは，いずれの訴訟対象論をとるかにより異なる。実体法的訴訟対象論は，それぞれの実体法上の形成要件ごとに訴訟対象を別個と考えるので，請求の趣旨の記載だけではなく，請求の原因に個々の形成要件を構成する事実を記載することにより，訴訟対象が特定される。これに対して，訴訟法的訴訟対象論は，一定の法律関係の形成を求める法的地位を訴訟対象と構成するので，訴訟対象は請求の趣旨のみにより特定され，さらに請求の原因による特定を要しないことになる。もっとも，近時，この立場に立ちつつ，再審の訴えや請求異議の訴えのように，国家に対する救済訴訟としての性質をもつ訴訟については，訴訟物は，権利主張（または申立て）と事実関係の二つの徴表により識別され，したがって請求の原因に記載される事実関係ごとに別個の訴訟対象を肯定する見解も有力である（三ケ月・民訴［3版］123頁以下）。

〔参考文献〕
・納谷廣美編著『新版・民事訴訟法』73頁以下〔小松〕（八千代出版，1999）

◆　論　　点　◆

1　債務不存在確認の訴えの訴訟対象

原告（債務者）が被告（債権者）に対して，自己の債務が存在しない旨の確認を求める**債務不存在確認の訴え**は，消極的確認の訴えの1つであるが，これには以下のような事例が考えられる。第1に，原告が被告に対して負う100万円の債務の不存在確認を求める場合は，当該100万円の債務の存否が訴訟対象を構成することに争いはない。第2に，原告が被告に対して負う100万円の債務のうち40万円を超えては存在しないとの確認を求める場合は，原告の自認額

を除いた60万円の債務の存否が訴訟対象であると考えられる。これに対して，第3に，原告が，債務の上限を明示せずに，単に被告に対する債務は40万円を超えては存在しないとの確認を求める場合，その訴訟対象はどのように考えるべきであろうか。判例は，この場合，訴状および一件記録の記載から当該債務の上限を確定し，その額から債務者の自認額を控除した額の債務の存否が，訴訟対象を構成するとする。そこで，裁判所がその債務額の上限を100万円と認定し，審理の結果，たとえば，①原告の主張どおり債務額が40万円を超えて存在しないとの心証に達すれば，その旨の全部認容判決をする。②債務額が50万円を超えては存在しないとの心証に達した時は，その旨の一部認容判決を言い渡す（この場合，その判決は，50万円の債務の不存在と，10万円の債務の存在とをともに確定すると解する）。これに対して，③裁判所が審理の結果，債務が30万円を超えては存在しないとの心証に達した場合，その旨の判決をすることは，申立ての限度を超えると解される（246条。それゆえ，債務額は40万円を超えては存在しない旨の判決をすべきである）。なお，これに対して，原告が債務の上限を明示していないときは，自己の主張が全面的に容れられない限り，単なる棄却（債務の存在のみの確認）を望むのが通常であり，一部認容判決を欲していないとみる見解もある。この見解によれば，原告は金額のみの点を争うために，再訴することができることになる。

　債務不存在確認の訴えの請求認容判決は，当該債務が存在しないことを，請求棄却判決は，当該債務が存在することを既判力をもって確定する。なお，上述のように，原告が自認した債務額の部分は訴訟対象を構成しないとした場合，この部分は既判力により確定されないとみられる。しかし，この点については，原告はこの部分を当初より放棄したものとみるべきであるとする見解，債権者による一部請求後の残額請求が排斥されるのと同様，既判力により排斥されるとする見解，判決理由中の判断として，信義則上原告を拘束するとする見解等が主張されている。

2　手形訴訟の訴訟対象

　手形訴訟において審理される手形債権と，その前提となる原因債権が同一の訴訟対象を構成するのかどうかについては，手形債権がその原因関係と切り離

された無因債権であることや，手形訴訟の請求適格が手形債権に限定されている点等から，見解が分かれる。①実体法的訴訟対象論の立場では，両者は異なる訴訟対象を構成するものとみるので，たとえば，通常手続で双方の債権を主張すれば請求の併合になり，手形訴訟で手形債権について請求棄却判決が言い渡されても，原因債権については既判力を生じない。また，通常手続に移行後に，原因債権を追加することは，訴えの追加的変更となる。②これに対して，訴訟法的訴訟対象論の立場は，他の給付訴訟と同様に，一定額の金銭の給付を求める法的地位を訴訟対象とみるので，この場合も一個の訴訟対象のみを観念する。ただし，手形訴訟では，法律上，その法的地位を理由づけるために主張できる観点が手形債権に限定されているため，あたかも手形債権が訴訟対象を構成するような現象を生じるにすぎないとする。したがって，手形訴訟から通常手続に移行した後，その手続で原因債権を追加しても，それは法的観点の変更にとどまり，給付を求める法的地位の変更にはならない。手形訴訟の棄却判決が確定した場合，その訴訟対象を理由づける法的観点が限定されていることから，例外的に原因債権にもとづく訴訟対象の分断を認めざるを得ないが，棄却判決に対する異議申立てにより，通常訴訟への移行を期待しえたときは，既判力に抵触して後訴は許されないと解する余地があるとする（小室直人「訴訟上の請求」新実務民訴(1)352頁）。また，新説の立場に立ちつつ，手形債権の無因債権という構成は，経済的には同一のものを法律的には異別のものとして取り扱う基礎を与える法律的な技術であるから，原告としては，経済的同一性に着眼して一個の紛争として裁判上主張しうる余地（原因債権と手形債権を同一訴訟で主張すれば，一個の訴訟物となる）と，法律的異別性の面を利用して別個の紛争として構成する余地（手形債権だけを裁判上主張して敗訴しても，原因債権には既判力は及ばない）とのいずれかを選択することができるとする見解もある（三ケ月・民訴〔3版〕119頁）。③なお，訴訟対象は申立てと事実関係により特定されるとみる近時の二分肢説の立場によれば，手形債権と原因債権とはそれぞれ異別の事実関係にもとづくものであり，したがって異別の訴訟対象を構成するとみる（中野・前掲論点Ⅰ46頁，松本＝上野・民訴〔2版〕143頁）。

〔参考文献〕
・納谷廣美編著『新版・民事訴訟法』87頁以下〔小松〕（八千代出版，1999）

2　一部請求

〔設例〕　Xは，Yとの売買契約にもとづき生じた売掛代金債権1,000万円のうち，とりあえず500万円の支払を求めるとの訴えを提起した。Yは，すでに全額を弁済したとの抗弁を提出した。
① 審理の結果，裁判所はYの抗弁を容れ，Xの請求を棄却するX「敗訴」判決を言い渡した（判決確定）。その後，Xが残額の500万円の支払を求める後訴を提起することは適法か。
② 審理の結果，裁判所はYの抗弁を排斥し，債権全額の存在を認定して，X「勝訴」の判決を言い渡した（判決確定）。その後，Xが残額の支払を求める後訴を提起することは適法か。

(1)　意　義

　金銭その他の代替物の一定額または数量の給付を目的とする債権を分割して，その一部の給付を求めて提起する訴えを，**一部請求**とよぶ。たとえば，原告が被告に対して1,000万円の貸金債権を有するとした場合に，そのうちの500万円の支払いを求めて訴えを提起するようなケースが典型例であり，このような分割請求が許されるかどうかについては，見解が分かれる（以下の各説にもとづき，各自，設例を検討されたい）。

(2)　学説・判例

(a)　**一部請求肯定説**　この説は，訴訟外での権利の一部行使の自由，提訴手数料の節約の必要性，現代型訴訟における試験訴訟の必要性等を理由として，原告は一個の債権を自由に分割してその一部について訴求することができ，したがってその部分のみが訴訟対象を構成し，既判力もその部分にのみ生じると解する。ただし，分割訴求が訴権濫用となる場合は，例外的に不適法却下されるとする。また，時効中断の効果も，訴求された一部についてのみ生じるものとされる。もっとも，一部請求肯定説を採りつつ，客観的には一部請求であるにもかかわらず，原告が全部と明示したり，残額請求を留保しないとの態度を取る場合や，全請求を一度に請求しなければならないような場合には例外を認め，後訴の提起を認めないとする見解も主張されている（木川統一郎・重要問

題〔中〕317，319頁）。

(b) 一部請求否定説　この説は，原告が単一の債権の一部のみを訴求する場合でも，常に債権の全体が訴訟対象を構成するものとみる見解である。この立場にたつ代表的な見解によれば，①一部請求訴訟で原告が「敗訴」したときは，一部請求と明示しない限り全部請求と認められ，これについて棄却判決がある以上，債権全部が否定され残額請求は認められず，また一部と明示した場合でも，単に任意の一部と明示しただけでは当該金銭債権のどの部分かが特定できず，債権全体を審理する必要があり，その結果請求棄却となった以上，残額請求は認められない（ただし，その一部が履行期，担保権の有無，反対給付の履行の限度等により特定される場合は，裁判所もその部分についてのみ審判すればよく，残額請求は既判力に触れない）。次に，②「勝訴」後の残額請求については，一部との明示のない以上，原告は残額を訴訟上放棄したものと認められること，被告としても，一部と明示されない限り請求棄却の申立てをもって満足すること，同一の権利について訴訟を繰り返すことは訴訟経済に反することを理由に，残額請求を否定する。また，不特定の一部について明示ある場合，それが特定されない以上全部請求として審判されるから，残額請求は許されない，とする（兼子一「確定判決後の残額請求」民事法研究(1)391頁）。この見解によれば，時効中断の効果は，債権の全体に及ぶと考えられる。

(c) 制限的肯定説　この説は，原告が，被告に対して一部請求であることを明示して訴えを提起した場合にのみ，一部請求を肯定する見解である。一部請求であるとの明示により，被告は残額についての債務不存在確認の反訴を提起することができ，多数の訴訟に対する応訴という不利益を防止することができるからである。したがって，この見解によれば，原告が一部請求であることを明示して訴えを提起したときは，一部請求肯定説と同一の結論となる。これに対して，原告が一部請求であることを明示せずに訴えを提起したときは，一部請求否定説と同一の結論となり，残額請求は許されないことになる。判例は，当初，このような立場にたつものと考えられた（最判昭37・8・10民集16巻8号1720頁・百選Ⅱ〔147〕事件）。しかし，近時，判例は，一部請求であることを明示して提起された前訴で「敗訴」した原告が，残額請求にもとづく後訴を提起することは，特段の事情がない限り，信義則に反して許されないと判示し（最

判平10・6・12民集52巻4号1147頁），信義則による修正の余地を肯定している。

　(d)　**手続保障説**　この説は，近時進展の著しい手続保障論の観点から，判決の遮断効の根拠を，当事者に対する手続権の保障に求め，原告は残部請求についても手続権の保障を与えられていた一方，多数の訴訟に対する被告の応訴の不利益や，裁判所の負担を考慮して，残部請求にもとづく後訴を認めないとする見解である。この見解は，さらに，原告に対する抽象的な手続保障が存在すれば足りるとする見解と，手続経過をより具体的に考慮して手続保障の充足の有無を検討すべきであるとする見解等に分かれる。

　(e)　**信義則適用説**　この説は，原告が金銭債権を分割訴求した場合，訴訟対象を構成するのはその部分のみであり，既判力もその部分にのみ生じるものと解しつつ，残部請求に関する後訴は，たとえば禁反言の法理等にもとづく信義則上の効力により許されないとみる見解である（中野貞一郎「一部請求論について」現在問題90頁，兼子他編・条解民訴613頁〔竹下〕，前掲最判平10・6・12民集52巻4号1147頁）。

　(f)　**必要的併合説（失権効説）**　この説は，原告が一個の債権を分割訴求した場合，訴求された一部と残部とは異なる請求（訴訟対象）を構成するものとみつつ，多数の訴訟による不利益から被告および裁判所を保護するため，原告はこれらの請求を単一の訴訟において併合して訴えなければならないとみる見解である。そして，残部請求にもとづく後訴は，原告の請求不併合に対する帰責事由の存在と被告の保護事由の存在とを前提とした，信義則上の併合義務違反に基づく失権であると構成し（小松良正「一部請求理論の再構成」中村古稀174頁〔1996〕。この説に対する批判について，松本博之「一部請求訴訟の趣旨」民訴47号13頁〔2001〕），あるいは，人訴9条および民執法35条3項の併合強制規定の類推にもとづく失権である（山本和彦「一部請求について」判タ974号55頁〔1998〕）と解する。

◇　**論　点**　◇

後遺症にもとづく追加賠償請求

　たとえば交通事故の被害者が，一定額の損害賠償請求の訴えを提起して確定判決を得た後，後遺症の発生を理由として再度追加賠償請求の訴えを提起する

ことができるかどうかについては，一部請求論とも関連して議論がある。双方が一部請求と残部請求の関係にあるとみた場合，一部請求肯定説によれば，後遺症にもとづく後訴請求は当然に肯定されることになる。また，一部請求否定説においても，後遺症にもとづく後訴請求は，前訴の口頭弁論終結後の事由にもとづくものとみてこれを肯定する。さらに，手続保障説においても，後遺症にもとづく請求は前訴において主張することが期待できなかったとして，これを肯定する。これに対して，後遺症にもとづく請求は，そもそも前訴請求とは訴訟物を異別にしており，一部・残部の関係にはなく，したがってその請求は当然に肯定されるとみる見解もある。判例は，制限的肯定説の立場に立ちつつ，後遺症にもとづく後訴では，前訴請求自体に当然に一部との明示があるものとみて，これを肯定する（最判昭42・7・18民集21巻6号1559頁）。

〔参考文献〕
・納谷廣美編著『新版・民事訴訟法』94頁以下〔小松〕（八千代出版，1999）

§2 複数請求訴訟

1 請求の併合

〔設例〕
① Xは，A土地の不法占拠者Yに対して，その土地がXの所有に属する旨の所有権確認請求と，当該所有権にもとづく明渡請求とを併合して訴えを提起した。この併合形態はなにか。また，裁判所は，これらの請求について弁論を分離することはできるか。
② Xは，Yに対して主位請求として自動車の売買にもとづく代金支払請求を，予備的請求として当該売買契約が無効とされる場合に備え自動車の返還請求とを併せて申し立てたところ，第一審裁判所は主位請求棄却・予備的請求認容判決を言い渡した。この判決に対してYのみが控訴したため，控訴裁判所が審理した結果，予備的請求を取り

> 消すべきであるとの判断に達した場合，裁判所はどのような判決をすべきか。

(1) 意　義

　請求の併合とは，同一の原告が同一の被告に対して，数個の訴訟上の請求に関する審判を申し立てることを意味し，訴えの客観的（または客体的）併合ともよばれる（136条）。このような制度が認められる理由は，原告がそれぞれの請求について別個の訴えを提起する場合よりも訴訟経済に資するし，また矛盾した判断を防止することもできると考えられるからである。

　請求の併合は，原告が当初から数個の請求を併合して訴えを提起する場合のほか，原告が訴訟係属中に追加的に訴えの変更を申し立て（143条），または被告が反訴を提起することによっても生じ（146条），また裁判所が弁論の併合を命じることによっても生じる（152条）場合がある。なお，わが国では，請求を併合するかどうかは当事者の意思に委ねられているが，アメリカでは，紛争の一体的な解決の要請から，原告が被告に対して，同一の事件から生じた数個の請求を有するときは，それらの請求を併合して訴えることを要求され，その訴訟で併合されなかった請求にもとづく後訴の提起は許されないとする必要的請求併合のルールを有する州がある（ミシガン州裁判所規則2・203，ペンシルベニア州民訴規則1020〔d〕等）。

(2) 要　件

　請求の併合の要件は，以下の通りである。

　(a) **同種の訴訟手続により審判することができること**　　併合される数個の請求は，同種の訴訟手続で審理することができることを要する。売買代金支払請求と離婚請求は，前者は民事訴訟手続により，後者は人事訴訟手続により審理され，それぞれの訴訟審理の原則が異なるから，これらの請求を併合することはできない。もっとも，離婚請求と，離婚原因を理由とする損害賠償請求とは相互に密接な関連性を有するから，これらの請求の併合は明文の規定により認められている（人訴15条2項）。さらに，一定の場合に原告が数個の請求の併合を，また被告は反訴の提起を要求される場合がある（人訴9条，民執35条3項参照）。

(b) 裁判所が，各請求について管轄権を有すること　裁判所は，併合される各請求について管轄権を有することが必要である。ただし，併合請求の裁判籍の規定にもとづき（7条），併合される請求の1つについて裁判所の管轄権が認められれば，他の請求についても管轄権が肯定されるので，他の請求が専属管轄に属する場合にのみ問題となる。

(3) 種　　類
　(a) 単純併合　　単純併合とは，原告が数個の請求を単純に並列的に併合する形態をさす。たとえば，原告が同一被告に対する売買代金支払請求と家賃請求とを併合するような場合である。
　(b) 選択的併合　　選択的併合とは，原告が被告に対して数個の請求を有する場合に，それらのうちいずれか1つの請求の認容を求めてなす併合形態をさす（数個の請求のいずれか一方が認容されることを他方の請求についての解除条件としてなす併合）。この併合形態は，いわゆる請求権競合の事例において，各請求権ごとに別個の訴訟対象を観念する実体法的訴訟対象論の立場から認められるものである。たとえば，原告が同一事故にもとづいて被告に対して有する債務不履行を理由とする損害賠償請求と，不法行為を理由とする損害賠償請求とを併合するような場合である。これに対して，請求権競合の場合に一個の訴訟対象のみを観念するにすぎない訴訟法的訴訟対象論の立場からは，請求の併合の問題は生じないことになる。
　(c) 予備的併合　　予備的併合とは，原告が数個の請求のうち一つの請求を主位請求，その他の請求を予備的請求として，主位請求が認容されない場合に備え，予備的請求を併合する形態をさす（主位請求が認容されることを解除条件として予備的請求を併合）。この併合形態は，たとえば，売買にもとづく代金支払請求を主位請求とし，これが認容されない場合に備え，売買の無効を前提とする目的物返還請求を併合する場合のように，相互に両立しない数個の請求を併せて併合する場合が典型的である。しかし，これ以外の請求権競合のような事例においても，当事者が各請求に順位を付け予備的併合を申し立てる時は，当事者の意思を尊重して，この併合形態を肯定すべきである（中村英郎・新民事訴訟法講義120-121頁）（なお，通説は請求権競合の場合を選択的併合としている点は上述の通りであるが，この考え方は，各請求間における実体法上の相

違を考慮していないこと，また申立ての特定性を欠く等の点から，妥当でないとの批判がある）。

(4) 併合訴訟の審判

(a) 単純併合の審判　裁判所は，単純併合された数個の請求のうち1つの請求について裁判をするに熟したと認めるときは，その請求につき一部判決をすることができる。また，単純併合により審理が錯綜し遅延する恐れがあるときは，裁判所は，併合された請求の1つについて弁論を分離することもできる（152条1項）。しかし，これに対して，一方が他方の先決関係をなす場合（所有権確認請求と所有権にもとづく明渡請求。〔設例①〕）や，基本たる法律関係を共通にする場合（所有権にもとづく明渡請求と所有権侵害にもとづく損害賠償請求）を**関連的併合**として，矛盾のない統一的な審判を行う必要から，弁論の分離や一部判決は許されないとする見解が有力に主張されている（小室直人「訴えの客観的併合の一態様」中田還暦〔上〕197頁）。

(b) 選択的併合の審判　裁判所は，選択的に併合された請求の1つを認容するときは，他の請求について裁判する必要はないが，原告の請求を棄却するときは，すべての請求について審理することを要する。また，統一的な審判の必要から，原則として弁論の分離や一部判決は許されないものと解する。

(c) 予備的併合の審判　裁判所が主位請求を認容するときは，予備的請求について裁判する必要はない。これに対して，主位請求を棄却するときは必ず予備的請求についても判断しなければならない。また選択的併合の場合と同様，統一的な審判の必要から，弁論の分離や一部判決は許されないものと解する。

◇ 論　点 ◇

請求の予備的併合と上訴

裁判所が予備的併合関係にある数個の請求について判決した場合，当事者が上訴すると，上訴裁判所がどのような判決をすることができるかについては見解が分かれる。

(1) 裁判所による主位請求認容判決は一個の全部判決であり，これに対して被告のみが控訴した場合，控訴不可分の原則にもとづき全請求が控訴審に移審する。控訴審において，裁判所が被告の主張に理由がないと判断するときは，

控訴棄却判決を言い渡すが，被告の主張を容れて主位請求を棄却する場合，さらに予備的請求について審判できるかどうかについては，見解が分かれる。通説は，双方の請求が密接に関連しており事実資料をほとんど共通にすること，控訴審においても訴えの変更が認められていること等から，裁判所が控訴審において初めて予備的請求について判断しても，当事者の審級の利益は害されないし，また予備的請求については第一審でなんらの判断もされていないから，不利益変更禁止の原則にも反しないとして，これを肯定する。

(2) 裁判所による主位請求棄却・予備的請求認容判決に対して，被告のみが控訴した場合（〔設例②〕），全請求が控訴審に移審する。控訴審において，裁判所が予備的請求を認容した第一審判決を取り消すべきであるとの判断に達した場合，さらに主位請求についても判断できるかどうかについては，見解が分かれる。判例は，主位請求棄却判決に対して原告からの控訴・附帯控訴がない以上，控訴裁判所が主位請求について判断することは，不利益変更禁止の原則に反するから，裁判所は原判決中，予備的請求認容の部分のみを破棄し，予備的請求棄却判決をなしうるにとどまるとする（最判昭58・3・22判時1074号55頁・百選Ⅱ〔187〕事件）。これに対して，原告が第一審で予備的請求認容判決を受けている以上，原告による控訴・附帯控訴の提起は期待できないこと，また双方の請求が経済的・法的に等価値であるときは，予備的請求認容の代わりに主位請求を認容しても被告に不利益に変更したことにはならないとして，裁判所は主位請求を認容する判決を言い渡すことができるとの有力な反対説がある。

〔参考文献〕
・櫻井孝一編『争点ノート・民事訴訟法』205頁以下〔小松〕（法学書院，2003）

2 訴えの変更

〔設例〕 原告Xは，被告Yに対して，当初ある土地に関する所有権確認の訴えを提起したが，その訴訟の係属中に，この訴えを所有権にもとづく明渡しの訴えに変更したいと考え，その旨の申立書を裁判所に提出したところ，Yがこれに同意しなかった。この場合，裁判所はXの申立てについてどのような取扱いをすべきか。

(1) 意義および種類

訴えの変更とは，原告が当初提起した訴えにおける訴訟の対象を，その訴訟の係属中に変更することをいう（143条）。訴えの変更は，請求の趣旨もしくは請求の原因またはその双方を変更することにより行う。また，訴えの変更には，当初の訴えにおける訴訟対象を他の訴訟対象に変更する訴えの交換的変更（たとえば，原告の被告に対する占有権にもとづく目的物明渡請求を，所有権にもとづく目的物明渡請求に変更するような場合）と，当初の訴訟対象に他の訴訟対象を追加する訴えの追加的変更（たとえば，原告の被告に対する所有権確認請求に，明渡請求または移転登記請求を追加するような場合）とがある。なお，請求権競合の事例の場合，各請求権ごとに別個の訴訟対象を観念する実体法的訴訟対象論の考え方によると，一方の請求権を訴訟の係属中に他の請求権に変更することは，訴えの交換的変更となる。これに対して，そのような場合，単一の訴訟対象を観念するにすぎない訴訟法的訴訟対象論の立場によれば，訴えの変更の問題は生じないことになる。訴えの追加的変更の場合は，訴えの変更により後発的に請求の併合が生じ，単純・選択的・予備的併合等の形態が発生する。

(2) 要　件

訴えの変更には，以下のような要件を具備することを要するが，このほか訴えの追加的変更では，後発的に請求の併合が生じるので，請求併合の要件をも具備することを要する。

(a) 請求の基礎に変更がないこと（請求の基礎の同一性）　　訴えの変更が許されるためには，変更前後の両請求の間において，請求の基礎に変更がないことが必要である。「請求の基礎に変更がないこと」の意義については，①両請求の事実関係に変更がないとする見解，②両請求の求める生活利益に変更がないとする見解，③両請求の訴訟資料に変更がないとする見解，が主張されているが，実際にはいずれの見解にたっても，それほど大きな違いは生じないと思われる。

ところで，通説・判例は，請求の基礎の同一性の要件は，被告が訴訟の過程において予想外の請求に変更されることにより被る防御の困難から，被告を保護することを目的とした，もっぱら被告の利益保護のためのものであるとみる。

したがって，請求の基礎に変更があるときでも，被告がそれに同意または異議なく応訴すれば，訴えの変更は許される，とする（大判昭11・3・3民集15巻453頁）。これに対して，訴えの変更は，訴訟過程に応じた訴訟の展開を図る原告の利益のための制度として発展してきたのであり，その修正可能な範囲を請求の基礎という要件で示したのであるから，請求の基礎に同一性ある限り，被告の同意の有無にかかわらず訴えの変更は認められ，逆に同一性がなければ，被告の同意があっても，変更は許されないとする有力説がある（中村英郎・新民訴法講義126頁）。なお，判例は，相手方の防御方法と関連する訴えの変更は，請求の基礎に変更がある場合でも，相手方の同意を要しない，とする（最判昭39・7・10民集18巻6号1093頁）。

 (b) 著しく訴訟手続を遅滞させないこと　訴えの変更は，著しく訴訟手続を遅滞させないことを要する。この要件は公益上の要請から必要とされるものであるから，被告の同意の有無にかかわらない。

 (c) 事実審の口頭弁論終結時　訴えの変更は，原則として事実審の口頭弁論終結時（控訴審の口頭弁論終結時）まで行うことができる。上告審は法律審であり，訴え変更の必要に乏しいからである。ただし，例外的に，上告審においても訴えの変更を認めた判例がある（最判昭61・4・11民集40巻3号558頁）。

 (3) 手　続

　訴えの変更は，書面ですることを要する（143条2項）。この点について，条文上は，「請求の変更」（すなわち，請求の趣旨の変更）の場合について規定されているため，請求原因の変更の場合は，書面によることを要しないと解されている。また，その書面は相手方に送達しなければない（143条3項）。もっとも，これらの規定の違背がある場合でも，相手方がその違背を知りまたは知ることができた場合に，遅滞なく異議を述べないときは，その瑕疵は治癒される（**責問権の喪失**，90条）。

　裁判所は，請求または請求の原因の変更を不当であると認めるときは，申立てによりまたは職権で，その変更を許さない旨の決定をしなければならない（143条3項）。この決定は終局判決前の裁判であるから（283条），これに対する不服は終局判決に対する控訴においてすることを要すると解する。

◇ 論　点 ◇

訴えの交換的変更と相手方の同意の要否

　訴えの交換的変更の性質については見解が分かれており，通説・判例はこの変更形態を，新訴の提起と旧訴の取下げが結合したものと解している。そのため，原告が訴えの交換的変更を申し立てたときは，旧訴の取下げにつき相手方である被告の同意を要するものとしている（最判昭41・1・21民集20巻1号94頁）。したがって，相手方の同意（または異議なき応訴）があれば交換的変更が認められるが，同意が得られないときは，旧訴の取下げが認められないため，交換的変更は認められず，追加的変更をなし得るに止まるとする。しかし，近時の有力説は，現行法上の訴えの変更制度は，その同一性の存続する限度で認められており，前訴は形を変え後訴として裁判所に係属するから，被告に不利益を与えることはなく，逆に通説・判例のように訴えの変更を新訴の提起と旧訴の取下げの結合とみるとすると，それは変更前後の請求の間を切り離すことになり，現行法の認める訴え変更の制度と衝突することになる，と指摘する。そして，訴えの交換的変更は，単に新訴の提起と旧訴の取下げとが組み合わされたものでなく，232条所定の要件を満たすことにより当然に認められる独自の制度であるとみる。したがって，同条に定める要件を満たせば，被告の同意の有無に関わらず常に訴えの変更は認められるべきであり，旧訴は被告の同意を要しないで直ちに消滅すると解している（中村・前掲新民訴法講義128-129頁）（各自，設例について検討されたい）。

3　反　訴

　〔設例〕　XがYに対して売買契約にもとづく500万円の代金支払請求の訴えを提起した。Yは，以前Xに対して1000万円の額の金銭を貸し付けていたことから，そのうち500万円について相殺の抗弁を提出するとともに，その残額について支払を求める反訴を提起した。ところが，裁判所がYの相殺の抗弁は時機に後れて提出されたものであるとして却下した場合，裁判所はYの反訴についてどのような処置をすべ

きか。

(1) 意　義

　反訴とは，原告が被告に対して提起した訴え（本訴）の係属中，被告（反訴原告）が原告（反訴被告）に対して有する請求についての審判を，本訴の係属する裁判所に申し立てることをいう（146条）。被告は，原告に対する請求について別訴を提起することもできるが，本訴請求と反訴請求が相互に関連性を有するときは，同一の手続で審判するほうが訴訟経済に資するし，また統一的な審判を図ることもできるからである。

　反訴には，本訴請求とは独立して提起される通常の反訴と，本訴請求が却下または棄却されることを解除条件として提起される予備的反訴とがある。たとえば，原告の被告に対する売買契約にもとづく代金支払請求の訴えで，被告が売買契約の成立を争いつつ，その成立が認められ原告の請求が認容される場合に備え，売買目的物の引渡を求める反訴を提起する場合等が，予備的反訴である。また，反訴に対する再反訴も許される。

　なお，わが国では，反訴の提起は当事者の意思に委ねられているが，アメリカでは，被告の原告に対する請求が，原告側の請求と同一の取引または事件から生じたものであるときは，紛争の一体的な解決の要請から，被告はその請求を反訴として提起しておかなければ失権するという必要的反訴のルールが規定されている（アメリカ連邦民訴規則13条(a)項）。近時，わが国においても，反訴が可能な請求と本訴請求とがその主要な争点を共通にするときは，統一的な審判の要請から，重複訴訟禁止の趣旨を拡張して，被告はその請求を別訴としてではなく反訴として提起すべきであるとの見解が有力である（新堂・新民訴654頁）。

(2) 要　件（146条1項）

　反訴が提起されると，同一原告・被告間に数個の請求が係属し，後発的に請求の併合が生じるので，請求併合の要件（136条）を具備する必要があるほか，以下の要件を具備しなければならない。

　(a) **本訴の係属する裁判所に提起すること**　　反訴は，本訴が係属する裁判所において提起することを要する。したがって，本訴が簡易裁判所に係属する

場合，本来は地方裁判所の管轄に属する反訴請求についても，簡易裁判所に反訴を提起すればよい。ただし，この場合，相手方（反訴被告）の申立てがあるときは，相手方が反訴請求について地方裁判所で審理を受ける利益を保障する必要から，簡易裁判所は，決定で，本訴および反訴を地方裁判所に移送しなければならないものとされている（274条1項。この決定に対しては，不服を申し立てることができない。同条2項）。また，反訴は本訴が係属する裁判所に提起すればよいから，その後本訴が取り下げられまたは不適法却下されても，反訴に影響を及ぼさない。

(b) 請求またはその防御方法と関連性を有すること　反訴請求は，本訴請求またはこれに対する攻撃防御方法と関連性を有することを要する。

① 反訴請求が本訴請求と関連性を有する場合とは，双方の請求が同一の権利または法律関係に関するものである場合をさす。たとえば，原告の被告に対する売買契約にもとづく目的物明渡請求の本訴に対して，被告の原告に対する同一契約にもとづく売買代金請求の反訴を提起する場合や，原告の被告に対する所有権確認請求の本訴に対して，被告の原告に対する同一物についての所有権確認請求の反訴を提起する場合がこれにあたる。

② 反訴請求が本訴請求に対する防御方法と関連する場合とは，反訴請求と，本訴請求に対する防御方法とが，同一の権利または法律関係に関するものである場合をさす。たとえば，原告の被告に対する目的物引渡請求の本訴に対して，被告が防御方法として質権を主張して引渡しを拒むとともに，原告に対して反訴を提起して担保債権の弁済を請求する場合や，原告の被告に対する売買代金債権支払請求の本訴に対して，被告が原告に対して有する貸金債権を反対債権として対当額での相殺を主張し，同時に，その残額について支払いを請求する反訴を提起するような場合（設例参照）がこれにあたる。

(c) 著しく訴訟手続を遅滞させないこと　反訴の提起により，著しく訴訟手続を遅滞させないことを要する。これと同一の要件はすでに訴えの変更については規定されていたが，反訴についても同様に考えられるため，新民訴法の制定の際に，同様の要件が規定された。

(d) 事実審の口頭弁論終結時　反訴の提起は，事実審（控訴審）の口頭弁論終結時までにすることを要する。上告審は法律審であり，反訴提起の必要に

乏しいからである。

(3) 手　続

　反訴については，本訴に関する規定が適用される（146条2項）。したがって，被告（反訴原告）が反訴を取り下げるには，相手方である原告（反訴被告）の同意を要する（261条2項本文）。しかし，本訴の取下げがあったときは，被告（反訴原告）は原告（反訴被告）の同意を得ずに，反訴を取り下げることができる（同条2項但書）。反訴は本訴に付随して提起されるにすぎず，本訴が取り下げられた場合にまで反訴を維持させる必要はないからである。また，終局判決後に反訴を取り下げたときは，本訴の取下げの場合と同様，再度同一の訴えを提起することはできない（262条2項）。

◇　論　点　◇

1　控訴審における反訴提起と被告の同意

　控訴審において反訴を提起するには，相手方の同意を要するものとされている（300条1項）。本訴請求と反訴請求との間には一定の関連性が要求されてはいるが，控訴審において初めて反訴を提起するときは，なお相手方の審級の利益を保護する必要があるから，相手方の同意がある場合にのみ反訴を提起することができるものとした。ただし，相手方が異議を述べないで反訴の本案について弁論をしたときは，反訴の提起に同意したものとみなされる（300条2項）。また，判例は，原告が被告に対して土地明渡請求の訴えを提起したが，被告の賃借権の抗弁が認められ敗訴したため控訴した場合，控訴審で被告が賃借権確認の反訴を提起しても原告の審級の利益は害されないから，反訴の提起について原告の同意を得ることを要しないとしており（最判昭38・2・21民集17巻1号198頁・百選Ⅱ［A52］事件），学説もこれに賛成している。

2　反訴がその要件を欠く場合の取扱い

　被告が提起した反訴が，その要件を欠く場合の取扱いについては，見解が分かれている。判例は，反訴は訴訟係属中の新訴の提起であり，その併合要件は同時に反訴提起の訴訟要件であるから，この要件を欠く反訴は不適法であり，終局判決をもって却下すべきであるとする（最判昭41・11・10民集20巻9号1733

頁）。これに対して，学説では，それが独立の訴えとしての要件を満たす限り，本訴と分離し独立の訴えとして審理すべきであるとの見解が有力である。このような取扱いが，通常の当事者の意思にそうこと，また訴訟費用，時効中断，期間遵守の面からも当事者保護になること，併合要件を欠く訴えの客観的併合の場合と取扱いを異にすべきでないこと，反訴要件欠缺が直ちに別訴としての取扱いを禁止する理由にはならないこと，を理由とする（兼子他編・条解894頁）（〔設例〕について，各自で検討されたい）。

　同様の趣旨から，控訴審における反訴の提起について相手方の同意が得られない場合も，当該反訴を不適法として却下すべきではなく，独立の訴えとしての要件を満たす限り，第一審の管轄裁判所に移送すべきであるとみる見解が有力である。

4　中間確認の訴え

(1) 意　義

　中間確認の訴えとは，裁判が訴訟の進行中に争いとなっている法律関係の成立または不成立を先決問題とするときに，当事者がその先決問題となっている法律関係の確認を求めて提起する訴えをいう。訴訟中の訴えの1つであり，原告が提起するときは，訴訟係属中における訴えの追加的変更であり，被告が提起するときは反訴提起の形式をとるが，係属中の訴訟における請求との先決性という関係から，訴えの変更や反訴に必要とされる関連性の要件を考慮する必要がない点で，訴えの変更または反訴の特別類型と考えられる。

(2) 要　件

　中間確認の訴えも訴えの提起の1つであるから，一般の訴訟要件を具備することを要し，またその提起により後発的に請求の併合を生じるので，請求併合の要件を具備することを要する。中間確認の訴えに特有な要件は以下のとおりである。

　(a) 先決性　　中間確認の訴えは，係属中の訴訟の訴訟対象に対して先決関係にある法律関係の成立または不成立の確認を求めるものであることを要する。このような先決性があれば，確認の利益は当然に肯定される（大判昭8・6・20民集12巻1597頁）。たとえば，家賃債権の支払を請求する訴えの係属中，原告

がその先決事項である賃貸借契約の確認を求める場合や，所有権侵害を理由とする損害賠償請求の訴えの係属中，被告が原告にその所有権が帰属しない旨の確認を求めるような場合が，これにあたる。先決性の意義については争いがあるが，理論的に先決的関係にあるものであればよく，具体的に先決関係にあることを要しないと解する（中村・前掲新民訴法講義134頁）。

また，この先決性の要件が満たされれば両請求間の密接な関連性が肯定されるので，さらに訴えの変更に要求される請求の基礎の同一性の要件や，反訴提起に必要とされる関連性の要件を考慮する必要はない。また，控訴審において中間確認の訴えを提起する場合も，反訴の提起の場合と異なり，相手方の同意を要しない。

(b) 係争性　　中間確認の訴えを提起するには，係属中の訴訟の訴訟対象に対して先決関係にある法律関係の存否について，当事者間に争いがあることを要する。ただし，提訴時に当事者間に争いがあれば足り，その後係争性が消滅しても，訴えに影響しないと解する。

(3) 手　　続

中間確認の訴えは，原告が提起するときは訴えの追加的変更の形式（143条）を，また被告が提起するときは反訴の形式（146条）をとるので，それぞれの手続に従うことになる（ただし，上述のように，先決性の観点から，訴えの変更に必要とされる請求の基礎の同一性の要件や，反訴提起に必要とされる関連性の要件は考慮する必要はない）。

§3　多数当事者訴訟

1　共 同 訴 訟

〔設例〕

① X_1, X_2, X_3, X_4 らは，A土地を共同所有する者であるが，最近この土地を不法占拠しているY建設会社が所有権を主張して明け

渡そうとしない。そこで，X_1がYに対して，この土地の共有権の確認を求める訴訟を提起した。この訴えは適法か。

② Y会社の株主Xは，6月にY会社で開催された株主総会の決議に瑕疵があるとして，Y会社を被告とする株主総会決議取消しの訴えを提起したい。Xは，単独でこの訴えを提起できるか。他の株主Zもまた，Yを被告として同様の訴訟の提起を予定していた場合はどうか。

③ Xは，登記簿上の所有名義人Y，およびこの者から抵当権の設定を受けたZを共同被告として，自己の所有権の確認を求める訴えを提起した。この共同訴訟は，いかなる種類の共同訴訟か。

④ XはYに対して1,000万円の債権を有しており，この債権を担保するため，Zが保証人となった。Yは弁済期日になっても弁済しなかったため，Xは，YとZを共同被告として，弁済請求訴訟を提起した。この共同訴訟は，いかなる種類の共同訴訟か。

⑤ アパートの家主Xが，数人の賃借人W，Y，Zを共同被告として，家賃の支払を求める訴訟を提起した。この共同訴訟は，いかなる種類の共同訴訟か。

(1) 共同訴訟の意義

共同訴訟とは，原告もしくは被告またはその双方が複数である訴訟形態をさす。共同訴訟は，次のような場合に提起することができる（38条）。すなわち，①訴訟の目的である権利または義務が数人について共通であるとき（権利・義務の共通），②訴訟の目的である権利または義務が同一の事実上および法律上の原因にもとづくとき（原因の同一），および③訴訟の目的である権利または義務が同種であり，事実上および法律上同種の原因にもとづくとき（原因の同種），である。

(2) 共同訴訟の種類

共同訴訟には，訴訟の目的が共同訴訟人の全員について合一に確定すべき必要があるため，一定の場合に複数の当事者が共同して原告として訴えを提起し，または複数の当事者を共同被告として訴えを提起しなければならないものとされる「必要的共同訴訟」（40条）と，合一確定の必要がなく共同訴訟とするこ

とが当事者の意思に委ねられる「**通常共同訴訟**」（39条）とがある。

（a）**必要的共同訴訟**　必要的共同訴訟は，さらに，「固有必要的共同訴訟」と，「類似必要的共同訴訟」とに分かれる。

（イ）**固有必要的共同訴訟**　固有必要的共同訴訟とは，判決の合一確定の必要から共同訴訟人の全員が常に原告として訴えを提起しまたは被告として訴えられなければ不適法として却下される共同訴訟である。このような共同訴訟に属するのは，通説によれば，①「実体法上の管理処分権」が共同訴訟人の全員に「密接不可分」に帰属しており（共有権や入会権等），そのような権利・法律関係について訴えを提起しようとする場合（〔**設例①**〕），および②数人が一個の法律関係を形成しており，形成の訴えによりその法律関係の変更等を求めようとする場合（第三者の提起する婚姻無効・取消しの訴え等），である。

（ロ）**類似必要的共同訴訟**　類似必要的共同訴訟とは，共同訴訟人の全員が，はじめから共同原告として訴えを提起しまたは共同被告として訴えられる必要はないが，当事者の一人が提起した訴えの「判決の効力（既判力）」が，「他人にも拡張される」関係にあるため，数人の当事者が訴えを提起しようとするときは，既判力の抵触を防止し，「既判力の合一確定」をはかるため，それらの者が共同して訴えを提起しなければならないものとされる共同訴訟である。〔**設例②**〕の株主総会決議取消しの訴えは，商法上，一人の株主が提起した場合は，会社関係における画一的処理の必要から，その判決の効果が他の株主にも拡張されている（商247条2項・109条）。したがって，Xは単独でもこの訴えを提起することはできるが，他の株主もまた提訴する場合は，共同原告として訴えを提起しなければならない「類似必要的共同訴訟」である。

（b）**通常共同訴訟**　通常共同訴訟とは，共同訴訟として訴えを提起するかどうかが当事者の意思に委ねられ，したがって合一確定が要求されない共同訴訟形態をさす。通説によれば，上記の必要的共同訴訟とされる場合以外の共同訴訟は，すべて通常共同訴訟と解されている。〔**設例⑤**〕におけるXのW，Y，Zに対する家賃支払請求は，実体法上も別個のものであることはもちろん，論理上も全く合一確定の必要もなく，もっぱら原告の便宜のため，同種の訴えを共同訴訟として提起したにすぎないから，「通常共同訴訟」と解される。

（3）**共同訴訟の手続**

(a) 必要的共同訴訟　必要的共同訴訟については，当事者間に矛盾のない統一的な判決を言い渡す必要から，次のような規定がおかれている（40条）。すなわち，①共同訴訟人の一人の訴訟行為は，全員の利益においてのみその効力を生じ（1項。たとえば，共同訴訟人の一人がする相手方主張事実の否認，抗弁，証拠の提出，上訴等は，他のすべての共同訴訟人について効力を生じる），②共同訴訟人の一人に対する相手方の訴訟行為は，全員に対してその効力を生じ（2項。共同訴訟人の一人に対する上訴の提起は，他の共同訴訟人に対しても効力を生じる），③共同訴訟人の一人について訴訟手続の中断または中止の原因があるときは，その中断または中止は，全員について効力を生じる（3項。共同訴訟人の一人が死亡すると，すべての訴訟手続が中断する）ものとされている。

(b) 通常共同訴訟　これに対して，通常共同訴訟は，共同訴訟とするかどうかが当事者の意思に委ねられていることから，共同訴訟とされた場合でも当事者間に合一確定の要請は働かないものとされる。そこで，民訴法は，通常共同訴訟については，共同訴訟人の一人の訴訟行為，共同訴訟人の一人に対する相手方の訴訟行為および共同訴訟人の一人について生じた事項は，他の共同訴訟人に影響を及ぼさないものと規定する（共同訴訟人独立の原則，39条）。

◇ 論　点 ◇

1　共有関係訴訟

通説・判例は，民法上の共同所有形態の1つである共有をめぐる訴訟について次のような考え方を採っている。すなわち，共有をめぐる法律関係には，共有者全員に帰属するものとしての1個の「共有権」と，各共有者に帰属する割合的所有権としての「持分権」の双方を観念することができる（二元的構成）。そして，前者の共有権自体の確認を求める訴訟（〔設例①〕）は，共有者間で矛盾なく合一確定をはかる必要から，共有者全員が共同で訴えを提起しなければならない固有必要的共同訴訟である（最判昭46・10・7民集25巻7号885頁・百選Ⅱ［A43］事件）。これに対して，各共有者の有する持分権は，各共有者に個別に帰属する割合的所有権であり，このような持分権自体の確認請求訴訟（最判昭40・5・20民集19巻4号859頁）や，持分権にもとづく登記抹消手続請求の訴

えば，各共有者が単独で提起することができるとする。さらに，判例は，民法の共有物に関する保存行為の規定（民252条但書）にもとづき，共有者の一人が単独で提起した共有地に関する妨害排除請求の訴えを肯定し，また不可分債権（原告側）または不可分債務（被告側）の理論にもとづき，共有者が単独で提起したまたは共有者の一人に対して提起した共有物の引渡請求の訴えを肯定している。

同様に，「入会権」（民法263条）は，民法上の共同所有形態の１つである「総有」であると解され，それは当該土地の入会権者の全員に密接不可分に帰属するものと考えられる。したがって，その確認を求める訴訟は，入会権者全員が当事者となることを必要とする「固有必要的共同訴訟」であるとする（最判昭41・11・25民集20巻9号1921頁）。これに対して，各入会権者が入会地に対して有する「使用収益権」の確認，またはこれにもとづく妨害排除請求は，各入会権者が単独で提起することができるとする（最判昭57・7・1民集36巻6号891頁・百選Ⅱ［161］事件）。さらに，判例は，入会権者である村落住民が入会団体を構成し，それが権利能力のない社団にあたる場合は，その入会団体は，入会権者全員の総有に属する不動産について，総有権確認請求訴訟を提起することができると判示した（最判平6・5・31民集48巻4号1065頁・百選Ⅰ［A9］事件）。

2　必要的共同訴訟における合一確定の意義

通説によれば，合一確定が要求される必要的共同訴訟とは，「固有必要的共同訴訟」のように，①実体法上の管理処分権が数人の者に密接不可分に帰属する場合や，②数人に関連した法律関係の形成的変更を求める場合，および「類似必要的共同訴訟」のように，③判決効が他者に拡張される関係から「既判力の合一確定」を必要とする場合であった。したがって，これら以外の共同訴訟はすべて通常共同訴訟ということになる。

そこで，通説によれば，〔設例③〕におけるXの所有名義人Yおよび抵当権者Zに対する請求は，固有必要的共同訴訟の基準（上述①および②）に該当しないし，また既判力の合一確定を前提とした類似必要的共同訴訟（上述③）にも該当しない。したがって，通説は，この共同訴訟を通常共同訴訟と解する。

しかし，通説によると，たとえば，XのYに対する請求ではXが勝訴し（Xは所有者），XのZに対する請求ではXが敗訴する（Xは所有者ではない）という，実体法上矛盾した判決が生ずることになり，妥当でない。このような理由から，近時の有力説は，設例のように，「既判力の合一確定の必要」はないが，なお「実体法上合一確定の必要」がある共同訴訟をも，「類似必要的共同訴訟」に含め，矛盾のない解決を図ろうとしている（中村英郎「特別共同訴訟理論の再構成」論集1巻204頁〔1977〕）。

次に，〔**設例④**〕の共同訴訟では，債権者Xの主債務者Yに対する債権（主債務）と，Xの保証人Zに対する債権（保証債務）とは，それぞれ「実体法上も別個の債権（債務）」である。したがって，もとより通説によれば，この説例の事例は，上記の固有必要的共同訴訟のいずれの基準（①および②）にも該当しないし，また，判決効が他者に拡張されることを前提とした，類似必要的共同訴訟にも該当しないので，もっぱら「通常共同訴訟」と解されることになる（それゆえ，X・Y間，X・Z間に矛盾のない判決は要請されない。39条）。また，上記の有力説によっても，各債権（債務）は実体法上別個の債権（債務）であり，したがって実体法上合一確定の必要がある場合ともいえないから，これを類似必要的共同訴訟に含めることもできない。しかし，通説を前提とすると，保証債務は，論理上，主債務の存在を前提とする（保証債務の付従性。民法448条）にもかかわらず，債権者X・主債務者Y間ではX敗訴（主債務なし），債権者X・保証人Z間ではX勝訴（保証債務あり）という論理上矛盾した判決を認めることとなり，妥当でない。このような理由から，近時の有力説は，設問のように，XのYおよびZに対する請求が「実体法上別個」であり，したがって実体法上合一確定の必要はないが，なお「論理上合一に確定すべき関係」にある場合をも，矛盾のない統一的な審判を保障する必要から，必要的共同訴訟の規定を準用すべきであるとする考え方が有力に主張されている（準必要的共同訴訟の理論。中村・前掲論文207頁）。

また，上述のように，〔**設例①**〕では，通説によれば共有権自体の確認を求める訴えは固有必要的共同訴訟であるが，共有者の持分権の確認を求める訴えは，共有者が単独で提起することができ，したがって，数人の共有者が提起する各自の持分権確認請求訴訟も，「通常共同訴訟」であると解されている。し

かし，有力説は，確かに各共有者の有する持分権は実体法上別個であるが，共有の目的物，共有の開始原因などは各共有者に共通であり，この点についてはなお「論理上合一に確定する必要」があるから，必要的共同訴訟の規定を準用すべきであるとする（準必要的共同訴訟）。

　この他，通常共同訴訟人間における統一的な審判を保障するという観点から，通常共同訴訟人間に主張共通の原則の適用を認め，一方当事者の行った主張が他方当事者にも有利な場合は，とくに反対の意思表明のない限り，他方当事者についても主張としての効力を認めてよいとする考え方や，共同訴訟人間に当然の補助参加関係の成立をみとめ，一方当事者の行った訴訟行為は，他方当事者にも効力を生じさせるとの考え方も主張されている。

　なお，上述のように，固有必要的共同訴訟の判断基準については，実体法上の管理処分権が当事者に密接不可分に帰属するかどうかによりこれを決定する見解（管理権説）のほか，近時，実体法上の管理処分権が当事者に密接不可分に帰属するか否かだけでなく，訴訟法上の種々の利益衡量をも合わせて判断すべきであるとの見解（利益衡量説）が主張され，有力になりつつある。

〔参考文献〕
・高橋宏志「共同訴訟について⑴―（４・完）」法教259号81頁，260号85頁，261号87頁，262号102頁（2002）

◇ 発展・研究 ◇

固有必要的共同訴訟の当事者の一部の者が提訴を拒む場合

　共有権確認請求訴訟のような固有必要的共同訴訟において，共同原告とされるべき者の一部の者が提訴を拒むため，訴えが不適法として却下されてしまうと，その訴訟を進行させることは不可能となる。そこでこのような場合にもなお訴訟を進行させ紛争の解決をはかるための方法が主張されている。

　第１に，提訴を拒む者に対して訴訟係属の通知等を行い，その者がその訴訟に参加することができる十分な手続上の機会を保障した上で，その者に対して判決の効力を拡張することにより紛争の抜本的な解決を図る方法である（このような考え方は，民訴法の改正検討事項で示されていたが，採用されなかった）。

　第２に，共同提訴を拒む者がいる場合，その者を被告としてその訴訟に併合

して判決を求めるという方法である（このような方法を採る立法例として，アメリカ連邦民訴規則19条(a)項を参照）。

　この問題について，近時，最高裁は，共有地をめぐる境界の確定を求める訴えにおいて共有者の一部の者が提訴を拒む場合，他の原告らはその者を被告に加えて訴えを提起することができるとする判決を言い渡した（最判平11・11・9民集53巻8号1421頁）。この判例は，基本的に上述の第2の立場に立ったものと思われるが，これがすべての固有必要的共同訴訟に適用されるのか，それとも境界確定の訴えのような特殊な訴えについてのみ適用されるのかについては見解が分かれている。しかし，境界確定の訴え以外の固有必要的共同訴訟においても訴訟進行の必要性は高いこと，被告とされた者に十分な手続保障の機会を提供することができること，外国の立法例においても事件により区別をしていないこと等からすれば，すべての固有必要的共同訴訟についてこのような取扱いを肯定すべきであろう。

2　主観的予備的併合と同時審判申出のある共同訴訟

〔設例〕　Xは，Y_1の代理人であると称するY_2を通して本件土地をY_1に譲渡したが，Y_1が売買代金を支払わないため，Y_1に対して本件売買契約にもとづく代金支払請求の訴えを提起しようと考えた。しかし，仮にY_2の代理行為が無権代理であるとしてその請求が棄却される場合に備え，予備的にY_2に対する無権代理人の責任にもとづく請求の訴えをY_1に対する訴えに併合したい。Xのこのような併合は許されるか。

(1)　主観的予備的併合

(a)　意義　〔設例〕のように，原告Xが主位被告Y_1に対する請求と，これが棄却される場合に備えて予備的被告Y_2に対する請求を併合して訴える場合，すなわちY_1に対する請求の認容を解除条件としてY_2に対する請求を併合する形態を主観的予備的併合とよぶ。この併合形態は，Y_1に対する主位請求とY_2に対する予備的請求とが，実体論理上両立しえない関係にある場合を対象とし

ている。このような併合形態が認められれば，訴訟経済にも合致するし，また矛盾のない統一的な審判をすることが可能となるであろう。ところで，このような併合形態が認められるべきかどうかについては，予備的被告〔**設例**のY_2〕の地位や，上訴審判の統一性という観点から見解が分かれている。

(b) 学説　(イ) 否定説　否定説はその根拠として，第1に，予備的被告の地位の不安定を指摘する。すなわち，この併合形態の下，主位請求認容判決が確定すると，予備的請求についての訴訟係属は遡及的に消滅してしまうこと，したがってまた，その請求については何らの判決効も生じないため，原告Xにより再訴される危険があることである。また，第2に，主観的予備的併合は，通常共同訴訟と解されるため，必ずしも統一的な審判がなされる保障がない点である。

(ロ) 肯定説　肯定説は，この併合形態が訴訟経済に資するし，予備的被告の地位の不安定についても，主位請求認容判決により，被告は当面の目的を達成したとみうること，また，原告による再訴の危険性についても，①参加的効力の類推により（X・Y_2間に当然の補助参加関係を認める），Y_2は，先訴のY_1敗訴判決を援用し，Xの請求を排斥できる，②争点効によりXの請求を排斥できる，③予備的請求をするXの意思は，主位請求が認容されれば予備的請求は撤回するとの意思の表明と考えられるから，後に予備的請求につき再訴することは，禁反言に反し許されない，④本併合形態を予備的併合ではなく，順位的単純併合と構成し，Y_1に対する請求を認容するときはY_2に対する請求を棄却すべきである，との考え方が主張されている。また，統一的な審判の保障についても，①共同被告の一方と原告との間で，他の被告に対する請求について訴訟告知をしたのと同様に考え，敗訴被告が上訴する場合，原告のため，その他の被告に対する敗訴判決につき補助参加人として上訴しうるとみる説，②固有必要的共同訴訟に接近するとみる説，③独立参加関係の規定の類推による40条の準用を認める説等がある。

また，近時は，より具体的な許容要件を定立する見解も主張されている。たとえば，Y_2の紛争原因への関わりとの関係で，Xが相手方を一人に絞るまでの責任を負わない場合に許されるとみる説もある（井上「訴えの主観的予備的併合」講座民訴(2)361頁）。

〔参考文献〕
・鈴木重勝=井上治典編・民事訴訟法Ⅱ（別冊法セミ140号）239頁以下〔小松〕（日本評論社，1995）

(2) 同時審判申出のある共同訴訟

(a) 意義　上述のように，主観的予備的併合の許容性については見解の対立があり，民事訴訟法の改正に関する検討事項の1つとしても取り上げられた。しかし，この併合形態は採用されず，これに代えて新民事訴訟法は，**同時審判申出のある共同訴訟**の制度を創設した（41条）。これは，共同被告の一方に対する訴訟の目的である権利と共同被告の他方に対する訴訟の目的である権利とが法律上併存し得ない関係にある場合において，原告の申出があったときは，統一的な審判の保障という観点から，弁論および裁判は，分離しないでしなければならない，とするものである。この規定は，通常共同訴訟のうち，複数の被告に対する請求が，「法律上併存しえない」ような場合に限り，原告の申出にもとづき弁論および裁判の分離が許されなくなること（同時審判）を新たに認めたものである。もっとも，この併合形態が認められたことにより，主観的予備的併合が不要とされることになるかどうかについては，見解が分かれている。

(b) 要件　(イ) 共同被告の一方と他方に対する訴訟の目的である権利が，法律上併存し得ない関係にあること（41条1項）　これは，各請求が実体法上両立しない関係にある場合であると解されている。したがって，単に「事実上」併存し得ないにとどまる場合を含まないものと解されている（たとえば，Xを負傷させたのは，Y_1またはY_2のいずれかであるというような場合）。

(ロ) 原告の申出があること　この併合形態は，原告の申出がある場合に限られ（41条1項），被告には申立権が認められていない。また，この申出は，控訴審の口頭弁論の終結の時までにしなければならない（41条2項）。上告審は法律審であり，同時審判の必要性は低いからである。

(c) 審判　同時審判申出のある共同訴訟については，その弁論および裁判は分離しないでしなければならない。すなわち，統一的な審判を確保するため，弁論の分離や一部判決をすることは許されない。もっとも，その他の点では通常共同訴訟と同一であり，したがって共同訴訟人独立の原則（39条）が適用されるものと解されている。また，この共同訴訟の場合，各共同被告に係る控訴

事件が同一の控訴裁判所において各別に係属するときは、弁論および裁判は併合してしなければならないものとされている（41条3項）。統一的な審判を確保する必要があるからである。

3　選定当事者
(1)　意　義
　共同訴訟人が多数にのぼる場合、弁論やその準備が複雑となり、送達も各当事者にしなければならないし、また共同訴訟人の一人について生じた事由により、審理の足並みが乱れる等、費用が増加し、訴訟が長期化する恐れもある。そこで、民訴法は、共同の利益を有する多数の者が存在する場合、その中から全員のために原告または被告となるべき者を選定することができるものと定める（30条1項）。このようにして選定された者を**選定当事者**とよび、選定当事者を選定した者を選定者とよぶ。任意的訴訟担当の1つである。
(2)　要　件
　(a)　共同の利益を有する多数の者が存在すること　その訴訟により受ける法律上の利益が共通することであり、多数者間に共同訴訟人となりうる関係があり（38条）、かつ、各人の主要な攻撃防御方法が共通であれば足りると解するのが通説である。たとえば、共有権者、入会権者、民法上の組合における多数の組合員、連帯債務者、同一事故による多数の被害者、公害訴訟における多数の被害者等である。

　(b)　全員のため原告または被告となるべき一人または数人を選定すること
　選定は、自己の権利・法的地位をめぐり訴訟遂行権を授権する行為であり、各人がその意思にもとづき個別に行う。したがって、多数決によることはできない。

　(c)　29条の社団を構成するものでないこと　法人でない社団で、管理人の定めがある場合は除かれる。この場合は、社団自身が当事者になることができるからでる。
(3)　手　続
　選定者が選定当事者を選定する方法には、以下の三種の方法がある。①共同の利益を有する多数の者は、訴訟係属前にあらかじめ選定当事者を選定してそ

の者に訴訟を提起させることができる（30条1項）。②共同の利益を有する多数の者について訴訟係属が生じた後、それらの当事者の中から選定当事者を選定することができ、この場合選定者はその訴訟から当然に脱退する（同条2項）。③以上の2つの方法に加え、新民訴法は、さらに当事者でない者が、訴訟係属中の当事者を選定当事者として選定することができる道を開き（同条3項）、選定当事者制度を利用しやすいものとした。

なお、選定当事者により遂行された訴訟において言い渡された判決の効力は、選定者にも拡張される（115条1項2号）。

4　当事者参加

〔設例〕

①　X_1は、Y株式会社の株主であるが、株主総会の決議の瑕疵を理由として、Yを被告として当該決議の取消しを求める訴えを提起した。X_2もY株式会社の株主であり、X_1の訴訟に参加して決議の取消しを求めたい。X_2は、どのような参加をすべきか。

②　XはYからA土地を購入したことを理由に、Yに対してA土地の所有権の確認を求める訴えを提起した。これに対して、Zは自らがYからA土地を購入したと主張して、自己に所有権があることの確認を求め、その訴訟に参加したい。Zは、誰を被告としてどのような参加をすべきか。

③　債務者Y_1の保証人であるY_2は、Y_1の債権者Xから保障債務の履行を求める訴えを提起された。そこで将来その訴訟に敗訴した場合のY_1に対する求償権を確保するため、Y_1を被告としてその訴訟に引き込みたい。Y_2のこのような訴えは許されるか。

訴訟外の第三者が、既存の訴訟に参加することを**訴訟参加**とよぶ。これにはその第三者が当事者としてその訴訟に参加する**当事者参加**と、当事者としてではなく補助者（補助参加人）として参加する**補助参加**とがある。本節では、前者の当事者参加である共同訴訟参加、独立当事者参加、および主体的追加的併

合について検討することにする。
(1) 共同訴訟参加
(a) **意義および要件**　　共同訴訟参加とは，訴訟の目的が当事者の一方および第三者について合一にのみ確定すべき場合に，その第三者が共同訴訟人としてその訴訟に参加する参加形態をさす（52条1項）。その第三者が当事者として参加することにより，後発的に共同訴訟が成立する。その要件は，次のとおりである。

(イ) **訴訟の目的が当事者の一方および第三者について「合一にのみ確定すべき」場合であること**　　①本条1項における合一確定が，まず第1に，いわゆる「既判力の合一確定」の必要がある場合をさすことについては，争いがない。たとえば，〔**設例①**〕のように，株主の一人が会社を被告として提起した株主総会決議取消訴訟（商247条）に，その裁判の判決効の拡張を受ける他の株主が原告側に当事者として参加するような場合が典型例である。②この他，固有必要的共同訴訟の関係にある者の一人が脱落したため，その者が当事者として本条の参加をなし得るかについては見解が分かれるが，本条参加により手続上の瑕疵が治癒され訴訟を進行させることができるから，肯定すべきである（大判昭9・7・31民集13巻1483頁）。③なお，合一にのみ確定すべき関係にない第三者（併合後，もっぱら通常共同訴訟人としての関係にたつにすぎないような第三者）が，係属中の訴訟の当事者の一方に共同訴訟人として参加することができるかどうかは，訴えの主観的追加的併合の問題となる（後述発展・研究参照）。

(ロ) **参加人が，当事者として独立した当事者適格を有すること**　　通説は，第2の要件として，参加人が当事者として独立した当事者適格を有することを要するとする。したがって，参加人が独立した当事者適格を有しないときは本条参加はできず，もっぱら補助参加（共同訴訟的補助参加，後述227頁参照）をなしうるにとどまるとする（たとえば，〔**設例①**〕で，株主総会決議の日から3カ月をすぎた後は〈商248条1項〉，他の株主は補助参加〈共同訴訟的補助参加〉をなし得るにすぎない）。しかし，近時，本条の参加には，参加人が独立した当事者適格を有する必要はなく，本条の「合一確定」の要件を満たせば，当然に当事者として参加することができるとする見解が有力に主張されている

(櫻井孝一「共同訴訟的参加と当事者適格」中村宗雄先生古稀祝賀記念論文集247頁)。

(b) 手続　共同訴訟参加の申出は，参加の趣旨および原因を明らかにして，参加により訴訟行為をする裁判所にしなければならない（52条2項・43条）。また，共同訴訟参加の申出は書面ですることを要し，この書面は当事者の双方に送達しなければならない（52条2項・47条2項・3項）。

(2) 独立当事者参加

(a) 意義　**独立当事者参加**とは，第三者が原被告間の訴訟の結果により権利を害されること（詐害防止参加），またはその訴訟の目的の全部もしくは一部が自己の権利であること（権利主張参加）を主張して，その訴訟の当事者の双方または一方を相手方として，当事者としてその訴訟に参加する参加形態をさす（47条）。

その訴訟構造については，①参加人が，本訴当事者の一方と共同訴訟人となるとみる共同訴訟説，②本訴と，本訴の両当事者を共同被告とする訴えが併合されたものとみる主参加併合訴訟説，③原告対被告，参加人対原告，参加人対被告の三個の訴訟が併合されたものとみる三個訴訟併合説，④原告，被告，参加人間に三面的な訴訟関係が成立するものとみる三面訴訟説が主張され，三面訴訟説が多数説である。しかし，新民訴法は，今回の改正において，本訴当事者の一方のみを被告とする独立参加形態をも規定しており，なお三面訴訟説を維持できるかどうかが，訴訟構造論の実益の問題をも含めて再考される必要があろう。

(b) 要件　(イ) 参加の理由が存在すること　これには，詐害防止参加と権利主張参加がある。

(i) 第三者が原被告間の訴訟の結果により権利を害されることを主張すること（**詐害防止参加**）　第三者の権利が害される場合とは，①第三者に判決効が拡張される場合とみる説，②第三者が，係属中の訴訟の結果について，補助参加の場合よりも狭い意味での利害関係を有する場合であるとみる説，③本訴が客観的にみて第三者の利益を害する詐害訴訟であるかどうかにより決定されるべきであるとみる説が主張されている。このうち，①説は，参加の認められる範囲が狭すぎ，また②説は補助参加との区別が明確でないこと等から，③説が多数説であるが，近時，④より具体的な要件論をめざすべきであるとの立場

から，訴訟の勝敗により第三者の権利や利益が受ける影響，その因果関係の程度を中核としつつ，当該訴訟の具体的経過や訴訟前・訴訟外の紛争経過からみて当該第三者に訴訟に介入するだけの具体的利益ないし必要性が認められるかどうかを考慮基準とすべきであるとの見解（井上治典「独立当事者参加」新・実務民訴(3)49頁）も主張されている。

(ⅱ) 第三者がその訴訟の目的の全部または一部が自己の権利であることを主張すること（**権利主張参加**）　これは，原告の主張する権利と第三者（参加人）の主張する権利とが，実体法上論理的に合一にのみ確定されるべき関係にあるような場合をさす。たとえば，〔設例②〕で，原告Xの被告Yに対するA土地の所有権の主張と，参加人ZのA土地についての所有権の主張とはこのような関係にあると考えられる。また，原告の被告に対する貸金債権の主張と，参加人の当該債権上の質権の主張も，同様の関係にあると考えられる。

(ロ) その訴訟の当事者の双方または一方を相手方とすること　旧民訴法71条は，独立当事者参加訴訟は，その訴訟の当事者の双方を相手方とするものと規定していた。これに対して，参加人が当事者の一方のみを相手方とすることができるかどうかについては，見解が分かれていた。学説では，争わない者を当事者とする利益も必要もないこと，当事者の一方と参加人との間でも民訴法40条を準用して統一的な審判をする必要は存在すること等を理由に，参加人は常に当事者の双方を相手方とする必要はないとする見解が有力であった。新民事訴訟法は，この有力説の見解をとり，参加人は，その訴訟の当事者の双方または一方を相手方として，参加することができるものと規定した（47条1項）。

(c) 手続　(イ) 独立当事者参加については，補助参加申出の方式の規定が準用される（47条4項）。しかし，独立参加は参加人による新たな訴えの提起であるから，参加の申出は書面でしなければならない（同条2項）。また，この書面は当事者双方に送達しなければならない（同条3項）。

(ロ) 判例（大判昭15・4・10民集19巻716頁）は，補助参加に対する異議を定める44条は独立参加には準用されないとしており，通説も，本条参加に異議があるときは，理由があれば判決により不適法却下し，理由がなければ中間判決または本案の終局判決でその旨裁判するものとしている。

(d) 審判　(イ) 独立当事者参加は，原告，被告，参加人が相互に対立・牽

制しあう訴訟形態であり，三者間に矛盾のない判決を言い渡す必要から，民訴法は，独立参加について必要的共同訴訟に関する40条の規定を準用している。すなわち，①二当事者間の訴訟行為は，他の当事者に不利益には効力を生ぜず（40条1項準用。本訴当事者間の自白，請求の放棄・認諾は，参加人が争えば効力を生じない），②ある当事者に対してした相手方の訴訟行為は，他の当事者に対しても効力を生じ（40条2項準用。被告が参加人の主張を争えば，原告に対しても争ったものとされる），③三者のいずれか一人につき中断・中止の事由が生じれば，残りの二人についても同一の効果が生じる（40条3項準用）。

なお，新民訴法は，今回の改正に際して当事者の一方のみを相手方とする独立参加形態を肯定したが，この場合も本訴と参加の訴えとは実体法上論理的に合一に確定すべき関係にあり，したがって統一的な審判の必要から40条の規定が準用されると解する。

(ロ) また，三者間に矛盾のない判決を言い渡す必要から，弁論の分離は許されず，また一部判決も許されない（最判昭43・4・12民集22巻4号877頁）。

◇ 論　点 ◇

1　訴訟脱退と判決効

参加人が自己の権利を主張して独立当事者参加した場合に，参加前の原告または被告は，相手方の承諾を得て訴訟から脱退することができる（48条前段）。争う意思のない当事者がその訴訟から脱退することを認めたものであり，これを**訴訟脱退**という。脱退により，独立参加訴訟は，参加人と原告または被告との間の二面訴訟に移行する。この場合，三者間での紛争の一体的な解決の必要から，判決は脱退した当事者に対してもその効力を有するものと規定されている（48条後段）。

(1) **相手方の承諾**　　参加前の原告または被告が訴訟脱退をするには，相手方の承諾をうることが必要とされている。ところで，この承諾を要するとされる「相手方」には，原告脱退の場合は被告を，被告脱退の場合は原告をさすことについては争いがない。いずれの場合も，その相手方はその訴訟を維持して相手方を敗訴させる利益を有すると考えられるからである。これに対して，この相手方にはさらに参加人が含まれるかどうかについては，見解が分かれてい

る。条文上は「相手方」とのみ規定されていること，また脱退者に対しても判決効が拡張されること等を理由に，通説・判例（大判昭11・5・22民集15巻988頁）は参加人の承諾を不要と解している。これに対して，参加人が脱退当事者の主張や資料提出に期待する場合もあるとして，原則的には参加人の同意をも要するが，不同意に正当な理由がないときは，同意は不要と解する見解もある（井上・前掲新・実務民訴3巻74頁）。

(2) 脱退当事者に対する判決効　訴訟脱退の場合の脱退者に及ぶ判決効の根拠については，見解が分かれる。これには，①脱退者が自己の立場を全面的に参加人と相手方との間の勝敗の結果に任せ，これを条件として参加人および相手方と自分との間の請求についてなす予告的な放棄または認諾にもとづくとする説，②参加人と残存当事者間の判決の内容が，脱退者に対しても論理上合一に確定されるべき必要性に基づくとする説，③両説の空白部分を埋めるため，その双方を根拠とする説，④原告脱退は，訴え取下げ類似の訴訟処分行為であり，被告脱退は，当事者権（攻撃防御権ないしその責任）の放棄またはその残存当事者への信託であり，脱退被告に対する請求は脱退後も存続するとみる説等が主張されている。

2　独立参加と上訴

　独立参加訴訟において一当事者が勝訴し残りの二当事者が敗訴したときに，敗訴者の一人が上訴すると，上訴しなかった他の敗訴者が上訴審においてどのような地位に立つかについては，上訴審判における申立主義（304条）の原則とも関連して見解が分かれる。①上訴しなかった敗訴者は，40条1項を準用して，上訴人となるとみる見解がある。②上訴しなかった敗訴者は，40条2項を準用して，被上訴人となるとみる見解がある。③上訴人としての地位と被上訴人としての地位とを併有するとみる見解等がある。これらの見解のうち，①説や③説のように上訴しない敗訴者に上訴人としての地位を認める見解によれば，上訴裁判所は，その者の敗訴部分をその者に有利に変更することもできると考えられる。これに対して，上訴しない敗訴者は，被上訴人となるとみつつ，この者の上訴審における地位の問題と上訴審判の対象の問題とを区別する立場から，上訴裁判所は論理上合一確定の必要がある限度で，被上訴人の敗訴部分を

も変更することができるとする見解，上訴した者が上訴しない敗訴者の判決部分にも不服の利益を有するか否かを基準とする見解等が主張されている。

判例は，独立参加訴訟において，上訴しなかった敗訴者は被上訴人の地位にたつとした上で，合一確定に必要な限度でこの者の利益に原判決を変更することができるとする（最判昭50・3・13民集29巻3号233頁）。

〔参考文献〕
・木川統一郎＝中村英郎編『民事訴訟法』107頁以下〔小松〕（青林書院，1998）

◇ 発展・研究 ◇

主観的追加的併合

(1) 意　義

継続中の訴訟に第三者が後発的に参加することにより，多数当事者訴訟が発生する場合を広く訴えの**主観的追加的併合**とよぶ。このうち，民訴法上規定されているものについては問題がないが（47条・49条・50条・51条・52条等），これ以外にこのような併合形態を認めることができるかどうかについては，見解が分かれる。多数説は，裁判の矛盾の防止や訴訟経済の観点からこのような併合形態を肯定するが，判例は否定的である（最判昭62・7・17民集41巻5号1402頁・百選Ⅱ［168］事件）。

(2) 具体例および要件

これには，参加型と引込み型とが考えられる。①参加型は，(a)第三者が原告側に参加することにより，原告側に複数の通常共同訴訟形態が発生する場合と，(b)第三者が被告側に参加することにより，被告側に複数の通常共同訴訟形態が発生する場合とが考えられる。②引込み型は，①原告が第三者を被告側に追加して，被告側が複数の共同訴訟形態が発生する場合，②被告が第三者を原告側に追加して，原告側が複数の共同訴訟形態が発生する場合，が考えられる。

以上のような主観的追加的併合が許容されるための要件として，第1に，審級の利益の観点から，原則として「第一審」の口頭弁論終結前に限られ（ただし，相手方の同意があれば，控訴審でもよい），第2に，主観的要件として民訴法38条前段に該当する場合（「権利・義務の共通」および「原因の同一」の場合）に限られる，と解される。しかし，前掲最判昭和62年判決は，①明文の

規定がないこと，②訴訟の複雑化の弊害，③濫訴のおそれ，④訴訟遅延を招きやすいこと，⑤別訴の提起と弁論の併合により対処し得ることを理由にこのような併合形態を否定している。

(3) 第三者の訴訟引込み

さらに，近時，学説は，①本訴訟の被告が，第三者を自己の被告としてその訴訟に引き込む場合（〔設例③〕の事例。塡補型）のほか，②本訴訟で債権者から訴えられた被告が，他の自称債権者をその訴訟に引き込む場合（権利者指名型），および③賠償請求を受けた者が，第三者が義務者だとして引き込む場合（転嫁型），を主張する。

〔設例③〕は，債務者Y_1の保証人Y_2が，債権者Xから保障債務の履行を求める訴えを提起された事例であり，この場合，Y_2はこの訴えで敗訴した場合に備え，債務者Y_1への求償請求のため，Y_1を被告としてその訴訟に引き込むことができるとすれば，訴訟経済にも資するし，裁判の矛盾も防止することができて便利である。その許容要件としては，①X・Y_2間請求とX・Y_1間請求との間に，(a)条件関係の存在と訴訟資料の主要部分の共通性を要求する見解，(b)条件関係がなくても，両請求を基礎づける事実関係や訴訟資料の共通性を要件としてもう少し広く許容してよいとする見解がある。さらに，近時の学説は，具体的な紛争経過や訴訟手続の経過からみて，②Y_1がその訴訟に引き込まれてもやむをえない事情が存在し，また③X側にも，Y_1の引込みを甘受すべき事情が存在することを要するとする。

〔参考文献〕
・鈴木重勝＝井上治典編・民事訴訟法Ⅱ（別法セミ140号）239頁以下〔小松〕（日本評論社，1995）

5 補助参加

〔設例〕
① 債権者Xが，主債務者Y_1に対して，貸金債権の履行を求める訴えを提起した場合に，被告Y_1の保証人であるY_2は，Y_1側に補助参加することはできるか。

② 債権者Xが，保証人Y_2に対して保証債務の履行を求める訴えを提起した場合，主債務者Y_1は，被告Y_2側に補助参加することはできるか。

③ バス事故の被害者の一人X_1がバス会社Yを被告として損害賠償請求訴訟を提起した場合，同じバスに乗り合わせていた他の被害者X_2は，X_1側に補助参加できるか。

④ A株式会社の株主Xは，その会社の取締役Yが違法な経営により会社に対して損害を与えたとして，Yを被告とする株主代表訴訟を提起したとした場合，A株式会社は，被告Y側に補助参加することはできるか。

⑤ 債権者Xが，保証人Y_2に対して保証債務の履行を求める訴えを提起したので，Y_2は主債務者Y_1に対してその旨の訴訟告知をしたが，Y_1は参加しなかった。この場合，その訴訟告知はどのような効果を持つか。

(1) 意 義

補助参加とは，訴訟の結果について利害関係を有する第三者（補助参加人とよぶ）が，当事者の一方を補助するため，その訴訟に参加する参加形態をさす（42条）。自己の名で訴訟行為をする点で，本人の名で訴訟行為をする訴訟代理人や補佐人と異なり，また相手方との間に請求を立ててそれについての審判を求めるのではなく，単に当事者の一方を補助するために参加する点で，純然たる当事者とも異なる（この点で，共同訴訟参加や独立当事者参加と区別される）。

(2) 要 件

補助参加の要件は，次のとおりである。

(a) 他人間に訴訟が係属中であること　　第三者が補助参加をするには，他人間に訴訟が係属中であることを要する。訴訟係属中であれば，上訴の提起とともに補助参加の申立てをすることができる。ただし，終局判決の確定後であっても，その判決について再審事由が存在するときは，再審の訴えの提起とともに補助参加の申立てをすることもできる（45条1項）。

(b) 訴訟の結果について利害関係を有すること（補助参加の利益）　　第三

者が補助参加をするには，その訴訟の結果について利害関係を有することを要する（42条）。この利害関係のことを補助参加の利益とよぶ。補助参加の利益は，単に事実上の（すなわち経済的または感情的な）利害関係ではなく，法律上の利害関係であることを要する。ところで，この補助参加の利益の意義については，以下のように見解が分かれている。

(イ) 従来の通説は，補助参加人が訴訟の結果について利害関係を有する場合とは，補助参加人の権利義務その他の法律上の地位が，論理上，判決主文の内容をなす訴訟物である権利関係の存在を前提として決せられる関係（先決・後決関係）にある場合をさすとする（兼子・体系400頁）。〔**設例①**〕では，保証人Y_2の負う保証債務は，訴訟物の内容をなす主債務者Y_1の債権者Xに対する主債務の存在をその論理的前提としている。また，〔**設例②**〕では，保証人Y_2が敗訴した場合に主債務者Y_1がY_2に対して負う求償債務は，訴訟物の内容をなす保証人Y_1の債権者Xに対する保証債務の存在をその論理的前提としているから，いずれも補助参加の利益が肯定されると解される。

これに対して，〔**設例③**〕では，X_2・Y間の損害賠償請求権は，訴訟物を構成するX_1・Y間の損害賠償請求権そのものとは別個であり，これをその論理的前提とするものではないから，従来の通説によれば，X_2は，X_1側に補助参加することはできないことになろう。

(ロ) このため，近時の有力説は，補助参加における利害関係とは，関連紛争の一挙的解決の要請から，訴訟物たる権利関係に限らず，広く「判決理由中の判断」に利害関係を有する場合を含むと解している（井上・補助参加の利益77頁）。この見解によれば，〔**設例③**〕の事例では，X_2のYに対する損害賠償請求権は，X_1・Y間の損害賠償請求権の前提として判決理由中で判断される被告Yの過失の有無という争点をその論理的前提としており，したがってX_2は補助参加の利益を有すると考えられる。

また，〔**設例④**〕の株主代表訴訟では，株主Xは，株式会社Aの取締役Yに対する損害賠償請求権を会社に代位して行使する側面をも有すると考えられるので，訴訟物たる株式会社Aの被告取締役Yに対する損害賠償請求権に関する利害関係を基準とすれば，株式会社Aは原告X側に補助参加する利益を有し，被告Y側に補助参加する利益はないものとも考えられよう。しかし，反面で株

式会社Aは，株主Xによる取締役Yに対する責任追及に対しては，A株式会社のイメージ・ダウンを防止し企業防衛を図るためにも，Aの取締役らはなんら違法行為も行っておらず，適正な経営が行われれていると主張する利益をも有しており，この点で，訴訟物レベルではなく判決理由中で判断される取締役の違法行為の有無という争点にも直接の利害関係を有すると考えられる。また，株式会社Aが被告取締役Yに補助参加することにより，裁判に必要とされる十分な訴訟資料の提出も期待できると考えられる。したがって，この考え方によれば，AはY側に補助参加する利益をも有すると考えることができよう。判例も，近時，Aの被告Y側への補助参加を肯定した（東京高決平9・9・2判時1633号140頁，最決平13・2・1民集55巻1号30頁。なお，平成13年の商法改正により，監査役の同意を条件として，会社の被告取締役への補助参加を認める規定が置かれた〔商268条8項〕)。

(3) 手　　続

(a) 補助参加の申出　　補助参加の申出は，参加の趣旨および理由を明らかにして，補助参加により訴訟行為をすべき裁判所にしなければならない（43条1項）。補助参加の申出は，補助参加人としてすることができる訴訟行為とともにすることができる（同条2項）。

(b) 補助参加に対する異議　　当事者が補助参加について異議を述べたときは，裁判所は，補助参加の拒否について，決定で裁判をする。この場合，補助参加人は，参加の理由を疎明しなければならない（44条1項）。しかし，当事者が異議を述べずに弁論をし，または弁論準備手続で申述をした後は，異議を述べることができない（同条2項）。異議に関する裁判については，即時抗告をすることができる（同条3項）。

(4) 補助参加人の地位

(a) 補助参加人の独立性　　補助参加人は当事者ではないが，補助参加人に対しては，その手続に関与する機会を保障する必要から，当事者と同様に期日の呼出状等の送達や，判決文の送達をなすことを要する。

(b) 補助参加人の従属性　　補助参加人は，当事者の一方を補助するため，その訴訟について，攻撃または防御の方法の提出，異議の申立て，上訴の提起，再審の訴えの提起，その他一切の訴訟行為をすることができる（45条1項）。

しかし，補助参加人の地位は当事者のそれに従属するものであるから，以下のような訴訟行為はすることができないものとされている。

(イ) 補助参加の時における訴訟の程度に従いすることができないもの（45条1項但書）　たとえば，被参加人についてすでに上訴期間が経過しているときは，補助参加人は新たに上訴を提起することはできないし，また時期に遅れて提出されたものとして却下された攻撃・防御方法を，補助参加人が新たに提出することはできない。

(ロ) 被参加人の訴訟行為と抵触するもの（45条2項）　たとえば，被参加人が控訴権を放棄している場合は，補助参加人は控訴を提起することはできない（大判大9・10・30民録26輯1685頁）。

(ハ) 当事者処分権主義の対象となるもの　たとえば，訴えや上訴の取下げ，和解，請求の放棄・認諾等のように，当事者処分権主義の対象となる訴訟行為は，当事者の権限に属しており，補助参加人は，これらの訴訟行為をすることはできない。

(ニ) 相手方に対する新たな判決の申立てを内容とするもの　たとえば，補助参加人は，反訴の提起，訴えの変更等のように，訴訟の相手方に対する新たな判決の申立てを内容とする訴訟行為をすることはできない。

(ホ) 被参加人に属する実体法上の権利の行使　たとえば，被参加人の有する取消権，解除権等の実体法上の権利を補助参加人が行使できるかについては，見解が分かれる。実体法上その代位行使が認められる場合を除き（民423条・436条2項等），補助参加人は当然にはこれらの権利を行使できないとするのが通説である。しかし，反対説は，参加人が被参加人を勝訴させるための固有の権限と独自の利益を有すること，および被参加人に保護手段として異議権が与えられていることを根拠に，参加人はこれらの権利を行使することができるとする。

＊**共同訴訟的補助参加**——学説は，この他，本訴訟の判決の効力が，相手方と第三者の間にも及ぶ場合，この第三者が補助参加をした場合を，通常の補助参加と区別して，**共同訴訟的補助参加**と呼んでいる。参加人に通常の場合以上に強い必要的共同訴訟人に準じた訴訟追行権能を与えて，その立場を保護する必要があることから認められるとする（兼子一・体系407頁）。この見解に対しては，52条

の共同訴訟参加の規定があるので，あえてそのような補助参加の形態を認める必要はないとの批判があるが，52条の参加は，独立して当事者適格を有するものに限られるから，なおこのような補助参加の形態を認める必要があるとする（兼子・前掲407頁）。もっとも，52条の共同訴訟参加には，独立した当事者適格を要しないとの学説（櫻井孝一「共同訴訟的参加と当事者適格」中村宗雄先生古稀祝賀記念論文集247頁）に立てば，やはりこのような特殊な補助参加の形態を認める必要はないことになろう。

◇ 論 点 ◇

補助参加人に対する裁判の効力——参加的効力

(1) 意　義

　民事訴訟法は，補助参加人が当事者の一方を補助するためその訴訟に補助参加したときは，一定の例外を除き，原則としてその裁判は補助参加人に対しても効力を有するものと規定する（46条）。通説は，補助参加人に対するこの裁判の効力を，既判力とは異なる**参加的効力**とみるが，近時は以下のように新たな見解も有力に主張されている。

(2) 性　質

　(a)　旧既判力説　　旧民事訴訟法の下における当初の学説は，補助参加人に対する裁判の効力を，当事者間に発生する既判力が補助参加人にも拡張されるものと考え，判例もこの立場に立っていた（大判昭15・7・26民集19巻1395頁）。

　(b)　参加的効力説　　これに対して，通説は，補助参加人に対する裁判の効力は，参加人・被参加人間の敗訴責任の公平な分担という要請にもとづいた，既判力とは異なる特殊な効力（参加的効力）とみる。既判力との相違点は，①参加的効力は，被参加人が「敗訴」した場合にだけ生じる，②「被参加人」と「参加人」との間において生じる，③判決主文だけでなく，「判決理由中の判断」にも生じる，④一定の除外事由が存在する（46条1号〜4号）ことである。

　したがって，この見解によると，たとえば〔設例②〕で，債権者Xの保証人Y_2に対する保証債務請求訴訟に主債務者Y_1が補助参加し主債務の存在を争ったが，主債務の存在が認められ，Xが勝訴しY_2が敗訴した場合，参加的効力は被参加人Y_2と参加人Y_1間に生じることになる。そこで，①敗訴した保証人

Y₂が主債務者Y₁を被告として求償請求の後訴を提起した場合，Y₁は，保証債務の存在，およびその前提としての主債務の存在を争うことができない。②しかし，相手方である債権者Xと参加人Y₁との間には参加的効力は生じないものとされるから，上述の訴訟で勝訴した債権者Xが，主債務者Y₁に対して主債務請求の後訴を提起した場合，主債務者Y₁は再度主債務の存在を争うことができることになる。しかし，このような結果は，X・Y間の公平の見地からみて妥当でないと考えられ，相手方・参加人間にも参加的効力を認めるべきであるとの見解も有力である。

(c) 複合的効力説　この見解は，相手方に対する関係と被参加人に対する関係とを分け，(a)「相手方」に対する関係では，①請求自体についての判断が補助参加人の権利関係の先決問題になっているときは，補助参加人は，その訴訟追行が訴訟進行状況または被参加人により妨げられた場合を除き，相手方と被参加人との間の「既判力の拡張」を受ける（たとえば，〔**設例①**〕で，債権者Xの勝訴後，Xの保証人Y₂に対する保証債務請求の後訴では，保証人Y₂は，X・Y₁間で主債務が存在するとの既判力ある判断に拘束される）。②請求の当否の前提をなす主要な争点についての判断に，補助参加人が直接の利害関係をもつ場合には，当事者間に争点効が生じる限度で，かつ46条の制限の下で，補助参加人と相手方との間にも「争点効」が生じるとする（たとえば，〔**設例②**〕で，債権者Xの勝訴後，Xの主債務者Y₁に対する主債務請求の後訴で，Y₁は，前訴での判決理由中で判断された主要な争点である主債務の存在について生じた争点効に拘束される）。次に，(b)「被参加人」に対する関係では，①被参加人敗訴のときは，参加人・被参加人間には「参加的効力」が生じ，②被参加人勝訴のときは「争点効」が生じるとする（新堂・新民訴699頁以下）。

(d) 新既判力説　この見解は，判決の既判力の根拠を手続保障と自己責任に求める立場から，補助参加訴訟の判決の基礎は，相手方（原告）・被参加人・参加人の三者により形成されたものであり，したがって，その判決は，相手方・被参加人のみならず，被参加人・参加人間および相手方・参加人間においても，等しく既判力を生じさせるとみる見解である。

(3) 補助参加人に対する裁判の効力の除外事由

補助参加人が係属中の訴訟に補助参加した場合であっても，以下のような事

由があるときは，その裁判は補助参加人に対してその効力を及ぼさない。すなわち，①補助参加の時における訴訟の程度に従い，補助参加人が訴訟行為をすることができなかったとき（46条1号），②補助参加人の訴訟行為が，被参加人の訴訟行為と抵触するため，その効力を生じなかったとき（46条2号），③被参加人が補助参加人の訴訟行為を妨げたとき（46条3号），④被参加人が補助参加人のすることができない行為を故意または過失によりしなかったとき（46条4号），である。

◇ 発展・研究 ◇

訴訟告知
(1) 意　義
　訴訟告知とは，当事者が訴訟の係属中，参加することができる第三者にその訴訟の告知をすることをいう（53条1項）。これは，告知を受けた者（被告知者）に訴訟参加の機会を与えるためのものであり，また告知者は，被告知者が実際に補助参加しなかった場合でも，参加的効力を及ぼすことができるので（53条4項），自らが敗訴した場合，第三者に求償や賠償を求めることができる地位にある者にとり有意義な制度である。

(2) 手　続
　訴訟告知は，その理由および訴訟の程度を記載した書面を裁判所に提出してしなければならない（53条3項）。また，訴訟告知の書面は，訴訟告知を受けるべき者に送達しなければならない（規22条）。訴訟告知を受けた者は，更に訴訟告知をすることができる（53条2項）。

(3) 効　果
　(a)　訴訟告知を受けた者が参加しなかった場合でも，参加することができた時に参加したものとみなされ，参加的効力が及ぶものとされる（53条4項）。たとえば，〔設例⑤〕で，保証人Y_2があらかじめ主債務者Y_1に対して訴訟告知をしておけば，Y_2の敗訴後，Y_2のY_1に対する求償債務請求の訴えで，Y_1にはその裁判の効力が及び，前訴での主債務が存在するとの争点に拘束される。もっとも，近時の有力説は，訴訟告知をなし得る者と，訴訟告知により裁判の効果を受ける者とを区別して考え，訴訟告知を受けた者すべてに参加的効力が

及ぶのではなく，告知者・被告知者間に共同の訴訟追行を期待することができるような実体関係がある場合にのみ参加的効力が生じると解している。

　これに関連して，告知者から告知を受けた者が，告知者の相手方に補助参加した場合に，告知者による被告知者を被告とする後訴において，告知者・被告知者間に参加的効力が生じるであろうか。これを肯定する判例（仙台高判昭55・1・28高民集33巻1号1頁）があるが，上記の有力説は，このような場合，告知者・被告知者間に鋭い利害対立があり，共同の訴訟追行を期待できないとして，参加的効力を否定する。もっともこの事例のように，被告知者が実際に補助参加したときは，訴訟告知の効果を持ち出すべきではなく，補助参加の効果で考慮すべきであるとの考え方もある（新堂・新民訴708頁）。

　(b) 訴訟告知により参加的効力が生じるとされる場合でも，手続権の保障という観点から，その効力は告知者・被告知者間のみに生じ，被告知者と相手方との間までは生じないと解され，また，告知者が勝訴した場合も効力は生じないと解されている（小林秀之・プロブレムメソッド新民訴法449頁［補訂版］［1999］）。

6　当事者の変更

〔設例〕
　① 原告X_1は被告Yに対してその所有権にもとづく土地の明渡しを求める訴えを提起したが，その訴訟の係属中にX_1がその土地の所有権をX_2に譲渡したとした場合，X_2およびYは，それぞれ訴訟上どのような手段をとることができるか。
　② 原告Xは，当初被告を株式会社Y_1として売買代金支払請求の訴えを提起したが，実はその契約の相手方がY_1ではなく，その取締役Y_2個人であったとして，被告をY_1からY_2に変更したい。Xのこのような申立ては許されるか。

(1)　意　義

　訴訟の係属中，その訴訟の当事者が新たな当事者と交替することを広く**当事**

者の変更とよぶ。当事者の変更には，訴訟法上の規定にもとづき認められる法定当事者変更と，明文の規定がなく解釈上認められる任意的当事者変更とがある。

(2) 法定当事者変更

これは，訴訟法上の規定にもとづき，交替前後の当事者間における実体法上の権利・義務の承継等を通して，新当事者に当該訴訟の当事者適格等が移転し，新当事者に旧当事者の訴訟遂行の効果が受け継がれる場合をさし，訴訟承継ともよぶ。これには，訴訟法上当然に訴訟承継が生じる**当然承継**と，当事者の行為により初めて訴訟承継が生じる**参加承継・引受承継**とがある。

(a) **当然承継** 当然承継とは，訴訟法上当然に訴訟承継が生じる場合であるが，民訴法は，その原因を，もっぱら訴訟手続の中断・受継という観点から規定する。しかし，訴訟手続の中断・受継は訴訟手続の進行に関する規定であり，訴訟承継の有無とは必ずしも一致しない。

(イ) **原因** 当然承継の原因には，①当事者の死亡（124条1項1号。相続人，相続財産管理人その他法令により訴訟を続行すべき者が受継する），②当事者である法人の合併による消滅（同条同項2号。合併により設立された法人または合併後存続する法人が受継する），③当事者の訴訟能力の喪失または法定代理人の死亡もしくは代理権の消滅（同条同項3号。法定代理人または訴訟能力を有するに至った当事者が受継する），④当事者である受託者の信託の任務終了（同条同項4号。新受託者が受継する），⑤一定の資格を有する者で自己の名で他人のために訴訟の当事者となる者の死亡その他の事由による資格の喪失（同条同項5号。同一の資格を有する者が受継する），⑥選定当事者の全員の死亡その他の事由による資格の喪失（同条同項6号。選定者の全員または新たな選定当事者が受継する），⑦当事者の破産（125条1項。破産管財人が受継する），および破産の解止（同条2項。破産者が受継する）がある。なお，これらのうち①から⑥までの事由がある場合でも，その当事者に訴訟代理人がいるときは，訴訟手続は中断しない（124条2項。その訴訟代理人が訴訟を追行することができるからである）。

なお，上述③の中断事由における「法定代理人」が，保佐人または補助人である場合に，(i)被保佐人または被補助人が訴訟行為をすることについて保佐人または補助人の同意を得ることを要しないとき（たとえば，被保佐人が被告あ

§3 多数当事者訴訟 233

るいは被上訴人であるような場合や，被補助人が，そもそも訴訟行為をするにつき補助人の同意を要する旨の審判を受けていないような場合。秋山＝伊藤他・コンメンタール民訴Ⅱ482頁［2002］)，または(ii)被保佐人または被補助人が保佐人または補助人の同意を得ることを要する場合に，その同意を得ているときは，その訴訟手続は中断しない（124条5項）。

　(ロ)　手続　訴訟手続の受継の申立ては，書面でしなければならない（民訴規51条）。この申立ては，相手方もすることができる（126条）。受継の申立てがあったときは，裁判所は，相手方に通知しなければならない（127条）。受継の申立てがあった場合には，裁判所は，職権で調査し，理由がないと認めるときは，その申立てを却下する決定をする（128条1項）。裁判の送達後に中断した訴訟手続の受継の申立てがあったときは，その判決をした裁判所は，その申立てについて裁判しなければならない（理由があると判断する場合を含む。すでに口頭弁論期日が終了しているため，判決効を受ける当事者の範囲や上訴期間を明確にする必要があるからである。128条2項）。当事者が受継の申立てをしない場合，裁判所は職権で訴訟手続の続行を命じることもできる（129条）。

　当然承継により，承継前の訴訟手続の下において行われた当事者の訴訟行為や証拠調べ等は，すべて承継後の訴訟手続に引き継がれることになる。

　(b)　参加・引受承継
　(イ)　意義　訴訟の係属中に，第三者がその訴訟の目的である権利または義務の全部または一部を承継した場合，その第三者が自らその訴訟に当事者として参加することを参加承継とよび（49条・51条），被承継人の相手方が，第三者たる権利または義務の承継人にその訴訟を引き受けさせることを引受承継とよぶ（50条・51条）。

　(ロ)　承継の意義　参加承継および引受承継における承継の意義については，見解が分かれる。①この承継を訴訟対象を構成する実体法上の権利・義務の承継とみる見解がある。しかし，たとえば，債権者代位訴訟における原告適格の移転や，土地明渡請求訴訟における被告適格の移転は，訴訟対象たる権利・義務の変動とは結びつかない。②そこで，この承継とは，訴訟対象を構成しているかどうかとは無関係に，何らかの実体法上の権利・義務の移転にもとづいた当事者適格の承継を意味するとの見解が通説である。③しかし，訴訟承継を当

事者適格の承継と解すると，当事者適格は訴訟対象を基準として判断されるため，承継前後の訴訟対象が異なると，承継が認められず妥当でないことから，広く紛争主体たる地位の移転があるとみられる場合に訴訟承継を肯定する見解もある（新堂・新民訴730頁）。④さらに近時，承継を広く訴訟物を構成する権利関係の基礎をなす実体関係の承継とみつつ，請求は承継の前後を通して同一であり，当事者の交替のみをもたらすにすぎない単純型訴訟承継と，当事者の交替のみならず，請求が承継の前後で異なるため，手続保障上の配慮を必要とする訴え変更・反訴型訴訟承継とを区別する見解もある（上田・民訴法［2版］545頁）。

(ハ) 参加承継　参加承継とは，訴訟の係属中，その訴訟の目的である権利の全部または一部を譲り受け，またはその訴訟の目的である義務の全部または一部を承継した第三者が，自らその訴訟に参加することをいう（49条・51条）。参加承継は，独立当事者参加の方式にもとづいて行われる（49条・47条1項。したがって，その手続には，必要的共同訴訟に関する民訴40条1項～3項の規定が準用される）。被承継人は相手方の同意を得てその訴訟から脱退することができ（48条），また承継を争わない被承継人を相手方とする必要はない（47条1項）。〔設例①〕で，係争地を譲り受けたX_2は，自らその訴訟に参加して訴訟を承継することができるし，X_1はYの同意を得て訴訟から脱退することができ，また承継を争わないX_1を相手方とする必要はない。

(ニ) 引受承継　引受承継とは，訴訟の係属中，第三者がその訴訟の目的である義務の全部または一部を承継し，またはその訴訟の目的である権利の全部または一部を譲り受けた場合に，被承継人の相手方がその第三者に訴訟を引き受けさせることをいう（50条・51条）。裁判所は，引受申立てがあった場合，決定で裁判し（50条1項），またその場合，当事者および第三者を審尋しなければならない（同条2項）。被承継人は，相手方の同意を得てその訴訟から脱退することができる（50条3項・48条）。訴訟引受決定後の手続については，統一的な審判の必要から，同時審判申出のある共同訴訟の規定が準用される（50条3項・41条1項～3項）。〔設例①〕で，被告Yは，承継人X_2が自ら訴訟を承継しないときは，X_2にその訴訟を引き受けさせることができる。

(ホ) 効果　参加承継または引受承継があったときは，その参加または引受

けは，訴訟係属の初めにさかのぼって時効中断または法律上の期間遵守の効力を生じる（49条・50条3項）。また，従前の訴訟でなされた当事者の訴訟行為は，承継後の訴訟においてもその効力を有する。

(3) 任意的当事者変更

(a) 意義　訴訟法上明文の規定がある場合以外に，訴訟の係属中，当事者が交替することを**任意的当事者変更**とよぶ。この場合，当事者が交替した後の訴訟においても従前の訴訟手続の結果を利用することができるとすれば訴訟経済に副う反面，それまでその訴訟手続に全く関与していなかった新当事者に対して不当な不利益を与える恐れもある。そこで，このような当事者の変更が認められるかどうか，またその性質はなにかについて見解が分かれる。なお，当事者の同一性を害さずに，訴状における当事者の表示を訂正するにすぎない表示の訂正とは異なる。

(b) 性質　任意的当事者変更の性質については，①これを訴えの変更の一種とみる考え方がある。しかし，訴えの変更は，当事者が同一であることを前提としており，また変更前の訴訟の効果が当然に新当事者に及ぶとすることは問題であるとの批判がある。②次に，任意的当事者変更を，新訴の提起と旧訴の取下げとみる見解があるが，この見解によると，逆に変更前の訴訟の結果が全く利用できないことになるとの批判がある。③第三に，当事者の変更を目的とした特殊な単一の行為とみる見解がある。④さらに，新訴の追加的併合と旧訴の取下げと解しつつ，新当事者の援用，または従来の当事者の援用と新当事者の同意等があれば，変更前の訴訟の結果を変更後の訴訟においても利用することができるとする見解，あるいは新当事者またはその代理人が旧訴に実質上関与しており同意を拒めないような場合は，その利用を認めるべきであるとの見解も有力である（〔**設例②**〕について，各自で検討されたい）。

(c) 手続　多数説は，新当事者の審級の利益を保護する必要から，任意的当事者変更の申立ては，原則として第一審の口頭弁論終結前に限ると解している。また，変更前後の訴えは，その経済的利益を共通にするから，新たに印紙を貼用する必要はないと解される。新訴提起による時効中断等の効力が，旧訴提起の時点まで遡るかどうかについては，見解が分かれている。

〔**参考文献**〕
・木川統一郎＝中村英郎編・民事訴訟法，119頁以下〔小松〕（青林書院，1998）

第10章　上訴と再審

§1　裁判に対する各種の不服申立制度

〔設例〕　XはYに対し，不法行為にもとづく100万円の損害賠償請求の訴えを提起した。これに対しYは全面的に争い，請求棄却を求めた。第一審裁判所は，Yの不法行為によりXは50万円相当の損害を被ったと認定し，YはXに50万円支払えとの判決をした。この判決にYが不服を持つ場合，さらに争うことはできるだろうか。また，Xが50万円の支払いでは満足できない場合，100万円の支払いを求めてさらに争うことはできるだろうか。

1　不服申立制度の意義

　民事訴訟は，利害の対立する当事者間の紛争をその対象とする以上，必ずしも両当事者が満足する結果となるわけではない。裁判の結果あるいはその判断理由に当事者が納得できない場合も必然的に生じうる。敗訴した当事者はその結果に不満を持つのが当然であろうし，〔設例〕のように請求が一部認容された場合には，原告・被告の双方が不満を抱くこともありうる。担当した事件につき，裁判官はその良心に従い，誠実に裁判を行うことは，職責上当然であるが，裁判官も神ならぬ人である以上，裁判に内容的あるいは手続的な誤りが含まれている可能性も否定できない。それにもかかわらず，当事者の不満を放置し，裁判の見直しを行う機会を設けないとすると，万が一裁判に過誤があった場合には，本来救済されるべき当事者の権利が不当に侵害されるのみならず，

当事者さらには国民全体が裁判に対して不信感を抱くことにもなりかねない。そこで，当事者がすでになされた裁判に不服を持つ場合には，その裁判の内容・手続について再度審理する機会を設け，当事者の権利救済を図るとともに，国民の司法に対する信頼を確保する必要がある。そのための制度として，民事訴訟法は各種の不服申立制度（**上訴制度**，**特別上訴制度**，**再審制度**）を設けている。

2　各種の不服申立制度

　上訴とは，裁判が確定する前にその取消しまたは変更を求めて上級裁判所に対してなされる不服申立てであり，**控訴**，**上告**，**抗告**の三種類ある。第一審の終局判決に対する上訴（**〔設例〕**の場合）は控訴，第二審の終局判決に対する上訴は上告といい，決定や命令に対する上訴は抗告という。また，特別の上訴制度として，高等裁判所が上告審としてした終局判決に対して認められる特別上告（327条）と，通常の不服申立てのできない決定・命令に対して認められる特別抗告がある（336条）。さらに，確定した終局判決に対してはもはや不服申立てができないのが原則であるが，原判決に法定の重大な瑕疵（再審事由［338条1項1号〜10号］）がある場合に限り，例外的にその取消と事件の再審理を求める非常の不服申立方法として再審制度が設けられている。

§2　上訴制度総説

1　上訴の機能と目的

　上訴は，確定前の裁判を対象に，その取消または変更を求めて上級の裁判所になされる不服申立てであり，不服の対象となった裁判に手続的あるいは内容的な誤りがあった場合には，上級裁判所の再審理によりその是正が図られることになる。このように上訴は，適正な裁判を保障することにより当事者の権利を救済する機能を担う制度である。また，上級の裁判所ほど数が少なくなるピラミッド型の裁判所構造の枠内における上級裁判所への不服申立方法であるこ

とから，法令の解釈・適用につき下級裁判所の判断が分かれている場合においては，上訴により上級裁判所（最終的には頂点に位置する最高裁判所）の判断を求めることにより，その統一を図る機能をも果たしている。逆にいえば，上訴はこのような機能を果たすことを目的として設けられた制度であり，その制度目的としては，①適正な裁判を保障するとともに当事者の権利を救済すること，および，②法令の解釈・適用の統一を図ることにより法律関係を安定させることがあげられる。

> **事実審と法律審**　　上訴制度は，裁判所間の上下の審級関係を前提に，その枠内でより上級の裁判所に再審理を求める不服申立制度であり，三審制を採るわが国においては，原則として二回まで上訴が認められている。一回目の上訴（第二審）は，事実認定に関する問題と法令の解釈適用問題の両面から原裁判について再審理することから，事実審とよばれる。これに対し，二回目の上訴（第三審）は，事実審の認定した事実を基礎としてもっぱら法令の解釈適用の面についてのみ再審理がなされることから，法律審とよばれる。

◇　論　点　◇

上訴の目的をめぐる議論動向

　上訴の目的としては，上述の２つの目的があげられるのが一般的であるが，各上訴制度によっていずれの目的を重視するかその比重は異なる。事実認定・法律判断の両面から原裁判の全体が再審理される控訴および抗告については，事実認定の誤りや法令の解釈適用の誤りによる不利益な判決を取り消しまたは変更することにより，適正な裁判を確保するとともに当事者の法的利益を保護するという目的が正面から妥当するが，その反面，法令の解釈適用の統一という目的については比重が軽くなる。

　これに対し，上告審は憲法問題や重要な法令違反などを取り扱う法律審であることから，法令の解釈適用の統一という目的の比重も高く，上告の目的をめぐっては，法令の解釈適用の統一ととらえる法統一説と，上告人の利益保護ととらえる権利保護説の対立を軸に従来より議論があった。近時は，法統一か権

利保護かの二者択一的な議論ではなく，両者を複合的な目的として設定する見解が有力となりつつあるが，なお論者によって若干の差異があり，いずれの目的に軸足をおくかに議論の焦点を移し，上告の目的をめぐる論争は継続している。

〔参考文献〕
・山本和彦「上訴制度の目的」民事訴訟法の争点［第 3 版］286 頁（有斐閣，1998）

2　上訴の種類

　上訴の種類は，不服の対象となった裁判の形式に対応して，控訴・上告・抗告の三種類ある。終局判決に対する上訴は控訴・上告であり，控訴は第一審の終局判決に対する事実審への上訴，上告は第二審の終局判決に対する法律審への上訴である（例外として，**飛躍上告**［281 条 1 項但書，311 条 2 項］と高等裁判所が第一審としてした判決に対する上告［311 条 1 項］がある）。第一審の決定や命令に対する事実審への上訴は抗告である。

　上訴の方法を適切に選択する責任は当事者に負わされており，当事者は原裁判の形式に対応した種類の上訴を選択して申し立てなければならない。決定に対して控訴を申し立てるなど，上訴の種類を誤った場合は，不適法な上訴となり却下される。裁判所が判決によるべきところを決定・命令で裁判してしまった場合のように，本来なすべき裁判と異なった種類の裁判（**違式の裁判**）をした場合の上訴方式については，必ずしも専門知識のない当事者に本来なされるべき裁判の形式を判断する責任を負わせることは酷であることから，現になされた違式の裁判を基準に上訴の方式を選択させるべきと解されている（通説）。したがって，判決を下すべきであるのに決定・命令を下した場合には，不服申立ては抗告によることになる（328 条 2 項）。ただし，決定・命令によるべきであるのに判決を下した場合にあっては，より慎重な形式（判決）で裁判されたのであり，この点について当事者に不利益はないことから，違式の裁判であることのみを理由に上訴はできないと解されている。

240　第10章　上訴と再審

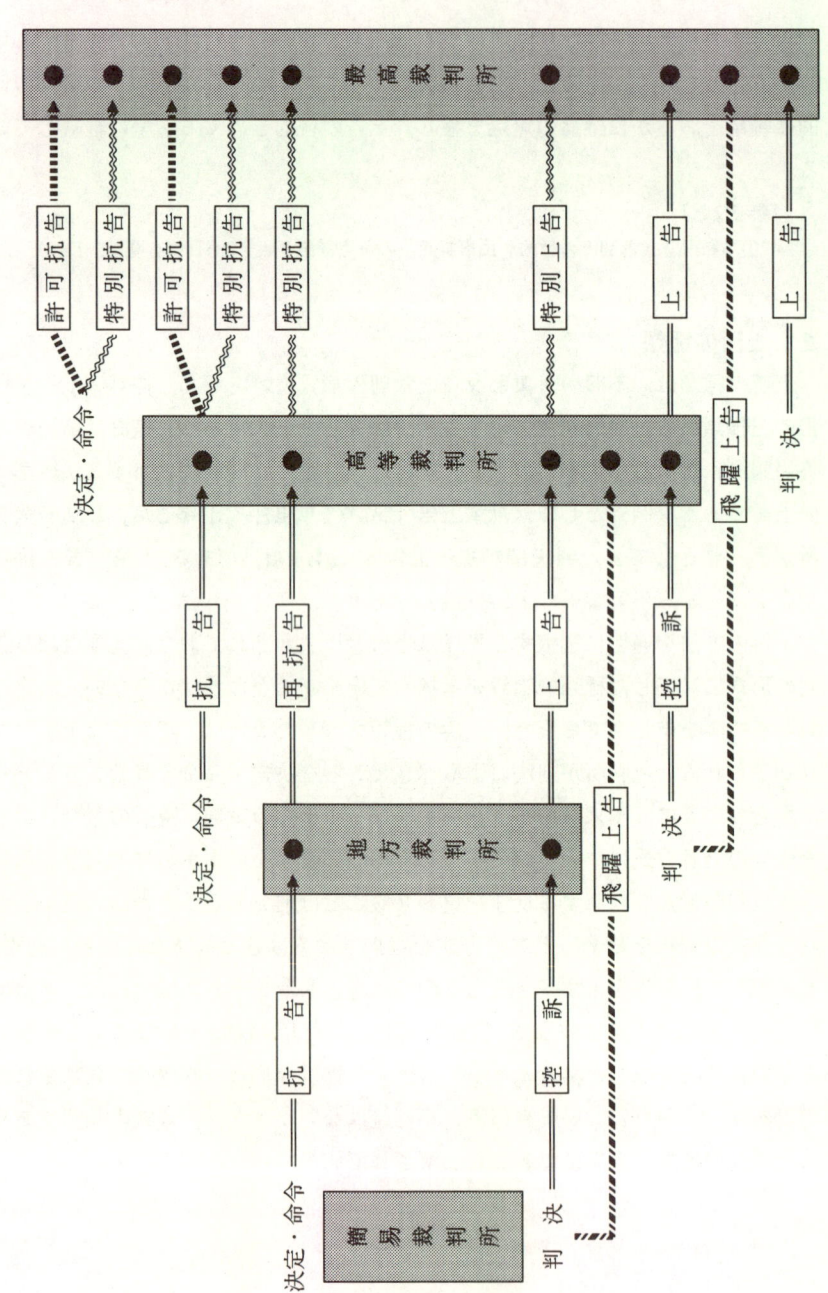

```
                                          最　高　裁　判　所
     ●    ●    ●    ●    ●                  ●           ●    ●    ●
     ↑    ↑    ↑    ↑    ↑                  ↑           ↑    ↑    ↑
    許    特    許    特    特                特          上    飛    上
    可    別    可    別    別                別          告    躍    告
    抗    抗    抗    抗    抗                上                上
    告    告    告    告    告                告                告

         決定・命令              高　等　裁　判　所
                        ●    ●              ●    ●    ●
                        ↑    ↑              ↑    ↑
                        抗    再            上    控
                        告    抗            告    訴
                              告
                                 地　方　裁　判　所
                        ●                 ●
                        ↑                 ↑
                        抗                控    判      飛
                        告                訴    決      躍
                                                      上
                        決定・命令                    告
                                簡  易  裁  判  所
                                判  決
```

3　上訴の要件

　上訴人の不服申立ての当否について審判するためには，上訴が一定の適法要件を満たしている必要があり，適法要件を欠く場合には，その上訴は不適法となり本案の判断に立ち入らずに却下される。上訴の適法要件としては，①上訴提起行為が適式・有効になされていること，②上訴の提起が上訴期間内になされていること，③原裁判が不服申立て可能な裁判であり，その裁判に適した形式の上訴がなされていること，④上訴権の放棄がなく，当事者間で不上訴の合意もなされていないこと，⑤不服の利益（上訴の利益）があることなどがあげられる。

§3　控　訴

〔設例〕
①　XのYに対する貸金返還請求訴訟において，Yは弁済の抗弁と予備的に消滅時効の抗弁を提出し，原判決は予備的抗弁を認めて請求棄却の判決をなした。この判決に対し被告Yは弁済の抗弁を認めてもらうために控訴することができるか。
②　上記事例において，被告Yが弁済の抗弁と予備的に相殺の抗弁を提出し，予備的相殺の抗弁が認められ請求棄却判決がなされた場合は，被告Yは控訴することができるか。

1　控訴の意義

　控訴は，第一審の終局判決に不服がある場合に，その取消し・変更を求めて直近の上級裁判所に対して行う上訴である。控訴の対象となるのは，簡易裁判所または地方裁判所が第一審としてした終局判決であり（281条1項本文），簡易裁判所の第一審判決に対しては地方裁判所（裁24条3号）が，地方裁判所の

第一審判決に対しては高等裁判所（裁16条1号）が控訴裁判所となる。高等裁判所が第一審としてした終局判決に対しては上告のみが許され控訴はできず（311条1項）、また、中間判決のような中間的裁判や終局判決であっても訴訟費用の負担の裁判に対しては独立して控訴することはできない（283条・282条）。

2 控訴の要件

控訴裁判所が控訴理由の有無について審理するためには、控訴の適法要件を満たしている必要がある。具体的には、①控訴の提起が適式になされており、裁判所が控訴の管轄権を持っていること、②控訴期間内の控訴提起であること、③控訴の許される判決に対する控訴であること、④不控訴の合意・控訴権の放棄がないこと、⑤不服の利益（控訴の利益）があること、などが必要である。これらの要件を欠く場合には、不適法な控訴として却下される。

(1) 不服の利益（控訴の利益）

適法に控訴を提起するためには、控訴人が原判決によって不利益を受け、不服を有していることが必要であり、これを**不服の利益**という。いかなる場合に不服の利益が認められるかについては見解が分かれているが、原審における当事者の申立てとそれに対する判決を形式的に比較し、原判決が与えたものが質的または量的に下回る場合に不服の利益を認める見解（**形式的不服説**）が、不服の利益の有無を明確な基準で判断できることから多くの支持を集めている。

形式的不服説によれば、原審において全部または一部敗訴した当事者に不服の利益が認められ、全部勝訴した当事者には不服の利益は認められないことになる。また、〔設例①〕のように判決理由中の判断が当事者の主張と異なる場合であっても、判決理由中の判断には既判力が生じないため、どの理由によって勝訴したかにかかわらず全部勝訴した当事者は原則として不服の利益を有しないことになる（上告の利益に関するものであるが、最判昭31・4・3民集10巻4号297頁）。ただし、この基準を形式的に適用すれば不服の利益が認められない場合であっても、①一部請求をし全部勝訴判決を得た原告が、請求を拡張するために控訴しようとする場合（名古屋高金沢支判平元・1・30判時1308号125頁）、②離婚訴訟のように別訴が禁止されている場合（人訴9条2項）において、反訴の提起をなすために控訴をしようとする場合、③相殺の抗弁には判決理由

中の判断でも既判力が生じるため（114条2項），相殺の予備的抗弁が認められて勝訴した被告が，相殺以外の理由による棄却を求めて控訴しようとする場合（[設例②]）については，当事者の実体権保護のため例外的に不服の利益が認められる。

◇ 論　　点 ◇

不服の利益の概念

　不服の利益の存否の判断基準については，当事者が原審で全部勝訴の判決を得た場合であっても上訴することによって原判決よりも実体的に有利な判決を得る可能性があるときには常に不服の利益を認める見解（実体的不服説）が，かつては有力であったが，不服の利益を認める範囲が広すぎ基準として明確でないことから，現在ではこの説を支持する見解はほとんどなくなっている。上述のように，現在は形式的不服説が通説的見解となっているが，最近では，原判決が確定すれば当事者が既判力などの判決の効力により致命的な不利益を受ける場合に不服の利益を肯定する見解（**新実体的不服説**）も有力に主張されている。形式的不服説は基準としては明確であるが，妥当な結論を得るために例外をかなり認めなければならないのに対し，新実体法説は形式的不服説が例外としていた場合についても統一的に説明できる点で優れているといえよう。

〔参考文献〕
・山田文「上訴制度の利益と附帯上訴」民事訴訟法の争点［第3版］290頁（有斐閣，1998）
・上野泰男「上訴の利益」鈴木忠一＝三ケ月章監修『新実務民事訴訟講座(3)』233頁（日本評論社，1982）

(2)　**不控訴の合意，飛躍上告の合意，控訴権の喪失・放棄**

　不控訴の合意とは，当事者間でなされる，上訴権全体（控訴権・上告権）を発生させずに一審のみで訴訟を終了させる旨の訴訟上の合意である。上告する権利は留保して，控訴権のみを発生させない旨を合意すること（飛躍上告の合意）もできる。これらの合意に反してなされた控訴は不適法なものとして却下される。また，一方当事者は相手方の合意を得ることなく控訴をする権利を放棄することもでき（284条，規173条），控訴権を放棄した当事者が提起した控訴

や控訴期間（判決書または判決に代わる調書の送達を受けてから2週間）経過後に提起された控訴も不適法なものとして却下される。

3 控訴の提起

(1) 控訴提起の手続

控訴の提起は，控訴期間内に必要的記載事項（当事者・法定代理人・第一審判決の表示・その判決に対して控訴する旨：286条）を記載した控訴状を第一審裁判所に提出することにより行う。適法に控訴が提起されると，訴訟記録は控訴審裁判所に送付され（規174条），控訴裁判所の裁判長の控訴状審査を受ける。控訴状が適式の場合は，被控訴人に送達され（289条），瑕疵があれば補正が命じられ補正がなされないときは控訴状は却下される。

(2) 控訴提起の効果

(a) 確定遮断の効力　控訴が適法に提起されると，判決の確定が遮断され，控訴期間が経過しても判決は確定せず（**確定遮断の効力**），確定判決の効力（既判力・執行力など）も発生しない（ただし，仮執行宣言が付されている場合につき，398条1項3号参照）。

(b) 移審の効力　控訴の提起により，事件全体の訴訟係属が原裁判所を離れ，控訴審裁判所に移る。これを**移審の効力**という。

(c) 上訴（控訴）不可分の原則　控訴人の申し立てた不服が原判決の判示事項の一部に対するものであっても，上記の確定遮断の効力および移審の効力は原裁判所で判断された全部の事項について生じる（**上訴（控訴）不可分の原則**）。したがって，控訴人が不服を申し立てていない部分についても独立に確定することはなく，事件全体が控訴裁判所に移審することになる。

たとえば，請求が併合されている場合，不服を申し立てなかった請求についても控訴の効力が生じ，また，必要的共同訴訟の場合には，一人の共同訴訟人に対する控訴により，全員に対して控訴の効力が生ずる（40条。ただし，通常共同訴訟の場合はこの限りではない［39条］）。

(3) 附帯控訴

控訴提起により控訴審の手続が開始すると，これに付随し，被控訴人は控訴人の不服申立てに含まれていない自己の不服について控訴審の審判範囲を拡大

し，原判決を自己に有利に変更するよう求めることができる (293条)。これを附帯控訴という。控訴人は自らの不服申立てにより控訴審の審判対象を限定できるから，原判決より不利益な裁判を受ける危険はないし (**不利益変更禁止の原則**)，また，いつでも不服の範囲を変更することができる。これに対し，被控訴人が審判範囲の変更権を持たないとすると，防御に最大に成功しても原判決を維持し得るにとどまることになり，控訴人に比べ手続的地位が著しく弱くなる。そこで，控訴審における両当事者の平等を図るために，被控訴人が審判対象を拡張し，原判決を自己に有利に変更するための攻撃的な申立てとして附帯控訴が認められている。

　附帯控訴は，被控訴人がすでに控訴権を放棄・喪失している場合にも，控訴審の口頭弁論終結時まで，いつでもすることができる (293条1項)。ただし，相手方の提起した控訴に付随して行われるものであるから，控訴の取下げ，または不適法却下により控訴審手続が終了した場合には，附帯控訴もその効力を失う (同条2項。なお，「独立附帯控訴」につき，同項但書参照)。

◇ 発展・研究 ◇

附帯控訴の性質と不服の利益

　かつての大審院判例は，附帯控訴の性質を本来の控訴と同視し，附帯控訴を行うには不服の利益を要するとしていた (大判明37・7・5民録10輯1016頁)。確かに，附帯控訴については控訴に関する規定が一般的に準用されるが (293条3項)，被控訴人が控訴権を放棄・喪失した場合にもなし得ること，控訴の重要な機能である確定遮断効・移審効がないことなどから，その本質は控訴ではなく，すでに開始された控訴審手続の枠内における特殊な攻撃防御方法と理解するのが現在では一般的である (通説・判例)。したがって，附帯控訴をなすにあたっては，不服の利益は不要であり，原判決で全部勝訴している場合であっても，附帯控訴により請求を拡張したり (最判昭32・12・13民集11巻13号2143頁)，訴えの変更ないし反訴の提起をすることができる (最判昭58・3・10判時1075号113頁参照) とする。これに対し，附帯控訴は実質的に控訴権を回復させる手段であり，不服の利益を必要とする反対説もなお有力に主張されている。

〔参考文献〕
・上野泰男「附帯上訴の本質」新堂幸司編『講座民事訴訟(7)』171頁（弘文堂，1985）
・高橋宏志「控訴について㈡」法教159号82頁（1993）

(4) 控訴の取下げ

 控訴人は，控訴を提起し控訴審の手続が開始した後であっても，控訴審の終局判決があるまでは，控訴を取り下げることができる。控訴取下げの方式は訴えの取下げに準じるが（292条2項），相手方の同意を要しない点が異なる。控訴が取り下げられると，控訴の提起がはじめからなかったことになり，控訴期間の徒過により原判決が確定する。

4 控訴審の審理

 第一審においては，原告が訴訟物として定立した権利・義務・法律関係の存否が直接審理の対象となるが，控訴審においては，控訴人および被控訴人が原判決に対して申し立てた不服の当否が審理の対象となる（304条）。したがって，控訴審の審判範囲は控訴および附帯控訴によって申し立てられた不服の範囲に限定される。

 控訴審における判断資料としていかなる範囲の資料を認めるかについては，第一審で収集された資料に加え，控訴審で新たに収集される資料をも認める**続審制**が採用されている。したがって，控訴審においては，第一審で収集された訴訟資料や証拠資料が利用でき（ただし，296条2項参照），第一審においてした訴訟行為や争点整理手続の効力についても維持される（298条1項・2項）。また，当事者は第一審で提出しなかった訴訟資料を控訴審において新たに提出することもできる（**弁論の更新権**）。しかし，弁論の更新権を無制限に認めるとなると，第一審が軽視され審理の重点が控訴審に移ることになり，訴訟遅延を招く危険が生じることになる。そこで，①控訴審における新たな攻撃防御方法の提出などについては期間（裁定期間）を定めることができるものとし，この期間経過後に提出しようとする場合には期間内に提出できなかった理由を説明させる（301条），②この提出期間が設けられない場合であっても，攻撃防御方法の提出時期については第一審・控訴審を通じて判断し，時機に後れて提出したと認められる場合には却下する（297条・157条）などの権限を控訴裁判所

に与えることにより，これらの弊害の回避を図っている。

> **続審制・覆審制・事後審制** 控訴審における訴訟資料としていかなる範囲のものを認めるかについて，わが国の現行民事訴訟法では続審制が採用されているが，その他にも覆審制と事後審制という形態がありうる。覆審制とは，第一審とは全く別個に新たに訴訟資料を収集し，控訴審で新たに収集された資料のみにもとづいて審理を行うものである。しかし，覆審制は第一審の軽視につながるとともに，訴訟経済の点でも問題があるとされる。また，事後審制とは，原則として控訴審における新資料の提出を許さず，第一審において提出された資料だけにもとづき控訴審の裁判官が事実認定を新たに行うものである。わが国で採用されている続審制は，覆審制と事後審制の中間に位置するものといえる。

控訴審の手続には，原則的に第一審手続に関する規定が準用される（297条）。ただし，控訴審において反訴を提起するには，反訴請求についての相手方の審級の利益（第一審において審判を受ける利益）を守るため，相手方の同意が必要とされている（300条1項）。もっとも，第一審における原告の土地明渡請求に対し，被告が賃借権を有する旨主張し，これが認められて右請求が排斥された場合に，被告が控訴審で賃借権確認の反訴を提起する場合のように，相手方の審級の利益を害することがない場合には，その同意を必要としないと解されている（最判昭38・2・21民集17巻1号198頁）。なお，訴えの変更については，その要件として請求の基礎の同一性が要求されており（143条1項），訴えの変更を許しても相手方の審級の利益を奪うことにはならないと考えられるため，同意は不要である。

5 控訴審の終結

控訴審の訴訟係属は，控訴の取下げなど当事者の意思にもとづく行為によって終わるほか，終局判決により終了する。控訴審における終局判決には，控訴却下，控訴棄却，控訴認容の三種類ある。

(1) 控訴却下

控訴期間徒過後の控訴，中間判決に対する控訴，不控訴の合意がある場合の

控訴のように，控訴が不適法でありその不備を補正することが不可能であるときには，控訴裁判所は，口頭弁論を開かないで控訴却下判決をすることができる（290条。控訴状が提出された第一審裁判所でその旨が判明した場合には，第一審裁判所が決定で却下する［287条1項］）。

(2) **控 訴 棄 却**

控訴審における審理の結果，申し立てられた不服に理由がなく，第一審判決を相当とする場合には，控訴を棄却する（302条1項）。また，第一審判決の理由は不当でも，他の理由により結論は正当と判断する場合も，判決理由中の判断には既判力が生じないため，控訴棄却判決をする（302条2項）。

たとえば，貸金返還訴訟において，原判決は債権自体不成立と判断して請求を棄却したが，控訴審においては，債権の成立は認めたが時効による消滅を認定したような場合には，控訴裁判所は控訴棄却判決をすることになる。控訴棄却判決が確定すると，第一審判決が確定する。

(3) **控 訴 認 容**

控訴裁判所は，不服に理由があり第一審判決を不当とする場合，および第一審の手続が法律に違反すると判断した場合には，控訴を認容し，第一審判決を取り消さなければならない（305条・306条）。第一審判決が取り消されると，原告の請求に対する裁判所の応答がなくなるため，控訴裁判所は，**自判**，**差戻し**，**移送**のいずれかをしなければならない。

(a) **自判** 自判とは，控訴裁判所が第一審裁判所に代わって自ら訴えに対する裁判をすることである。続審制の下では，第一審からの訴訟資料や証拠資料にもとづき控訴裁判所が自ら事実認定をすることができるので，控訴を認容し原判決を取り消す場合には自判が原則となる。

(b) **差戻し** 上述のように原判決を取り消す場合は自判が原則であるが，訴えを不適法として却下した第一審判決を取り消す場合には，第一審において本案の審理を受ける審級の利益を保障するために，事件を第一審裁判所に差し戻さなければならない（**必要的差戻し**［307条本文］）。ただし，第一審において本案について実質的審理がなされており，自判しても実質上当事者に審級の利益を失わせない場合（最判昭58・3・31判時1075号119頁）や，当事者間で事実関係について争いがない場合のように，さらに弁論をする必要がないときは，

自判することも許される（307条但書）。また，事件につきさらに審理を尽くす必要があると判断する場合にも，控訴裁判所は，裁量により事件を第一審裁判所に差し戻すことができる（**任意的差戻し** [308条1項]）。

差戻判決が確定すると，事件は第一審裁判所に移審し，従前の第一審手続の続きとしてその後の手続が進められる。したがって，従前の訴訟手続は差し戻し審においても効力を有するが，第一審の訴訟手続が法律に違反したことを理由に差戻判決がなされた場合は，従前の訴訟手続は取り消されたものとみなされる（308条2項）。

(c) 移送　第一審判決を専属管轄違反を理由に取り消す場合は，第一審裁判所に差し戻すのではなく，管轄裁判所に直接移送する（309条）。

6　原判決の変更範囲

控訴が提起されると，上訴（控訴）不可分の原則により事件全体が控訴裁判所に移審するが，控訴審の審判対象は控訴人または被控訴人が申し立てた不服の範囲に限られ，原判決の取消し・変更もこの不服申立ての範囲でのみすることができる（304条）。

たとえば，商品100個の引渡しを請求し，第一審で70個引渡しの一部認容判決を得た原告が，残り30個の引渡しを求めて控訴したときには，控訴審において取消し変更できる範囲は，（被告の附帯控訴がない限り）不服の対象となった残り30個の引渡請求権に限られ，たとえ控訴裁判所が商品の引渡請求権自体不存在であるとの判断に達したとしても，控訴を棄却することができるにとどまり，第一審判決で認容された部分（70個の引渡請求権の存在）まで変更することはできない。このように，相手方から附帯控訴がない限り，第一審の判決よりも控訴人に不利益な変更をすることができないことを**不利益変更禁止の原則**という。また，不利益変更禁止原則の裏返しとして，控訴人の敗訴部分につき原判決を不当と認めても，その点について控訴人が不服を申し立てていない限り，控訴人の有利に原判決を変更することも許されない（**利益変更禁止の原則**）。これらの原則は，審判対象を当事者の申立ての範囲に限定する機能を有することから，上訴審における処分権主義の現れといえる。したがって，処分権主義が適用されない人事訴訟や職権調査事項である訴訟要件については適用

がなく，不服申立てがない部分についても取消し・変更が可能である（離婚訴訟において財産分与を命じた判決については不利益変更禁止の原則の適用がないとしたものとして，最判平2・7・20民集44巻5号975頁）。

◇ 発展・研究 ◇

不利益変更禁止の原則をめぐる具体的問題

　(a)　相殺の抗弁　　相殺の抗弁については，判決理由中の判断であっても既判力が生じるため（114条2項），相殺に供された反対債権の消滅についても既判力が生じる。そのため，被告の相殺の抗弁を容れて請求を棄却した原判決に対して，原告のみが控訴した場合において，控訴裁判所が原告の訴求債権自体が存在しないと判断したとき，原判決を取り消してあらためて請求を棄却できるかが不利益変更禁止の原則との関係で問題となる。これについては，原判決を取り消すと反対債権の相殺による消滅という原告にとっての利益を奪い第一審判決以上の不利益を与えることになるとして，控訴裁判所は控訴を棄却するにとどめなければならないとするのが，判例および多数説の考え方である（最判昭61・9・4判時1215号47頁・百選Ⅱ［188］事件）。

　(b)　訴え却下の訴訟判決　　訴え却下の訴訟判決に対して原告のみが控訴した場合において，控訴裁判所が訴えは適法であるが請求に理由がないと判断したときも，不利益変更禁止との関係で請求棄却の自判をなし得るかが問題となる。判例（最判昭60・12・17民集39巻8号1821頁）・通説は，請求棄却判決の方が訴え却下判決よりも原告に不利であるとして，控訴棄却判決をなし得るにとどまるとする。これに対しては，原告の控訴は本案判決を求める趣旨であり，その趣旨を考慮すれば請求棄却の自判をしても申立ての範囲を超えて原告の不利益に変更するものではない，あるいは，訴え却下判決は原告の法的地位について何ら判断するものではなく，控訴審において請求棄却の自判をしても原告の法的地位を不利益に変更するものではない，として原判決を取り消して請求棄却判決をすることができるとする見解も主張されている。

　〔参考文献〕
　　・飯塚重男「不利益変更禁止の原則」新堂幸司編『講座民事訴訟法(7)』191頁（弘文堂，1985）

・宇野聡「不利益変更禁止の原則の機能と限界（1・2）」民商103巻3号397頁，4号580頁（1991）

§4 上　告

〔設例〕
①上告裁判所が，原審がA法規を適用したのは誤りであるとして原判決を破棄し差し戻した場合，差戻後の原審はあらためてA法規を適用することができるか。
②　上告裁判所が，原審がA法規を適用したのは誤りであり，B法規を適用すべきであると説示して差し戻した場合，差戻後の原審はB法規を適用せず，全く別のC法規を適用することはできるか。

1　意　義

上告とは，控訴審の終局判決に対して，法律審としての上級審になされる上訴である。ただし，高等裁判所が第一審である場合や当事者間に飛躍上告の合意がある場合は，第一審判決に対して直ちに上告することができる。地方裁判所が控訴審としてした終局判決に対しては高等裁判所が（ただし，法令解釈の統一のための最高裁判所への移送につき，324条，規203条参照），高等裁判所が第一審または控訴審としてした判決に対しては最高裁判所が上告裁判所となる（311条）。

2　上告理由

上告をなすには，不服の利益（上告の利益）など上訴一般の適法要件に加え，法令の解釈・適用の誤りを上告理由として主張することが必要となる。上告審は法律審であることから，その審理の対象も法律問題に限定されるため，事実

認定の誤りは上告理由とはならず，法律問題のみが上告理由となり，その主張を欠く上告は不適法となる。

最高裁判所に対する上告理由は，その負担を軽減し，憲法判断と法令解釈の統一という最高裁判所本来の責務を十分果たすことができるようにするため，①憲法違反（312条1項）と②法令違反のうち312条2項が列挙する重大な手続法違反（**絶対的上告理由**）に限定されている。憲法違反については，最高裁判所が憲法判断の権限を有する終審裁判所であるとともに（憲81条），判決の瑕疵としてもっとも重大と考えられることから上告理由とされており，また，手続法違反については判決への影響の有無の判断が困難なことから，きわめて重大な手続上の瑕疵を絶対的上告理由として列挙し，それがある場合には判決に影響を及ぼすか否かにかかわらず常に上告理由となるとしている。なお，絶対的上告理由として列挙されていない事由であっても，再審事由は絶対的上告理由に準じて最高裁判所への上告理由になるとするのが通説・判例（最判昭38・4・12民集17巻3号468頁）である。

高等裁判所に対する上告については，以上の最高裁判所に対する上告理由に加え，③判決に影響を及ぼすことが明らかな法令違反をも上告理由とすることができる（**相対的上告理由**［312条3項］）。「判決に影響を及ぼすことが明らかな法令違反」とは，それがなければ判決の結論が異なったであろうという蓋然性がある程度の法令違反を意味すると解されている。なお，旧法においては，③の法令違反を最高裁判所に対する上告理由としても認めていたが（旧民訴394条），上述したように最高裁判所の負担軽減の観点から，現行民事訴訟法においては上告受理制度の対象として最高裁判所に対する上告理由からは除いている（3上告受理制度参照）。

3　上告受理制度

最高裁判所に対する上告理由は，①憲法違反と②絶対的上告理由に限定されており，この事由を理由とする場合に限り最高裁判所に対して上告できるものとされているが，最高裁判所の法令解釈の統一機能に鑑みると，法令違反にもとづく上告でも，重要な事項を含むと認められる事件については，これをとりあげて最高裁判所の判断を示す必要があると考えられる。そこで，上告をすべ

き裁判所が最高裁判所である場合には，法令違反は上告理由とはならないものとする一方で，原判決に最高裁判所の判例に反する判断がある事件のように，「法令の解釈に関する重要な事項を含む」事件については，当事者の上告受理の申立てにもとづき最高裁判所が上告審として事件を受理することができるものとしている（上告受理制度［318条1項］）。

　上告受理の申立てにおいては，最高裁判所に対する上告理由である憲法違反や絶対的上告理由はその理由とすることはできず（318条2項），これらを理由とする場合は通常の上告によることになる（法令違反と憲法違反などの事由を同時に主張するときは，上告の提起と上告受理の申立てを並行して行うことができる［民訴規188条参照］）。

　上告受理の要件である「法令の解釈に関する重要な事項を含む」とは，最高裁判所が法令解釈について実質的な判断を示す必要がある場合を意味し，その例として「原判決に最高裁判所の判例と相反する判断がある」場合があげられている。判例違背の場合のほか，これまで最高裁判所の判断がない解釈問題について最高裁判所の判断を示すべき場合や，最高裁判所の従前の判断を変更すべき場合等がこれにあたる（法務省民事局参事官室編『一問一答新民事訴訟法』354頁）。

　上告受理の申立手続については，原則として上告の提起に関する規定が準用され（313条～315条・316条1項），上告受理決定があったときには，上告があったものとみなされ（318条4項），以後は上告の提起があった場合と同様に取り扱われる。

4　上告の提起

　上告の提起は，上告期間内に上告理由を記載した上告状を原裁判所に提出して行う（314条）。上告状に上告理由が記載されていないときは，追って上告理由書を原裁判所に提出しなければならない（315条1項，規194条）。その他，上告期間や上告状の記載事項については控訴の規定が準用される（313条）。上告の提起があると，原裁判所の裁判長が上告状を審査し，不備がある場合には期間を定めて補正を命じ，期間内に補正がない場合には命令で上告状を却下する（313条・314条2項）。また，上告が不適法でその不備を補正できない場合や，

所定の期間内に上告理由書が提出されない場合には、原裁判所が決定で上告を却下する（316条1項）。

上告の提起が適法と認められると、原裁判所は被上告人に上告状と上告提起通知書を送達するとともに（規189条）、訴訟記録を上告裁判所に送付し（規197条）、これによって事件は上告裁判所に係属する。適法な上告の提起により、確定遮断効および移審の効力が生ずる点は控訴の場合と同様である。原裁判所に上告を提起させ、その適否の判断も原裁判所に担当させることとしているのは、上告裁判所の負担を軽減する趣旨である。

5　上告審の審理

(1)　審理の範囲

上告審においては、上告理由に示された不服の範囲に限定して原判決の当否が審理される（320条。ただし、職権調査事項につき322条参照）。また、被上告人は附帯控訴と同様に、附帯上告をすることにより上告審の審判範囲を拡張することができる（313条・293条1項）。

なお、上告審は法律審であることから、原判決における事実認定については再度問題とすることはできず、原判決の確定した事実を基礎としてもっぱら法令の解釈適用面についてのみ再審理がなされる（321条）。したがって、たとえ口頭弁論が開かれた場合であっても、当事者はもはや事実関係についての新たな主張や証拠の提出をすることはできない。

(2)　審理の方式

上告審は法律審であることから、その審理は書面審理が原則とされ、上告状・上告理由書・答弁書その他の書類にもとづき審理が行われ、上告理由なしと認めるときは、口頭弁論を経ないで判決で上告を棄却することができる（319条）。ただし、上告を認容する場合には、原判決破棄という裁判の重大性に鑑み、口頭弁論を開かなければならない。その他、上告審の手続については、特別の規定がある場合を除き控訴審の手続に準ずる（313条）。

6　上告審の終局判決

上告審は、上告が不適法でその欠缺が補正できないときや上告理由書の提出

がないときは決定で上告を却下し（317条1項），また，最高裁判所が上告裁判所の場合には，上告理由が明らかに312条1項・2項の事由に該当しないときには，決定で上告を棄却できるが（317条2項），それ以外の場合には，終局判決によって上告申立てについての裁判をする。

審理の結果，上告に理由がない場合には上告を棄却し，上告理由の存在を認めた場合には上告を認容し原判決を破棄する（325条1項）。ただし，上告理由がある場合でも，他の理由から同一の結論が導かれ，原判決が結果的に正当とされるときには，上告は棄却される。また，最高裁判所が上告裁判所の場合には，312条1項・2項に規定する上告理由がなくとも，原判決に影響を及ぼすことが明らかな法令違反があると認めたときには，原判決を破棄することができる（325条2項）。

原判決が破棄されると，控訴認容の場合と同様に，上告裁判所は，自判，差戻し，移送のいずれかをしなければならない。事実審である控訴審においては自判が原則であるが，法律審である上告審においては事実認定を行わないため，事件についてあらためて事実認定を行わせるために原裁判所に差し戻すのが原則となる。また，破棄された原判決に関与した裁判官は，差戻後の裁判に関与できないため（325条4項），原裁判所の裁判官で差戻後の控訴審を構成できない場合には，原裁判所と同等の他の裁判所に移送する。なお，原裁判所が確定した事実だけで原判決に代わる裁判をすることができるときには，上告裁判所が自判することもできる（326条）。

差戻しまたは移送を受けた裁判所は，新たに口頭弁論を開き，事実審として事件につき事実問題・法律問題の両面から再審理し，裁判をしなければならない（325条3項前段）。この場合，上告裁判所が破棄の理由とした事実上および法律上の判断（ここにいう事実上の判断とは訴訟要件に関する判断を意味することにつき，最判昭36・11・28民集15巻10号2593頁・百選Ⅱ[195]事件）については，差戻しまたは移送を受けた裁判所は拘束される（325条3項後段）。この拘束力を破棄判決の拘束力という。差戻しまたは移送を受けた裁判所が破棄された原判決と同一内容の判決を繰り返すと，事件が控訴審と上告審を行き来するだけで解決しないことになるため，審級制度を設けた趣旨に照らして，このような拘束力が認められている。したがって，〔設例①〕の場合，差戻しを受

けた原審は原判決破棄を導いた「A法規を適用したのは誤りである」という否定的判断に拘束され，あらためてA法規を適用することは許されない。また，破棄判決の拘束力は判決理由中の判断にも及び，再度の上告裁判所も拘束するが（最判昭46・10・19民集25巻7号952頁・百選Ⅱ［A55］事件），その拘束力は破棄の理由となった範囲でのみ生じ，他の法的観点や新たな事実認定にもとづき同一の結論に至ることまでも妨げるものではない（最判昭43・3・19民集22巻3号648頁・百選Ⅱ［194］事件）。したがって，〔設例②〕のように，「B法規を適用すべき」との教示的判断については拘束力は生じず，全く別の法的観点からC法規を適用することまで妨げるものではない。

◆ 論　点 ◆

破棄判決の拘束力
(1) 拘束力の法的性質

　破棄判決の拘束力の法的性質をどのように理解するかについては，①破棄判決を中間判決と解し，その拘束力を中間判決の拘束力として説明する見解（大判昭5・10・4民集9巻943頁），②破棄判決を訴訟内における付随的な形成判決と解し，その拘束力を破棄の判断とその理由となった判決理由中の判断の双方に生じる既判力としてとらえる見解（既判力説：最判昭30・9・2民集9巻10号1197頁），③破棄判決の拘束力を中間判決の拘束力とも既判力とも異なる，審級制度を維持するための特殊な効力とみる見解（特殊効力説）などがある。差戻判決は上告審を離脱する終局判決であること，その拘束力は判決理由中の判断に生じ，当該訴訟手続内にとどまることなどに照らすと，中間判決の拘束力とする説や既判力説は難があり，現在では特殊効力説が多数の支持を得ている。もっとも，「特殊の効力」の内容をどのようにとらえるかについてはなお見解が分かれている。

(2) 拘束力の範囲

　破棄判決の拘束力が生ずる「上告裁判所が破棄の理由とした事実上及び法律上の判断」とは，原判決を破棄する直接の原因となった否定的判断，および，これと論理必然的な関係に立つ判断であると解するのが一般的である（通説）。したがって，上告理由において訴訟要件の欠缺と原判決の理由不備が主張され，

上告審が理由不備として原判決を破棄した場合には，原判決破棄の直接の理由となった理由不備という判断だけでなく，その判断の前提たる訴訟要件が存在するという判断にも拘束力が生じることになる。

　複数の上告理由が申し立てられた場合において，上告審がこれらを順次明示的に排斥した上で，最後の点について上告理由の存在を認め原判決を破棄したときには，前半の上告理由を排斥した判断について拘束力が生ずるかが問題となる。通説は，前半の上告理由排斥判断は傍論にすぎず拘束力は生じないとするが，これに対しては，上告審があえて明示的に判断していることに意義を認め，明示的に排斥された理由については再提出を禁ずる効果が生ずるとする見解もある。

〔参考文献〕
・畑郁夫「差戻し後の審理と判決」新堂幸司編『講座民事訴訟法(7)』219頁（弘文堂，1985)
・小松良正「破棄判決の拘束力」櫻井孝一編『争点ノート民事訴訟法［改訂版］』277頁（法学書院，1997)

§5 抗　　告

1　抗告の意義

　抗告とは，判決以外の裁判である決定・命令に対して，その取消し・変更を求める独立の上訴である（328条）。終局判決前の中間的な裁判の当否については，終局判決の当否と関連する可能性があるため，終局判決に対する上訴において一括して判断されるのが原則である（283条）。しかし，本案とは関連性が少なく分離して判断することが可能な事項や，迅速に確定すべき手続的事項についてまで，本案とともに上訴審に持ち越すとすると，手続をいたずらに煩雑化させ審理を遅延させることになるとともに，上級審で争う機会のない決定・命令（訴状却下命令のように終局判決に至らず事件を終結させる場合や，第三者に対する文書提出命令のように控訴を提起することのできない第三者に対する裁判）については，判決に対する上訴とは別の不服申立ての機会を保障する

必要がある。そこで、決定や命令に対する簡易迅速な不服申立制度として、判決に対する上訴とは別に抗告制度が設けられている。

ただし、すべての決定・命令に対して抗告ができるわけではなく、口頭弁論を経ないで訴訟手続に関する申立てを却下した場合（328条1項）、決定または命令により裁判をすることができない事項について決定または命令がされた場合（違式の裁判［328条2項］）、および、法律が個別的に即時抗告を認めている場合（21条・25条5項など）に限りすることができる。また、形式的にはこれらに該当する場合であっても、抗告以外の方法で不服を申し立てられる場合（保全抗告や執行抗告など）や、不服申立てが明文で禁止されている場合（管轄指定決定［10条3項］や忌避決定［25条4項］など）には抗告は許されず、最高裁判所の決定・命令に対しても抗告することはできない（高等裁判所の決定・命令に対しても、特別抗告と許可抗告をなし得るにとどまる）。

なお、抗告には申立期間による区別として、**通常抗告**と**即時抗告**の二種がある。通常抗告は、抗告期間の定めがなく、原裁判を取り消す利益（**抗告の利益**）がある限りいつでも申立てが可能であるのに対し、即時抗告は迅速な解決が必要とされる場合に法律が特別に認める抗告であり、裁判の告知を受けた日から一週間の期間内に提起しなければならない（332条）。

2　抗告の提起

決定・命令により不利益を受ける当事者または第三者は、抗告状を原裁判所に提出することにより抗告を提起することができる（331条・286条1項）。通常抗告の場合は抗告期間の定めはないが、即時抗告の場合は一週間の即時抗告期間内に提起しなければならない。抗告状には原裁判の取消しまたは変更を求める事由（抗告理由）を具体的に記載しなければならず、抗告状に記載しない場合には、抗告提起後14日以内に抗告理由書を原裁判所に提出しなければならない（規207条）。

なお、即時抗告が提起されると自動的に原裁判の執行を停止する効力が発生する（334条1項）。これに対し、通常抗告の場合は当然には執行停止の効力は生じず、原裁判所または執行裁判所が裁量により執行の停止やその他必要な処分を命じうるにとどまる（334条2項）。

3 抗告についての裁判

　抗告の提起を受けた原裁判所は，まず，抗告の適法性につき審査し，抗告が不適法でその不備を補正することができないことが明らかであるときは，決定で抗告を却下する（331条・287条）。抗告を却下しない場合は，原裁判の自縛性が解除され，原裁判所は自らがなした原裁判の当否を再度審査する機会を与えられる。審査の結果，抗告に理由があると認めるときには，原裁判を更正（取消し・変更）する（再度の考案［333条］）。原裁判所で更正がなされると，抗告はその目的を達し，手続は終了する。なお，更正決定に対しては即時抗告ができる（331条・257条2項）。

　原裁判所が抗告に理由なしとして更正しない場合には，その旨の意見を付して抗告裁判所（原裁判所の直近上級裁判所）に事件を送付する（規206条）。送付を受けた抗告裁判所における審理は決定手続により行われるが（口頭弁論の開催は任意的），その手続には性質に反しない限り控訴審手続に関する規定が準用される（331条，規205条本文）。抗告審の裁判は決定の形式でなされ，抗告に理由がないときは抗告を棄却し，抗告に理由があると認めるときには，原裁判を取り消して自判するか，事件を原裁判所に差し戻す。

4 再抗告

　地方裁判所が抗告審としてした決定に対しては，憲法違反または決定に影響を及ぼすことが明らかな法令違反を理由とするときに限り，高等裁判所に，さらに抗告をすることができる（330条）。これを再抗告という。再抗告は，控訴審判決に対する上告に類似することから，手続については，その性質に反しない限り上告に関する規定が準用される（331条但書，規205条但書）。なお，高等裁判所が抗告審としてなした決定・命令に対しては，再抗告は認められず（裁7条2号参照），その代わりに次に述べる許可抗告の制度が設けられている。

5 許可抗告

(1) 許可抗告の意義

　従来，高等裁判所の決定や命令に対しては，憲法違反を理由とする特別抗告をのぞき，法令違背を理由として最高裁判所に抗告することは認められていな

かった。そのため，法令の解釈適用につき，高等裁判所の間で判断が分かれた場合，その統一を図る機会がなく，とくに民事執行法や民事保全法の制定に伴い，決定や命令にも重要な事項を含むものが増えてきていることから，その弊害が指摘されていた。そこで，最高裁判所による法令解釈の統一を図る機会を設けるため，高等裁判所のなした決定・命令であっても，法令の解釈に関する重要な事項を含むものについては，当該裁判をなした高等裁判所の許可にもとづき，最高裁判所への抗告を認める許可抗告の制度（337条）が，平成8年の民事訴訟法改正において新たに設けられた。抗告の許否の判断を，当該裁判をなした高等裁判所に委ねたのは，最高裁判所の負担が従来より重くなることを回避するためである。

(2) 許可抗告の手続

高等裁判所のした決定または命令に対して不服のある当事者は，裁判の告知を受けた日から5日の不変期間内に，原裁判をした高等裁判所に抗告の許可を求める申立てをすることができる。申立てを受けた高等裁判所は，原裁判が最高裁判所の判例と相反する場合，その他の法令の解釈に関する重要な事項を含むと認める場合には，決定で抗告を許可する（337条2項）。この抗告許可決定により，抗告があったものとみなされ（337条4項），事件の送付を受けた最高裁判所は，判決に影響を及ぼすことが明らかな法令の違反があるときは，原裁判を破棄する（337条5項）。なお，決定または命令に憲法違反がある場合には特別抗告ができるので，これを理由に許可抗告の申立てをすることはできず（337条3項），憲法違反と法令違反を同時に主張する場合には，特別抗告と許可抗告の双方を提起することになる。

§6 特別の上訴

1 意 義

最高裁判所は憲法問題に関する最終的な判断を示す権限を有する終審裁判所（憲81条）であることから，通常の上訴によっては，最高裁判所に不服を申し

立てることが許されない下級審の裁判についても，その裁判に憲法違反の問題がある場合には，最高裁判所の憲法判断を仰ぐ機会を保障する必要性がある。そこで，高等裁判所が上告審としてなした判決や高等裁判所の決定・命令のように通常の上訴では最高裁判所に不服を申し立てることが許されない裁判であっても，憲法違反を理由とする場合に限り，「特別に」最高裁判所へ不服申立てをする機会を与える特別の上訴制度として，**特別上告**（327条）と**特別抗告**（336条）が設けられている。

2 特別上告

　特別上告は，高等裁判所が上告審としてした終局判決（327条1項），および少額訴訟における異議後の終局判決に対してなしうる特別の上訴である。特別上告の理由は，判決に憲法の解釈の誤りがあること，その他憲法違反があることに限られ，特別上告理由に憲法違反の事実が示されていないときは却下される。特別上告の手続は，その性質に反しない限り，上告に関する規定が準用され，特別上告期間，提起の方法，審理などはすべて上告に準ずるが（327条2項，規204条），通常の上告と異なり確定遮断効はなく（116条1項参照），一定の要件の下で執行停止処分が認められるにとどまる（398条1項1号）。

3 特別抗告

　特別抗告は，地方裁判所および簡易裁判所の決定・命令で不服申立ての許されないもの，ならびに高等裁判所の決定・命令を対象に，憲法違反を理由とするときに限り許される特別の上訴である。高等裁判所の決定・命令については，法令違反を理由とする場合は許可抗告によるべきであり，これを理由とする特別抗告は許されない。特別抗告の手続は，その性質に反しない限り，特別上告に準ずるが（336条3項），特別抗告期間は裁判の告知を受けたときから5日間に限られる点が異なる。確定遮断効がない点，当然には原裁判の執行は停止せず執行停止処分が認められるにとどまる点は特別上告と同様である。

§7 再　　審

〔設例〕　XはYに対し，貸金100万円の返還を求める訴えを提起したが，第一審で請求棄却判決を受け，そのまま判決は確定した。しかしその後，第一審判決の決め手となった証言が虚偽の証言であることが明らかになり，その証人は偽証罪で有罪判決を受けた。この場合，第一審判決はすでに確定しているが，XはYに対する100万円の貸金返還請求につき再度争うことができるだろうか。

1　意　義

　終局判決が確定し訴訟手続が終了した以上，みだりにその確定判決の取消・変更を認めることは，既判力ある判決にもとづく紛争の解決，それを介在した法的安定性を阻害することになる。しかし，〔設例〕のように，判決の基礎となった訴訟手続や判断の基礎資料に重大な欠陥がある場合にまでその是正を許さないとすれば，裁判の適正は保たれず，当事者の権利保護に欠けるとともに，裁判に対する国民の信頼が失われることにもつながりかねない。そこで，法が定める一定の重大な事由（**再審事由**：338条1項1号～10号）がある場合に限り，例外的に原裁判所に対して確定判決の取消しと再審理を求めることを認め，そのための不服申立方法として再審制度を設けている。

2　再審事由

(1)　再審事由

　法は，法的安定性を確保するため，確定判決に対し再審理を求めうる事由（再審事由）を338条1項1号から10号にわたり限定的に列挙しており，再審の訴えはこの再審事由がある場合に限り申し立てることができる。

　再審事由としては，①裁判所の構成の違法や代理権欠缺など訴訟手続に重大瑕疵がある場合（1号～3号），②判決の基礎資料につき可罰行為その他の違法

行為があった場合（4号〜7号），③判決の基礎となった裁判や行政処分が変更された場合（8号），④原判決の判断そのものに重大な瑕疵があった場合（9号・10号）があげられている。このなかで，②の可罰行為の存在を再審事由とする場合には，当該可罰行為について有罪確定判決などが存在することが必要とされる（338条2項）。したがって〔設例〕の場合には，証人に対する偽証罪の有罪判決が確定したときには，338条1項7号の再審事由により再審の訴えを提起し，100万円の貸金返還請求につき再審理を求めることができる。なお，この有罪確定判決などの存在については，再審の訴えの適法要件とみるのが通説・判例の立場であるが（最判昭45・10・9民集24巻11号1492頁・百選Ⅱ〔A57〕事件），可罰行為の可罰性を確定する特別の要件とみる見解（理由具備要件説）や，再審事由の一部として位置づける見解（合体説）もある。

(2) **再審の補充性**

再審は特別の例外的救済手段であるとともに，再審事由はそれを上訴の理由とすることができる（通説）ことから，上訴において既にその事由を主張している場合や自らその機会を放棄している場合には，あらためて再審による救済を認める必要はないと考えられる。そこで，確定判決に再審事由に該当する瑕疵があっても，当事者が既にそれを上訴によって主張していた場合，またはこれを知りながら主張していなかった場合は，もはやその事由を再審事由として主張することは許されないとされている（338条1項但書）。これを**再審の補充性**という。ただし，補充性の適用による失権の基礎には，現実の了知・現実の主張可能性が必要と解されており，判決が補充送達により有効に送達されても，再審事由の存在を現実に了知できなかった場合については，補充性の適用が緩和され再審が認められている（最判平4・9・10民集46巻6号553頁）。

3 再審訴訟の審理と裁判

(1) **訴え提起**

再審の訴えは，確定した終局判決を対象として，不服の対象とされる判決をした裁判所（専属管轄［340条1項］）に具体的な再審事由を記載した再審訴状を提出することにより行う（再審訴状の必要的記載事項につき343条）。具体的な再審事由の記載が必要とされるのは，根拠のない再審の訴えを訴状提出の段

(2) 再審期間

確定判決による法的安定要求との調和をはかるため，再審の提訴期間には一定の制限が設けられている。これを**再審期間**といい，判決確定後再審事由を知った日から30日の不変期間内に提起しなければならないとともに，除斥期間が5年と定められており，判決確定日から5年を経過するともはや提起することはできない（342条1項・2項。例外につき，342条3項）。ただし，判決確定後に再審事由が発生した場合には，除斥期間はその事由が発生した日から起算される（342条2項括弧書）。また，出訴期間の起算時期については，それぞれの再審事由ごとにそれを知った日から起算されるが，可罰行為の再審事由（338条1項4号～7号）に関しては，338条2項所定の有罪確定判決などの存在を知った日から起算されると解されている（通説・判例．大判昭12・12・8民集16巻1923頁）。

(3) 審理と裁判

まず，再審の訴えが提起されると，本案の再審理に先立ち，再審開始の許否についての審理が決定手続により先行して行われる（この手続を「**再審開始決定手続**」とよぶ）。再審開始決定手続では，再審の適法性および再審事由の存否についてのみ審理され，再審の訴えが不適法である場合には再審の訴えは却下され（345条1項），再審事由がない場合には再審請求が棄却（同条2項）される。再審の訴えが適法であり，再審事由の存在が認められる場合には，**再審開始決定**がなされ（346条1項），この再審開始決定が確定してはじめて本案の再審理手続に移行する。そして，本案の再審理の結果，原判決を不当と認める場合には，原判決を取り消した上で，これに代わる新判決がなされるが（348条3項），原判決の判断を正当と認める場合は，再審事由が存在しても確定判決を取り消すことなく再審請求が棄却されることになる（348条2項）。なお，再審請求に対する終局判決については，前訴確定判決と同じ審級の判決として，その審級に応じた上訴が許される。

◇ 論 点 ◇

再審訴訟の訴訟物と手続構造

　再審訴訟は，再審事由の存否についての審理と，本案についての再審理という段階的な審理構造を持つことから，再審の訴えの法的性質をどのように解するかという問題とも連動して，その構造に対応した訴訟物をどのように構想するかをめぐり議論がある。

　現在の議論状況を大まかに示すと別表のようになるが，旧法下よりこれらの議論は，①再審訴訟の訴訟物として確定判決の取消を求める形成訴訟の訴訟物と従前の本案訴訟の訴訟物の２つを構想する訴訟物二元説と，②従前の本案訴訟の訴訟物こそが再審訴訟の訴訟物であり，確定判決の取消要求については独立した訴訟物を構想しない（再審事由は本案の訴訟物につき再審理するための前提条件ととらえる）訴訟物一元説との対立を軸として展開してきた。再審の手続を二段階に区分せず，再審事由の存否に関する審理も判決手続により行うものとしていた旧法下においては，二元説が通説とされ，判例（最判昭36・9・22民集15巻８号2203頁）も二元説を前提としてきた。しかし，新法下においては，再審事由の存否の審理が決定手続で行われることなどからむしろ一元説が有力となっている。新法における手続構造に照らすと，再審開始決定手続については本案の再審理へ移行するための前提手続と考えるべきであり，あえて独立した訴訟物を構想する必要はなく，またそのように解することが，再審事由が存在しても原判決の判断を正当と認める場合は確定判決を取り消すことなく再審請求を棄却するとしている348条２項の規定にも調和することから，訴訟物一元説が妥当と考えられる。

　〔参考文献〕
　・加波眞一「新民事訴訟法における再審訴訟の手続構造」北九州25巻１号１頁（1997）
　・坂原正夫「再審の手続構造」伊藤眞＝徳田和幸編『講座新民事訴訟法Ⅲ』91頁（弘文堂，1998）
　・山本研「新民事訴訟法における再審手続の論点」沖縄法政研究２号61頁（2000）

【別表：再審訴訟の訴訟物と手続構造】

法的性質論	訴訟上の形成訴訟説	本案訴訟説（上訴類似説）
	確定判決の取消を求める訴訟上の形成訴訟 ＋ 本案の再審理を求める付随訴訟	本案の審理をやり直すことを主眼とする上訴類似の救済手段

構造論（訴訟物論）	訴訟物	訴訟物二元説	訴訟物一元説
		確定判決の取消を求める形成請求 ＋ 従前の訴訟の本案請求	従前の訴訟の本案請求
	形成請求の訴訟物	旧訴訟物理論 →個々の再審事由ごとに訴訟物は別個 新訴訟物理論 →訴訟物は確定判決の取消を求める法的地位の主張 ※個々の再審事由は攻撃防御方法 ↓ 再審請求棄却判決による失権効の範囲の修正 二分肢説　通常の注意義務をもって知り得なかった再審事由は失権しないとする説	確定判決の取消要求については独立した訴訟物を構想しない ※再審事由は，確定判決が存在するにも関わらず再び本案の訴訟物について審理を行うための「前提条件」（上告理由と同様に訴訟要件的に把握）
派生的見解		条件附併合二元説	既判力停止効説

4　準再審

　即時抗告ができる決定・命令が確定した場合において，再審事由に該当する事由があるときは，再審に関する規定を準用して再審の申立てをすることができる（349条，規212条）。これを準再審という。

第11章　略式裁判手続

§1　簡易裁判所における訴訟手続

1　総　説

　簡易裁判所は，比較的少額軽微な事件を国民が利用しやすい簡易な手続により迅速に解決することを目的として設けられた，地方裁判所とならぶ第一審裁判所である（270条）。少額軽微な事件を対象とすることから，事物管轄は訴額が90万円以下の事件に限定されており（裁33条1項1号），不動産に関する訴訟については訴額が90万円以下であっても内容が複雑であることが多いことから，地方裁判所にも競合して管轄が認められている（裁24条1号）。また，簡易裁判所が事物管轄を有する事件のなかでも，訴額が30万円以下の金銭請求事件については，「少額訴訟手続」という略式訴訟手続（本章§2参照）を利用することもできる。

　簡易裁判所における裁判は常に一人の裁判官によって行われるが（単独制），必要があると認めるときは，民間人からなる司法委員に和解勧試の補助をさせたり，審理に立ち会わせてその意見を参考にすることができる（279条1項）。民間人の健全な良識や社会経験を民事裁判に反映させる趣旨である。また，当事者の訴訟代理人は地方裁判所以上では原則として弁護士に限られるが，簡易裁判所においては，一定の研修を終了した司法書士についても訴訟代理権が認められるほか（司法書士法3条6号），裁判所の許可を得れば，弁護士や司法書士以外の者を訴訟代理人とすることもできる（54条1項但書）。

2　簡易裁判所における訴訟手続の特則

　簡易裁判所においては，訴額に見合った簡易迅速な解決が要請されるため，

その訴訟手続には地方裁判所の第一審手続を基本としつつ，以下のような特則が設けられている。

(a) 訴え提起の方法　　地方裁判所に訴えを提起するには訴状を提出しなければならないが（133条），簡易裁判所においては，訴状に代えて口頭で訴えを提起することも認められている（271条）。当事者双方が任意に裁判所に出頭する場合には，口頭の陳述で訴えを提起することにより，直ちに口頭弁論の開始を求めることもできる（273条）。また，訴えを提起する段階では，請求原因に代えて紛争の要点を明らかにすれば足りるものとされており（272条），必ずしも十分な法律知識を持たない者でも訴えを提起できるように配慮されている。

(b) 準備書面　　簡易裁判所の手続においては，原則的に準備書面の提出は不要とされている（276条1項）。ただし，相手方が事前に準備しなければ応答できないと認められる事項については，準備書面を提出するか期日前に直接相手方に通知することが必要とされ（同条2項），これを怠ると，相手方が欠席した口頭弁論においては，その事項を主張することができなくなる（同条3項）。相手方の防御権を保障するためである。

(c) 欠席当事者の陳述の擬制　　地方裁判所の訴訟手続においては，最初の期日に限り，欠席当事者の提出した書面が陳述されたものと擬制されるが（158条），これに対し簡易裁判所では，最初の期日に限らず，続行期日においても欠席当事者の陳述が擬制される（277条）。

(d) 証拠調べ　　証拠調べにあたり，裁判所が相当と認めるときは，証人・当事者本人・鑑定人の尋問に代えて，供述書や鑑定書の提出ですませることができる（278条）。証人の尋問に限定しない点で，通常訴訟手続における書面尋問（205条）より広範な書面審理が認められている。

(e) 裁判書類の記載の簡略化　　口頭弁論調書については，裁判官の許可を得て，証人尋問の内容や検証結果の記載を省略することができ（規170条1項），また，判決書についても，事実および理由の記載の簡略化が認められている（280条）。なお，口頭弁論調書の記載を省略する場合には，当事者の裁判上の利用に供するため，申出があるときは，その内容を録音テープに記録し，複製を許さなければならないとされている（規170条2項）。

3 訴え提起前の和解

簡易裁判所においては，民事紛争の当事者が，訴訟係属を前提とせずに，直接和解の申立てをすることができる（275条1項）。これを，**訴え提起前の和解**という（起訴前の和解，または**即決和解**ともよばれる）。訴え提起前の和解は，訴額にかかわりなく利用できること，金銭給付に限定せず幅広く民事上の紛争について利用できること，簡易・迅速・廉価に債務名義を取得できる手段であることから，実務上よく利用されている。

訴え提起前の和解は，請求の趣旨・原因のほか争いの実情を表示して，訴額にかかわらず相手方の普通裁判籍所在地の簡易裁判所に申し立てる（275条1項）。申立てがあると，裁判所は和解期日を指定し，この期日に和解が調えば和解条項が調書に記載され（規169条），裁判上の和解として確定判決と同一の効力を持つことになる（267条）。和解が調わない場合は和解手続は終了するが，期日に出頭した当事者双方の申立てがあるときは訴訟への移行が認められる（275条2項）。この場合においては，和解の申立時に訴えの提起があったものとみなされ，和解の費用は訴訟費用の一部とされる（275条2項後段）。

§2　少額訴訟手続

〔設例〕
① 100万円の債権の一部として30万円を少額訴訟により請求することは許されるか。
② 50万円の債権を分割して，30万円と20万円の請求にした上で，それぞれにつき同時に少額訴訟により請求することは許されるか。

1 少額訴訟手続の創設

§1で説明したように，訴額が比較的少額な民事事件については，簡易な手

続により迅速に解決を図るため，簡易裁判所の訴訟手続の特則が設けられている。しかし，簡易裁判所は，三審制の下で地方裁判所とともに第一審裁判所として位置づけられており，上記の特則も基本的には地方裁判所における通常の民事訴訟手続が適用されることを前提としているものであるため，一般市民が身近な紛争を解決する手段としてはなお重厚すぎる面がある。そこで，平成8年の民事訴訟法の改正にあたり，一般市民が訴額に見合った時間と費用で紛争の解決を求めることができるよう，簡易裁判所における訴訟手続の特則として，新たに少額訴訟手続が創設されるに至っている。

2　手続の概要

(1)　少額訴訟の要件

　少額訴訟手続は，訴訟の目的の価額が30万円以下の金銭の支払請求について利用することができる（368条1項）。訴額の上限を30万円としたのは，簡易裁判所の新受事件の50％前後が訴額30万円以下の金銭支払請求事件であったこと，手続を相当程度簡略化するためには訴額の上限をあまり高額にしない方が国民のコンセンサスを得やすいと考えられたことによる。また，「庶民のための裁判所」を目指した少額訴訟手続の制度創設趣旨から，貸金業者などの反復利用に歯止めをかけるため，手続の利用回数は同一簡易裁判所において年間10回までと制限されている（368条1項，規223条）。

　少額訴訟の対象となる請求については，少額訴訟手続と簡易裁判所における通常の手続のいずれを利用することも可能であり，その選択権は第一次的には原告に与えられている（368条1項）。また，少額訴訟手続が通常の手続とは異なった制約を伴うものであるため，当事者間の公平，被告の手続保障などの観点から，原告が少額訴訟手続を選択した場合であっても，被告は口頭弁論期日において弁論するまでは**移行申述権**を行使でき，移行の申述があった時点で通常手続に移行するものとされている（373条1項・2項）。なお，被告からの移行申述がなくとも，裁判所は事件が少額訴訟手続による審理になじまないと判断した場合には，職権で通常手続に移行させることができる（373条3項4号）。

◇ **発展・研究** ◇

一部請求と少額訴訟手続

〔**設例①**〕のように，30万円を超える金銭債権の一部を分割して，少額訴訟による審理を求めることは，通常訴訟において明示の場合の一部請求を認める判例（最判昭37・8・10民集16巻8号1720頁・百選Ⅱ[147]事件）の立場を前提とすれば，一部請求である旨を明示している限り許されるものと考えられる。これに対し，一部請求として申し立てられた請求権の有無を判断するにあたっては，結局債権全体の存否について判断せざるを得ず，このような訴えを少額訴訟によって審理することは，少額の紛争について簡易迅速に処理するため訴額を30万円に制限した趣旨になじまないとの見解もあるが，少額訴訟による審理になじまない場合には，裁判所による通常の手続への移行決定により対処することが可能であり，一部請求による少額訴訟手続の利用を一律に禁止する必要はないと考えられる。ただし，〔**設例②**〕のように，一個の債権を分割して，同時に複数の少額訴訟を提起する場合については，重複起訴の禁止（142条）に抵触するか否かという問題も生ずる。この場合，職権で通常の手続に移行した上で併合審理するのが現実的であろうが，債権の分割行使が訴訟上の権利濫用にあたると判断されるときには，重複起訴として却下される可能性もあろう（最判平10・6・30民集52巻4号1225頁参照）。

(2) 審理の特色

簡易裁判所における通常の訴訟手続以上に簡易かつ迅速に紛争を処理することを目的として創設された少額訴訟手続においては，原則として最初に開かれる口頭弁論期日において審理を完了するという，**一期日審理の原則**がとられている（370条1項）。そして，この原則を実現するために，①最初にすべき口頭弁論期日前またはその期日にすべての攻撃防御方法を提出させる（370条2項），②証拠方法は即時に取調べ可能なものに限定する（371条），③証人尋問など証拠調べの方式を柔軟化する（宣誓の省略[372条1項]，尋問順序の柔軟化[372条2項]，電話会議システムによる尋問[372条3項]），④反訴を禁止する（369条）など，審理の簡略化が図られている。

(3) 判決の特色

判決は、口頭弁論終結後直ちに言い渡すのが原則とされ、これに伴い、主文、理由の要旨などを調書の末尾に記載して判決書に代える、いわゆる**調書判決**の制度が採用されている（374条）。また、請求を認容する場合、裁判所は、被告の資力その他の事情を考慮して、判決言渡日から3年を越えない範囲内で、支払猶予あるいは分割弁済などを命じる判決をすることができる（375条）。被告の任意の履行が期待できる判決により、強制執行にいたることなく、迅速に少額紛争を解決することを企図したものである。また、被告が任意の履行を怠る場合には、早期の執行を可能とするため、請求認容判決には必ず仮執行宣言を付すものとし（376条1項）、執行にあたっては単純執行文は不要とされている（民執25条但書）。

(4) 不服申立て

少額訴訟手続の終局判決に対して控訴することはできず（377条）、不服申立方法としては、その判決をした簡易裁判所に対する異議の申立てだけが認められている（378条1項）。異議審においては、一期日審理の原則、証拠調べの制限などがなくなり、通常の手続によりその審理および裁判が行われるが、反訴の禁止など少額訴訟の特則の一部は異議審にも準用される（379条）。異議審の終局判決に対しては、憲法違反を理由とする最高裁判所への特別上告を除き、不服を申し立てることはできない（380条）。

〔参考文献〕
最高裁判所事務総局民事局監修「少額訴訟手続関係資料(1)(2)」（法曹会，1998・2000）

---

§3　督促手続

1　意　義

通常の訴訟手続においては、紛争の適正かつ公平な解決のため、両当事者に権利主張を行う機会を公平に与え、事実認定にあたっては証明が必要とされるなど、厳格な手続が要請される。しかし、貸金返還請求などにおいて被告が債

務の存在を争わず，もっぱら資力不足などにより支払を怠っている場合にまで，このような厳格な手続を利用しなければならないとすると，債権者は債務名義を得るために必要以上の時間や費用，労力を費やさざるを得ず，結果的に民事訴訟制度が使いにくいものとなりかねない。そこで，主に金銭債権について債務者がその債務を争わない場合に，債権者に簡易迅速に債務名義を得させるための略式手続として，**督促手続**が設けられている。

督促手続の特徴は，金銭その他の代替物または有価証券の一定数量の給付を目的とする請求について（382条。この種の請求に限定したのは，執行後に取り消されても，原状回復が比較的容易なことによる），債務者を審尋することなく債権者の一方的申立てにもとづき，裁判所書記官が形式的な審査により**支払督促**を発付する点にある。旧法においてはその発令権限が裁判所にあったため「支払命令」とよばれていたが，新法においては，実体的な判断が行われないので判決手続とする必要はないとの考慮により，これを裁判所書記官の職分としたことに伴い，その名称も「支払督促」に改められている。

また，新法においては，支払督促の申立てが集中する東京と大阪における事件処理の迅速化・効率化を図るため，コンピューターを中心とする電子情報処理組織を用いる手続の特則も新たに設けている（397条，規238条）。

2　手続概要

督促手続は，請求の価格にかかわらず簡易裁判所の専属管轄に属し，支払督促の申立ては，債務者の普通裁判籍所在地の簡易裁判所書記官に対して行う（383条1項。申立てには，その性質に反しない限り，訴えに関する規定が準用される［384条］）。裁判所書記官は，申立てが不適法であるときや，申立ての趣旨から請求に理由がないことが明らかなときは，申立てを却下するが（385条1項），それ以外の場合は債務者を審尋することなく，実質的な審理を省略して支払督促を発付し（386条1項），債務者に送達する（388条1項）。債務者の法的地位は，異議申立てにより支払督促を失効させ，通常訴訟に移行して証拠にもとづく慎重な審理を受ける途を確保することにより保障されているので，この段階では債務者の審尋を行わないものとし，手続の簡易・迅速化を図っているのである。

債務者が支払督促の送達を受けた日から2週間以内に**督促異議**の申立てをしないときは、債権者は仮執行の宣言を申し立てることができ、裁判所書記官はこれを受けて支払督促に執行力を付する仮執行宣言を行う（391条1項）。仮執行宣言の効力は債務者に送達されたときに生じ、その時点から仮執行宣言付支払督促は債務名義となり（民執22条4号）、債権者はこれにもとづき強制執行をすることができる。さらに、仮執行宣言付支払督促が債務者に送達されてから2週間の異議申立期間内に督促異議の申立てがないか、あっても督促異議を却下する決定が確定したときは、支払督促は確定し確定判決と同一の効力を有するにいたる（396条）。ただし、督促手続においては、実体的な審理は行われないため、確定判決と同一の効力といっても、既判力は認められない（執行力のみ認められる）。したがって、債務者は支払督促の確定後も、仮執行宣言付支払督促の送達前に生じた事由にもとづき、請求異議の訴えを提起し、請求権の存在について争うことができる。

3　不服申立て──督促異議による通常訴訟への移行──

督促手続では債務者を審尋しないで支払督促を発付するため、債務者の手続保障の観点から、支払督促に対して異議（**督促異議**）を申し立てることにより、通常訴訟手続による審理を受ける機会が保障されている。督促異議を申し立てる機会は、仮執行宣言付与の前後2回にわたり与えられており、適法な督促異議の申立てがあると、督促異議にかかる請求について、その目的の価格に従い、支払督促の申立ての時に簡易裁判所または地方裁判所に訴えの提起があったものとみなされ、通常訴訟へと移行する（395条）。

仮執行宣言前に督促異議の申立てがなされたときは、支払督促はその異議の範囲内で効力を失う（390条）。また、仮執行宣言後においても、その送達後2週間内は督促異議の申立てが許されるが、この場合は、支払督促の確定を阻止するにとどまり、仮執行宣言の効力（執行力）は停止されない（執行停止については、398条1項3号・4号参照）。

§4 手形訴訟

〔設例〕 手形の所持人Xは振出人Yに対し，手形金債権100万円の支払を求めて手形訴訟を提起した。
① いったんは手形訴訟を選択したXであったが，証拠方法が制限される手形訴訟では自己の主張事実を十分に立証できないことが判明した場合，通常訴訟に移行させることはできるか。また，その場合Yの同意は必要か。
② 50万円の支払を命ずる手形判決に対しXのみが異議を申し立てた場合，異議後の通常訴訟において，Xを全部敗訴させる判決をすることは許されるか。

1 手形訴訟の意義

手形訴訟とは，手形による金銭の支払請求とこれに附帯する法定利率による損害賠償請求のみを対象とする略式訴訟手続である（350条1項。なお，小切手による金銭の支払請求については別に**小切手訴訟**が設けられているが，その手続については手形訴訟の規定が準用される。367条2項）。手形訴訟においては，請求適格を制限するとともに，反訴を禁止し証拠方法を制限するなど，事件の簡易迅速な処理を行うための特則が設けられている。手形が簡易迅速な金銭化を前提とする取引上の支払手段であることから，訴訟上も簡易迅速に手形債権を回収できるよう企図したものである。

2 審理と裁判

(1) 訴えの提起

手形訴訟は，手形上の権利として手形に表章されている金銭債権の支払請求およびこれに附帯する年6分の割合の損害賠償請求を目的とする給付の訴えのみを対象とし（350条1項），確認の訴えや，手形上の権利でない利得償還請求

(手85条)を行うことはできない。

通常訴訟と手形訴訟のいずれの方法を採るかは原告の判断に委ねられており，手形訴訟を選択する場合には，手形訴訟による審理と裁判を求める旨を記載した訴状(350条2項)を管轄裁判所に提出することにより訴えを提起する。手形訴訟の事物管轄については通常訴訟と同様に訴額によって決まるが，土地管轄については手形の支払地に特別裁判籍が認められる(5条2号)。

(2) 審理の特則

迅速性の要請の強い手形訴訟においては，訴えが提起されると，裁判長は直ちに口頭弁論期日を指定して当事者を呼び出し(規213条1項)，やむを得ない事由がない限り，一期日で審理を完了することが原則とされている(規214条。**一期日審理の原則**)。また，審理の複雑化を避けるため，反訴を提起することはできない(351条)。さらに，証拠調べは当事者が即時に提出することのできる書証に限り行うことができ，文書提出命令や送付嘱託をすることは許されない(352条1項・2項。証拠制限回避の目的で作成された書面の証拠能力を否定した判例として，東京地判昭40・8・25下民集16巻8号1322頁がある)。ただし，文書の成立の真否または手形の呈示に関する事実については，書証だけでは立証が困難であるとともに当事者自身が関与している場合が多いと考えられることから，当事者の申立てがある場合には例外的に当事者本人を尋問することができる(352条3項)。なお，以上の証拠制限は本案に関する証拠調べに限られ，訴訟要件の存否などの職権調査事項には及ばない(352条5項)。

(3) 手 形 判 決

手形訴訟の判決を手形判決といい，判決書またはこれに代わる調書には手形判決と表示される(規216条)。手形判決には，①手形訴訟の請求適格を欠くことによる訴え却下判決，②一般の訴訟要件を欠くことによる訴え却下判決，③請求を認容あるいは棄却する本案判決の三種がある。①の判決に対しては，通常訴訟であらためてその請求について審判を求めることができるため，控訴や異議申立てなどの不服申立てはできないが(356条・357条)，②の判決に対しては，控訴をすることができる(356条但書)。他方，③の本案判決に対しては，控訴をすることはできないが，その代わりに異議を申し立てることにより通常訴訟への移行が認められる(357条)。なお，請求認容判決には，職権で，しか

も原則として担保を立てさせずに仮執行宣言を付さなければならないとされている（259条2項）。手形債権の簡易迅速な実現に配慮したものである。

3　通常訴訟への移行

　手形訴訟は略式訴訟であることから，原告に通常訴訟と手形訴訟との選択権を与えるとともに，いったん手形訴訟を選択した後であっても通常訴訟へ移行する機会を広く与えている。まず，手形訴訟の口頭弁論終結前においては，原告はいつでも被告の同意を要せずに訴訟を通常の手続に移行させる旨の申述をすることができ（353条1項），この申述があると訴訟は直ちに通常訴訟手続に移行し（353条2項），以後は通常の訴訟手続として審理が続行される。したがって，〔**設例①**〕については，Ｘは一方的に移行の申述をするだけで，Ｙの同意を要せずに手形訴訟を通常訴訟に移行させることができる。

　また，手形訴訟の本案判決後にあっても，判決に不服のある当事者は異議申立てをすることにより，あらためて通常手続による審理を求めることができる（357条）。適法な異議申立てがあると，手形判決の確定は遮断され（116条2項），訴訟は手形訴訟の口頭弁論終結前の審理状態に戻り，通常手続により審理が続行される（361条）。異議後の通常訴訟における裁判は，すでに手形判決がなされていることを考慮して，審理の結論が手形判決と符合するときは，手形判決を認可する形式でなされる（362条1項。ただし，手形訴訟の判決手続が法律に違反するときは認可することはできない［同項但書］）。他方，手形判決を認可することができない場合には，裁判所は新判決により手形判決を取り消す（362条2項）。なお，異議後の通常訴訟における訴訟物は，手形判決の当否ではなく原告の請求の当否であり（通説），裁判所は異議を申し立てた当事者にとって手形判決よりも不利な判決をなすこともできる（新堂幸司『新民事訴訟法』825頁［弘文堂，1998］）。したがって，〔**設例②**〕については，裁判所は異議申立人であるＸを全部敗訴させる新判決をすることも許される。

〔追　録〕

平成15年の通常国会に提出された民事訴訟法等の一部改正案の主な内容

1．知的財産権関係訴訟の管轄の集中
　1）　特許権，実用新案権，回路配置利用権，プログラム著作権に関する訴訟の第一審の管轄については，東京地方裁判所または大阪地方裁判所の専属管轄とする。
　2）　特許権等に関する訴訟については，東京地方裁判所または大阪地方裁判所は5人の裁判官の合議体で審理することができる。
　3）　特許権等に関する訴訟の控訴審は，東京高等裁判所の専属管轄とする。
　4）　意匠権，商標権，著作権（プログラム著作権を除く），出版権，育成者権に関する訴え，または不正競争による営業上の利益侵害に係る訴えについては，一般の管轄の規定による裁判所のほか，東京地方裁判所または大阪地方裁判所にも提起できる。

2．専門委員制度の創設
　1）　医療事故訴訟や建築関係訴訟等のように専門的知見を要する事件の審理に当たり，裁判所は専門家（専門委員）を手続に関与させることができる。
　2）　裁判所が争点整理や証拠調べにつき専門委員を手続に関与させるときは，当事者の意見を聴くことを要件とする。
　3）　裁判長は，当事者の同意を得て，専門委員が証人や鑑定人に対し直接に問いを発することを許可することができる。
　4）　裁判所は，当事者の同意を得て，専門委員を和解期日に関与させることができる。
　5）　専門委員には，除斥・忌避の規定が準用される。

3．訴え提起前の証拠収集手段の拡充
　1）　訴えを提起しようとする者は，被告となるべき者に対し，訴え提起を予告する旨の通知をしたときは，主張・立証を準備するために必要な事項につき書面で照会することができる。

2） 予告通知をした者は，立証に必要となる証拠につき自ら収集することが困難であるときは，裁判所に対し，文書送付の嘱託，調査の嘱託，専門意見陳述の嘱託，執行官による調査命令等の処分を求めることができる。

4．計画審理の増進

1） 裁判所は，審理すべき事項が多数または錯綜しているなど事件が複雑であるときその他必要があると認めるときは，当事者双方と協議をし，その結果を踏まえて審理の計画を策定しなければならない。

2） 審理計画においては，争点整理の期間，人証調べの期間，弁論終結と判決言渡しの予定時期を定めなければならない。

3） 裁判所は，当事者の意見を聴いて，特定の事項につき攻撃防御方法を提出すべき期間を定めることができる。

5．電話会議システムを利用した弁論準備手続期日における和解等

・電話会議システムの方法で弁論準備手続が行われる場合において，当該期日に出頭しない当事者も，訴えの取下げ，和解，請求の放棄・認諾をすることができる。

6．和解に代わる決定

・金銭の支払を請求する訴訟で，被告が原告の主張を争わず何らの防御方法も提出しない場合において，被告の資力その他の事情を考慮して相当であると認めるときは，裁判所は原告の意見を聴いて，5年を越えない範囲内で，支払時期の定めまたは分割払いの定めをして金銭の支払を命ずる決定をすることができる。

7．簡易裁判所の機能の拡大

1） 簡易裁判所の事物管轄を90万円から140万円に引き上げる。

2） 少額訴訟の上限額を30万円から60万円に引き上げる。

8．家庭裁判所への人事訴訟の移管

1） 離婚・離縁等の人事訴訟の第一審を家庭裁判所に移管する。

2） 離婚訴訟における親権者の指定や養育費，財産分与等の申立てにつき，家庭裁判所調査官の調査を活用することができる。

事項索引

い

移行申述権 …………………………270
違式の裁判 …………………………239
移審の効力 …………………………244
移　送………………………………20
一応の推定 …………………………120
一期日審理の原則 …………271,276
一部請求 ……………………164,190
一部判決 ……………………………145
一般公開 ……………………………83
一般条項（規範的法律要件）……90
違法収集証拠 ………………………112
イン・カメラ手続 …………………130

う

訴え却下の判決………………68,145
訴え提起前の和解 …………136,269
訴え取下げの擬制…………………99
訴えの適法性………………………68
訴えの取下げ ………………………133
訴えの変更 …………………………197
訴えの利益 …………………………74

お

応訴管轄 …………………………18,19

か

回答義務………………………………96
介入尋問……………………………124
回　避………………………………24
確定遮断の効力 ……………………244
確定判決 ……………………………148

――と同一の効力 ………136,138,141
――の不当取得（騙取判決）……151
確認訴訟 ……………………………181
確認の訴え …………………………54
確認の利益 …………………………76
瑕疵ある判決 ………………………151
仮執行 ………………………………178
仮執行宣言 …………………………178
仮執行宣言付判決 …………………178
仮執行免脱宣言 ……………………178
簡易裁判所 …………………………267
簡易な呼出し ………………………102
管　轄………………………………15
管轄権 ………………………………15
管轄配分説 …………………………14
関係者（人）公開 ………………83,97
簡裁訴訟代理関係業務……………47
間接事実……………………………89
間接証拠……………………………108
間接反証……………………………119
鑑　定………………………………126
鑑定意見……………………………126
鑑定書………………………………126
鑑定証人……………………………126
鑑定人………………………………126
関連的併合 …………………………196

き

期　間………………………………103
棄却判決 ……………………………145
期　日………………………………102
――の延期 …………………………103
――の続行 …………………………103

——の変更 …………………………103
期日外の釈明 ………………………93
期日指定の申立て …………………99, 135
擬制自白 ……………………………86, 100
羈束力 ………………………………149
起訴前の和解 ………………………269
既判力 ………………………138, 141, 152
　——の客観的範囲 ………………160
　——の時的範囲 …………………156, 157
　——の主観的範囲 ………………167
　——の相対性 ……………………167
　——の双面性 ……………………154
忌　避 ………………………………23
忌避事由 ……………………………23
逆推知説 ……………………………13
客観的証明責任 ……………………116
キャリアシステム …………………9
吸収型訴訟担当 ……………………171
旧訴訟物理論 ………………………182
給付の訴え …………………………53
供述・証言 …………………………123
共同訴訟 ……………………………206
共同訴訟参加 ………………………217
共同訴訟的補助参加 ………………227
共有関係訴訟 ………………………208
許可抗告 ……………………………260

け

経験則 ………………………………110
形式的確定力 ………………………150
形式的証拠力 ………………………127
形式的当事者概念 …………………25
形成権の行使 ………………………158
形成訴訟 ……………………………181
形成の訴え …………………………55, 56
形成力 ………………………………176
欠席判決 ……………………………100
決　定 ………………………………142

原因判決 ……………………………144
厳格な証明 …………………………109
検　証 ………………………………130
検証物 ………………………………130
顕著な事実 …………………………110
限定承認 ……………………………159
権利自白 ……………………………87
権利主張参加 ………………………219
権利能力 ……………………………32
権利保護 ……………………………51
　——の利益 ………………………74

こ

合意管轄 ……………………………18
後遺症 ………………………………164
　——にもとづく追加賠償請求 …192
合一確定 ……………………………209
行為能力 ……………………………37
公開主義 ……………………………80
合議制 ………………………………8
合議体 ………………………………9
攻撃防御方法 ………………………84
抗　告 ………………………………257
抗告理由 ……………………………258
交互尋問制 …………………………124
公示送達 ……………………………64
控　訴 ………………………………239, 241
　——の追完 ………………………103
　——の提起 ………………………244
　——の取下げ ……………………246
控訴裁判所 …………………………242
控訴状 ………………………………244
公知の事実 …………………………110
口頭主義 ……………………………81
口頭弁論 ……………………………79
　——の全趣旨 ……………………112
口頭弁論終結後の承継人 …………168, 171
交付送達の原則 ……………………63

事項索引 283

公文書	127
抗弁・再抗弁	87
公務員の尋問	124
小切手訴訟	275
国際裁判管轄	13
国法上の裁判所	8
固有必要的共同訴訟	207

さ

債権者代位訴訟	170
再抗告	259
再審	262
——の訴え	262
——の補充性	263
——の禁止	135
再審開始決定	264
再審開始決定手続	264
再審期間	264
再審事由	262
再審訴状	263
再審訴訟の訴訟物	265
財団の当事者能力	30
再度の考案	259
裁判	142
——の脱漏	145
裁判外の和解	137
裁判権	10
裁判所	8
裁判上の和解	137
裁判所書記官	8
裁判籍	17
裁判費用	179
債務不存在確認	187
詐害防止参加	218
差置送達	64
差戻し	248
残額請求	164
参加承継	233

参加的効力	228
残部判決	145

し

事案解明義務	121
私鑑定	126
事件の呼上げ	103
自己拘束力	149
事後審制	247
自己利用文書	128
事実上の主張	85
事実上の推定	119
事実審	238
——の口頭弁論終結時	157
事実認定	107
失権効	157
執行力	138, 141, 175
実質的証拠力	127
実質的当事者概念	25
実体法上の法定代理人	44
指定管轄	18
私的自治の原則	51
自白	86
支払督促	273
支払命令	273
自判	248
事物管轄	16
私文書	127
司法委員	267
司法書士	47
氏名冒用訴訟	27
釈明権	92
遮断効	157
終局判決	144
自由心証主義	82, 111
集中証拠調べ	123
自由な証明	109
重複訴訟	185

284　事項索引

──の禁止 …………………… 66
主観的証明責任 ……………… 116
主観的追加的併合 …………… 222
主観的予備的併合 …………… 212
主尋問 ………………………… 124
受託裁判官 ……………………… 9
受命裁判官 ……………………… 9
主要事実 ……………… 60, 85, 89
準主要事実 …………………… 91
準備書面 ……………………… 94
準備的口頭弁論 ……………… 97
準文書 ………………………… 127
少額訴訟手続 ………………… 269
少額訴訟の要件 ……………… 270
消極的確認の訴え …………… 54
消極的釈明 …………………… 93
証言拒絶権 …………………… 125
証拠 …………………………… 107
　──の採否 ………………… 122
　──の申出 ………………… 122
証拠共通の原則 …………… 89, 112
上告 …………………………… 251
　──の提起 ………………… 253
　──の利益 ………………… 251
上告裁判所 …………………… 251
上告受理制度 ………………… 252
上告状 ………………………… 253
上告理由 ……………………… 251
上告理由書 …………………… 253
証拠原因 ……………………… 108
証拠調べ ………………… 107, 122
　──の結果 ………………… 112
証拠資料 ……………………… 108
証拠能力 ……………………… 107
証拠偏在 ……………………… 95
証拠法則 ……………………… 111
証拠方法 ……………………… 107
証拠保全 ……………………… 131

証拠力 ………………………… 108
証書真否確認の訴え ………… 55
上訴 …………………………… 237
上訴不可分の原則 …………… 244
証人 …………………………… 123
証人義務 ……………………… 123
証人尋問 ……………………… 123
証明 …………………………… 108
証明責任 ……………………… 113
　──の転換 ………………… 118
　──の分配 ………………… 114
証明妨害 ……………………… 121
将来の給付の訴え …………… 75
職分管轄 ……………………… 16
職務上顕著な事実 …………… 110
職務上の当事者 ……………… 40
書証 …………………………… 126
除斥 …………………………… 22
除斥原因 ……………………… 22
職権証拠調べの禁止 ………… 89
職権進行主義 ………………… 101
職権探知主義 ………………… 88
職権調査 ……………………… 70
処分権主義 …………………… 52
書面尋問 ……………………… 124
書面による準備手続 ………… 98
真偽不明 ……………………… 113
新実体法説 …………………… 183
新訴訟物理論 ………………… 182
審判権 ………………………… 12
尋問 …………………………… 123
審理の現状にもとづく判決 … 99, 100

せ

請求の原因 …………………… 59
請求の認諾 …………………… 139
請求の併合 …………………… 194
請求の放棄 …………………… 139

事項索引 285

請求の目的物の所持者 …………169
請求の予備的併合と上訴 …………196
制限の既判力説 …………139
制限的訴訟能力者 …………35
制限免除主義 …………10
積極的確認の訴え …………54
積極的釈明 …………93
絶対的上告理由 …………252
絶対的訴訟無能力者 …………35
絶対免除主義 …………10
宣　誓 …………124
選択的併合 …………195
選定当事者 …………41, 215
全部判決 …………144

そ

相殺の抗弁 …………163
相対効の原則 …………167
相対的上告理由 …………252
相対的訴訟物説 …………184
送　達 …………104
　──の擬制 …………64
争点効 …………165
争点整理手続(争点および証拠の整理手続)
　　…………96
送付嘱託 …………128
双方審尋主義 …………82
即時確定の利益 …………76
即時抗告 …………258
続審制 …………246
訴訟委任にもとづく訴訟代理人 …………46
訴状却下命令 …………62
訴訟救助 …………62
訴訟記録の閲覧制限 …………81
訴訟係属 …………65, 135
訴訟行為の追完 …………103
訴訟告知 …………171, 230
訴訟参加 …………216

訴訟指揮権 …………101
訴訟終了宣言 …………133
訴訟障害 …………70
訴訟上の請求 …………52
訴訟上の代理人 …………43
訴訟上の和解 …………136
訴訟資料 …………88
訴状審査権 …………62
訴訟対象 …………52
　──の特定 …………186
訴訟脱退 …………220
訴訟脱退者 …………169
訴訟担当 …………168
訴訟追行権 …………39
訴訟手続の停止 …………104
訴訟能力 …………34, 37
　──の欠缺 …………36
訴状の実質的記載事項 …………60
訴状の送達 …………63
訴状の陳述擬制 …………100
訴状の任意的記載事項 …………60
訴状の必要的記載事項 …………58
訴状の補正 …………62
訴訟判決 …………68, 145
訴訟費用 …………179
　──の敗訴者負担の原則 …………179
　──の負担の裁判 …………179
訴訟費用額の確定手続 …………179
訴訟物 …………52, 181
訴訟物理論 …………162, 172
訴訟物論争 …………182
訴訟法上の裁判所 …………8
訴訟法上の特別代理人 …………45
訴訟法説 …………181
訴訟法律関係 …………65
訴訟要件 …………68
即決和解 …………136, 269
疎　明 …………109

286　事項索引

損害額の認定 …………………………119

た

第三者の訴訟担当 ………………………40
第三者の訴訟引込み ……………………223
対審の原則 ………………………………82
対世効 ……………………………170, 177
対立型訴訟担当 …………………………171
単純否認の禁止 …………………………95
単純併合 ………………………………195
担当者のための法定訴訟担当 …………40
単独制 ……………………………………8

ち

中間確認の訴え …………………………204
中間判決 ………………………………143
調査の嘱託 ……………………………130
調書判決 …………………………147, 272
直接主義 ………………………………82
直接証拠 ………………………………108
陳述擬制 …………………………100, 141
陳述書 …………………………………124
陳述の擬制 ……………………………95
沈　黙 …………………………………86

つ

追加判決 ………………………………145
追　認 …………………………………36
通常共同訴訟 …………………………207
通常抗告 ………………………………258

て

提出責任論 ……………………………185
手形訴訟 ………………………………275
　──の訴訟対象 ………………………188
手形判決 ………………………………276
手続事実群 ……………………………185
テレビ電話会議システム ………………124

と

当事者 ……………………………………25
　──の確定 ……………………………27
　──の確定基準 ………………………27
　──の欠席 ……………………………98
　──の変更 ……………………………231
当事者権 ………………………………26
当事者公開 …………………………83, 97
当事者参加 ……………………………216
当事者照会 ……………………………95
当事者尋問 ……………………………125
　──の補充性 …………………………125
当事者対等の原則 ……………………83
当事者能力 …………………………30, 32
当事者費用 ……………………………179
同時審判申出のある共同訴訟 ………214
独立当事者参加 ………………………218
督促異議 ………………………………274
督促手続 ………………………………273
特別抗告 ………………………………260
特別裁判籍 ……………………………17
特別上告 ………………………………260
特別送達 ………………………………63
特別代理人 ……………………………35
土地管轄 ………………………………16

に

二重起訴の禁止 ………………………66
二当事者対立の原則 …………………25
任意代理人 ……………………………43
任意的口頭弁論 ………………………80
任意的差戻し …………………………249
任意的訴訟担当 ………………………40
任意的当事者変更 …………………29, 235
人　証 …………………………………107
認容判決 ………………………………145

は

破棄判決の拘束力 …………………255
発問権………………………………93
判　決………………………………142
　──の言渡し ……………………147
　──の確定 ………………………148
　──の確定証明書 ………………148
　──の更正（更正決定）…………149
　──の効力 ………………………149
　──の成立 ………………………146
　──の送達 ………………………147
　──の不存在（非判決）…………151
　──の変更（変更判決）…………149
　──の無効（無効判決）……135, 151
判決主文中の判断 …………………161
判決書………………………………146
判決無効……………………………66
判決理由中の判断 …………………161
反射効………………………………173
反　証………………………………108
反　訴………………………………201
反対尋問……………………………124

ひ

引受承継……………………………233
必要的共同訴訟 ……………………207
必要的口頭弁論の原則 ……………80
必要的差戻し ………………………248
必要的請求併合のルール ……182, 194
必要的反訴のルール ………………201
否　認………………………………86
飛躍上告……………………………239
　──の合意 ………………………243
表見証明……………………………120
表示の訂正 ………………………29, 58

ふ

武器平等の原則 ……………………83
覆審制………………………………247
不控訴の合意 ………………………243
不告不理の原則 ……………………51
附帯控訴……………………………244
二肢説………………………………184
不　知………………………………86
普通裁判籍…………………………17
物　証………………………………107
不特定概念…………………………90
不服の利益（控訴の利益）…242, 243
不服申立制度 ………………………237
不変期間……………………………103
付郵便送達…………………………64
不要証事実…………………………110
不利益変更禁止の原則 ……245, 249
文　書………………………………127
文書提出義務 ………………………128
文書提出命令 ………………………128
紛争管理権説 ………………………42

へ

弁護士代理の原則 ………………41, 46
弁護士費用…………………………179
片面的職権探知主義 ………………140
弁論権………………………………26
弁論主義……………………………88
弁論準備手続 ………………………97
弁論能力……………………………38
弁論の更新…………………………82
弁論の更新権 ………………………246
弁論の全趣旨 ………………………87

ほ

法　規………………………………110
法人格なき社団 ……………………30

法人格否認の法理 …………………175
法曹一元制 ……………………………9
妨訴抗弁 ………………………………70
法定証拠主義 …………………………111
法定訴訟担当 …………………………40
法定代理人 ……………………………43
法定当事者変更 ………………………232
法律関係文書 …………………………128
法律上の主張 …………………………85
法律上の推定 …………………………118
法律上の争訟 …………………………11
法律審 …………………………………238
法律扶助 ………………………………62
法律要件分類説 ………………………114
法令上の訴訟代理人 …………………49
補佐人 …………………………………49
補充尋問 ………………………………124
補充送達 ………………………………63
補助参加 …………………………216, 224
補助事実 ………………………………89
補正の促し ……………………………62
補正命令 ………………………………62
本　案 …………………………………68
　　──の申立て ……………………84
本案判決 ………………………………145
本案前の抗弁 …………………………70
本　証 …………………………………108

み

民事裁判権 ……………………………10

め

命　令 …………………………………142

も

申立権 …………………………………101
門前払い判決 …………………………68

ゆ

郵便による送達 ………………………63

よ

要件事実 ……………………………85, 90
要証事実 ………………………………110
予備的併合 ……………………………195

り

利益衡量説 …………………………14, 115
利益文書 ………………………………128
利益変更禁止の原則 …………………249
略式裁判手続 …………………………267
理由付否認 ……………………………86

る

類似必要的共同訴訟 …………………207

わ

和解勧試 ………………………………138
和解条項案 ……………………………138
和解条項の裁定 ………………………138

判 例 索 引

大判明37・7・5民録10輯1016頁 ……… 245
大判大9・10・30民録26輯1685頁 ……… 227
大決昭5・4・24民集9巻6号415頁 …… 172
大判昭8・6・20民集12巻1597頁 ……… 204
大判昭8・7・11民集12巻2042頁 ……… 141
大判昭9・7・31民集13巻1483頁 ……… 217
大判昭10・10・28民集14巻1785頁・百選
　Ⅰ［38］事件 ……………………………… 28
大判昭11・3・11民集15巻977頁・百選
　Ⅰ［39］事件 ……………………………… 28
大判昭12・12・8民集16巻1923頁 …… 264
大判昭15・3・15民集19巻589頁 ……… 170
大判昭15・4・10民集19巻716頁 ……… 219
大判昭15・7・26民集19巻1395頁 …… 228
大判昭19・3・14民集23巻161頁 ……… 141
最判昭25・11・17民集4巻11号603頁・
　百選Ⅰ［32］事件 ………………………… 20
最判昭26・4・13民集5巻5号242頁 …… 172
最大判昭27・10・8民集6巻9号783頁 … 74
最判昭28・9・25民集7巻979頁 ……… 117
最判昭29・2・11民集8巻2号419頁 …… 11
最判昭29・6・11民集8巻6号1055頁・
　百選Ⅰ［51］事件 ………………………… 35
大阪地判昭29・6・26下民集5巻6号949
　頁・百選Ⅰ［40］事件 ……………………… 29
最判昭30・1・28民集9巻1号83頁・百
　選Ⅰ［36］事件 …………………………… 23
最判昭30・9・2民集9巻10号1197頁 … 256
最判昭30・9・22民集9巻10号1294頁 … 117
最判昭31・4・3民集10巻4号297頁 …… 242
最判昭31・7・20民集10巻8号965頁 …… 174
最判昭31・9・18民集10巻9号1160頁
　……………………………………………41, 44

最判昭32・5・10民集11巻5号715頁・
　百選Ⅱ［112］事件 ……………………… 120
最判昭32・6・7民集11巻6号948頁・
　百選Ⅱ［148］事件 ……………………… 164
最判昭32・12・3民集11巻13号2009頁・
　百選Ⅱ［114］事件 ……………………… 120
最判昭32・12・13民集11巻13号2143頁 … 245
最判昭33・3・5民集12巻3号381頁 …… 139
最判昭33・6・14民集12巻9号1492頁 … 139
最判昭33・7・25民集12巻12号1823頁・
　百選Ⅰ［52］事件 ………………………… 41
最判昭34・9・17民集13巻11号1412頁・
　百選Ⅱ［A33］事件 …………………… 117
最大判昭35・6・8民集14巻7号1206頁 … 74
最判昭35・12・23民集14巻14号3166頁 … 48
最判昭36・4・7民集15巻4号716頁 …… 48
最判昭36・9・22民集15巻8号2203頁 … 265
最判昭36・11・28民集15巻10号2593頁・
　百選Ⅱ［195］事件 ……………………… 255
最判昭37・8・10民集16巻8号1720頁・
　百選Ⅱ［147］事件 ………………… 164, 191, 271
最判昭37・12・18民集16巻12号2422頁・
　百選Ⅰ［41］事件 ………………………… 31
最判昭38・2・21民集17巻1号182頁・
　百選Ⅰ［56］事件 ………………………… 48
最判昭38・2・21民集17巻1号198頁・
　百選Ⅱ［A52］事件 ………………… 203, 247
最判昭38・4・12民集17巻3号468頁 …… 252
最大判昭38・10・30民集17巻9号1266
　頁・百選Ⅰ［58］事件 ……………………… 47
最判昭39・5・12民集18巻4号597頁・
　百選Ⅱ［133］事件 ……………………… 128
最判昭39・7・10民集18巻6号1093頁 … 199

最判昭39・10・13民集18巻8号619頁・
  百選Ⅰ [35] 事件……………………23
札幌高判昭40・3・4高民集18巻2号174
  頁…………………………………………47
最判昭40・4・2民集19巻3号539頁……159
最判昭40・5・20民集19巻4号859頁……208
京都地判昭40・7・31下民集16巻7号
  1280頁 …………………………………166
東京地判昭40・8・25下民集16巻8号
  1322頁 …………………………………276
最判昭41・1・21民集20巻1号94頁 ……200
最判昭41・1・27民集20巻1号136頁・
  百選Ⅱ [122] 事件………………………117
最判昭41・2・8民集20巻2号196頁 ……11
最判昭41・4・12民集20巻4号560頁……77
最判昭41・6・2判時464号25頁………173
最判昭41・11・10民集20巻9号1733頁 …203
最判昭41・11・25民集20巻9号1921頁 …209
大阪高判昭42・2・1下民集18巻1〜2
  号136頁………………………………166
最判昭42・7・18民集21巻6号1559頁
  ……………………………………164, 193
最大判昭42・9・27民集21巻7号1955
  頁・百選Ⅰ [59] 事件……………………47
最判昭42・10・19民集21巻8号2078頁……31
最判昭43・2・26民集22巻2号217頁・
  百選Ⅱ [120] 事件………………………117
最判昭43・2・27民集22巻2号316頁……152
最判昭43・3・19民集22巻3号648頁・
  百選Ⅱ [194] 事件………………………256
最判昭43・4・11民集22巻4号862頁・
  百選Ⅱ [149] 事件………………………164
最判昭43・4・12民集22巻4号877頁……220
最判昭44・6・24判時569号48頁・百選
  Ⅱ [145] 事件……………………………166
最判昭44・7・8民集23巻8号1407頁・
  百選Ⅱ [151] 事件………………………152
最判昭44・7・10民集23巻8号1423頁……74

最判昭和45・4・2民集24巻4号223頁・
  百選Ⅰ [70] 事件……………………78
最大判昭45・7・15民集24巻7号861頁 …77
東京高判昭45・10・29判時610号53頁……152
最大判昭45・11・11民集24巻12号1854
  頁・百選Ⅰ [49] 事件……………………42
最判昭45・12・15民集24巻13号2072頁・
  百選Ⅰ [54] 事件……………………45
大阪高判昭46・4・8判時633号73頁・
  百選Ⅱ [153] 事件………………………169
最判昭和46・6・25民集25巻4号640頁・
  百選Ⅰ [82] 事件……………………136
最判昭46・10・7民集25巻7号885頁・
  百選Ⅱ [A43] 事件………………………208
最判昭46・10・19民集25巻7号952頁・
  百選Ⅱ [A55] 事件………………………256
最判昭47・2・15民集26巻1号30頁・百
  選Ⅰ [61] 事件……………………………77
最判昭47・11・9民集26巻9号1513頁……77
最判昭47・11・9民集26巻9号1566頁・
  百選Ⅰ [A 6] 事件…………………………44
最判昭48・6・21民集27巻6号712頁・
  百選Ⅱ [152] 事件………………………173
大阪高決昭48・7・12下民集24巻5〜8
  号455頁・百選Ⅱ [126] 事件 …………125
最判昭48・10・4判時724号33頁………166
最判昭48・10・26民集27巻9号1240頁・
  百選Ⅰ [14] 事件……………………29
最判昭49・4・26民集28巻3号503頁・
  百選Ⅱ [146] 事件………………………160
最判昭50・3・13民集29巻3号233頁……222
最判昭51・7・19民集30巻7号706頁・
  百選Ⅰ [45] 事件……………………41
最判昭51・9・30民集30巻8号799頁・
  百選Ⅰ [15] 事件,百選Ⅰ [32] 事件
  ……………………………………75, 166, 186
最判昭51・10・21民集30巻9号903頁・
  百選Ⅱ [156] 事件………………………174

札幌高決昭51・11・12・百選Ⅰ［10］事件 …24
最判昭52・3・15民集31巻2号234頁・
　　百選Ⅰ［2］事件 ………………………12
最判昭52・3・24金判548号38頁 …………166
福岡高決昭52・7・13高民集30巻3号175
　　頁 ……………………………………………129
東京高判昭52・7・15判時867号60頁・
　　百選Ⅱ［118］事件 ……………………112
最判昭52・7・19民集31巻4号693頁・
　　百選Ⅰ［84］事件 ……………………135
大阪高決昭53・3・6高民集31巻1号38
　　頁・百選［132］事件 ………………127
最判昭53・3・23判時886号35頁・百選
　　Ⅱ［157］事件 …………………………174
最判昭53・3・10民集32巻5号888頁・
　　百選Ⅰ［7］事件 ………………………75
最判昭53・9・14判時906号88頁・百選
　　Ⅱ［155］事件 …………………………175
東京高決昭54・3・19下民集32巻9〜12
　　号1319頁・百選Ⅱ［129］事件 ………129
最判昭54・4・17判時931号62頁 …………158
札幌高決昭54・8・31下民集30巻5〜8
　　号403頁・百選Ⅱ［127］事件 …………125
東京高判昭54・10・18下民集33巻5〜8
　　号1031頁・百選Ⅱ［131］事件 ………130
最判昭55・9・26判時985号76頁 …………37
最判昭55・10・23民集34巻5号747頁・
　　百選Ⅱ［142］事件 ……………………158
最判昭56・4・7民集35巻3号443頁・
　　百選Ⅱ［1］事件 ………………………74
最判昭56・7・3判時1014号69頁 ………166
最判昭56・10・16民集35巻7号1224頁・
　　百選Ⅰ［19］事件 ………………………14
最大判昭56・12・16民集35巻10号1369
　　頁・百選Ⅰ［68］事件 …………………76
最判昭57・3・30民集36巻3号501頁・
　　百選Ⅱ［143］事件 ……………………158
最判昭57・7・1民集36巻6号891頁・
　　百選Ⅱ［161］事件 ……………………209
東京高決昭58・1・19判時1076号65頁・
　　百選Ⅰ［30］事件 ………………………20
最判昭58・2・3民集37巻1号45頁・百
　　選Ⅰ［33］事件 …………………………20
最判昭58・3・10判時1075号113頁 ……245
最判昭58・3・22判時1074号55頁・百選
　　Ⅱ［187］事件 …………………………197
最判昭58・3・31判時1075号119頁 ……248
最判昭59・1・19判時1105号48頁・昭和
　　57年度重判解129頁 ……………………158, 166
仙台高判昭59・1・20下民集35巻1〜4
　　号7頁・百選Ⅰ［55］事件 ……………49
東京高決昭59・9・17高民集37巻3号164
　　頁・百選Ⅱ［128］事件 ………………129
最判昭60・7・19民集39巻5号1266頁 …31
最判昭60・12・17民集39巻8号1821頁 …250
最判昭60・12・20判時1181号77頁・百選
　　Ⅰ［48］事件 ……………………………42
東京地決昭61・1・14判時1182号103頁・
　　百選Ⅰ［A3］事件 ……………………21
最判昭61・3・13民集40巻2号389頁・
　　百選Ⅰ［64］事件 ………………………77
最判昭61・4・11民集40巻3号558頁 ……199
大阪地決昭61・5・28判時1209号16頁・
　　百選Ⅱ［130］事件 ……………………129
最判昭61・9・4判時1215号47頁・百選
　　Ⅱ［188］事件 …………………………250
広島地決昭61・11・21判時1224号76頁・
　　百選Ⅱ［136］事件 ……………………131
札幌高決昭62・7・7判タ653号174頁・
　　百選Ⅰ［31］事件 ………………………20
最判昭62・7・17民集41巻5号1402頁・
　　百選Ⅱ［168］事件 ……………………222
最判昭63・3・15民集42巻3号170頁・
　　百選Ⅰ［80］事件 ………………………66
東京地判昭63・12・20判時1324号101頁…166
名古屋高金沢支判平元・1・30判時1308

号125頁……………………………242
最判平元・9・8民集43巻8号889頁・
　百選Ⅰ［1］事件……………12, 74
最判平元・11・20民集43巻10号1160頁・
　百選Ⅰ［6］事件…………………10
那覇地判平元・12・26判タ733号166頁…152
東京地判平2・4・16判時1368号74頁…166
最判平2・7・20民集44巻5号975頁…250
仙台地判平2・7・27判時1373号101頁…166
最判平4・9・10民集46巻6号553頁
　……………………………………63, 263
最判平6・5・31民集48巻4号1065頁・
　百選Ⅰ［A9］事件……………………209
最判平7・12・15民集49巻10号3051頁・

平成7年度重判解115頁………………159
東京高決平9・9・2判時1633号140頁…226
最判平9・11・11民集51巻10号4055頁……14
最判平10・6・12民集52巻4号1147頁・
　平成10年度重判解122頁………164, 191, 192
最判平10・6・30民集52巻4号1225頁参
　照………………………………………271
最決平11・11・2民集53巻8号1787頁・
　平成11年度重判解123頁………………128
最判平11・11・9民集53巻8号1421頁…211
最判平12・3・24民集54巻3号1126頁…48
最決平13・2・1民集55巻1号30頁……226
最判平14・4・12判タ1092号107頁………11

ファンダメンタル法学講座
民事訴訟法

2003年4月30日　第1版第1刷発行

　Ⓒ著者　中　山　幸　二
　　　　　小　松　良　正
　　　　　近　藤　隆　司
　　　　　山　本　　　研

発行　不　磨　書　房
〒113-0033　東京都文京区本郷6-2-9-302
TEL 03-3813-7199／FAX 03-3813-7104

発売　㈱信　山　社
〒113-0033　東京都文京区本郷6-2-9-102
TEL 03-3818-1019／FAX 03-3818-0344

制作：編集工房INABA　　印刷・製本／松澤印刷
2003, Printed in Japan
ISBN4-7972-9249-0　C3332

不磨書房

戒能民江 著 （お茶の水女子大学教授）　　山川菊栄賞受賞
ドメスティック・バイオレンス
本体 3,200 円 （税別）

導入対話による **ジェンダー法学**　浅倉むつ子監修（東京都立大学教授）
戒能民江・阿部浩己・武田万里子ほか　　9268-7　■2,400 円 （税別）

キャサリン・マッキノン／ポルノ・買春問題研究会編
マッキノンと語る ◆ポルノグラフィと売買春
性差別と人権侵害、その闘いと実践の中から　四六変　本体 1,500 円 （税別）

◆女性執筆陣による法学へのいざない◆
Invitation 法学入門【新版】
9082-x　■2,800 円 （税別）
岡上雅美（新潟大学）／門広乃里子（実践女子大学）／船尾章子（神戸市立外国語大学）
降矢順子（玉川大学）／松田聰子（桃山学院大学）／田村陽子（山形大学）

これからの 家族の法 （2分冊）
奥山恭子 著（帝京大学助教授）
1　親族法編　9233-4　　2　相続法編　9296-2　■各巻 1,600 円 （税別）

法学講義〔第2版〕
新里光代 編著（北海道教育大学名誉教授）
篠田優（北海道教育大学旭川校）／浅利祐一（同釧路校）／寺島壽一（同札幌校）
永盛恒男（函館大学）／土井勝久（札幌大学）　9086-2　■2,600 円 （税別）

◆　市民カレッジ シリーズ　◆
1　知っておきたい **市民社会の法**　金子晃（慶應義塾大学名誉教授）編　■2,400 円 （税別）
2　市民社会における **紛争解決と法**　宗田親彦（弁護士）編　■2,500 円 （税別）
3　市民社会における **行　政　と　法**　園部逸夫（弁護士）編　■2,400 円 （税別）
4　**市民社会と公　益　学**　小松隆二・公益学研究会 編■2,500 円 （税別）

―――― 講説 シリーズ ――――

講説 民法 総則　　　9081-1　■ 2,800 円（税別）
久々湊晴夫（北海道医療大学）／木幡文徳（専修大学）／髙橋敏（国士舘大学）／田口文夫（専修大学）
野口昌宏（大東文化大学）／山口康夫（流通経済大学）／江口幸治（埼玉大学）

講説 民 法（債権各論）　　　9208-3　■ 3,600 円（税別）
山口康夫（流通経済大学）／野口昌宏（大東文化大学）／加藤輝夫（日本文化大学）
菅原静夫（帝京大学）／後藤泰一（信州大学）／吉川日出男（札幌学院大学）／田口文夫（専修大学）

講説 民 法（親族法・相続法）【改訂第2版】　　　9251-2　■ 3,000 円（税別）
落合福司（新潟経営大学）／小野憲昭（北九州市立大学）／久々湊晴夫（北海道医療大学）
木幡文徳（専修大学）／桜井弘晃（埼玉短期大学）／椎名規子（茨城女子短期大学）
髙橋敏（国士舘大学）／宗村和広（信州大学）

講説 民 法（物権法）　　　9209-1　■ 2,800 円（税別）
野口昌宏（大東文化大学）／庄菊博（専修大学）／小野憲昭（北九州市立大学）／山口康夫（流通経済大学）
後藤泰一（信州大学）／加藤輝夫（日本文化大学）

講説 民 法（債権総論）　　　9210-5　■ 2,600 円（税別）
吉川日出男（札幌学院大学）／野口昌宏（大東文化大学）／木幡文徳（専修大学）／山口康夫（流通経済大学）
後藤泰一（信州大学）／庄菊博（専修大学）／田口文夫（専修大学）／久々湊晴夫（北海道医療大学）

講説 民事訴訟法【第2版】　　　9277-6　■ 3,400 円（税別）
遠藤功（日本大学）＝文字浩（神戸海星女子学院大学）編著／安達栄司（成城大学）／
荒木隆男（亜細亜大学）／大内義三（沖縄国際大学）／角森正雄（富山大学）／片山克行（作新学院大学）
金子宏直（東京工業大学）／小松良正（国士舘大学）／佐野裕志（鹿児島大学）／高地茂世（明治大学）
田中ひとみ（元関東学園大学）／野村秀敏（横浜国立大学）／松本幸一（日本大学）／元永和彦（筑波大学）

講説 商 法（総則・商行為法）　　　9250-4　［近刊］
加藤徹（関西学院大学）／吉本健一（大阪大学）／金田充広（関東学園大学）／清弘正子（和歌山大学）

――――――― 近刊案内 ―――――――

ADRの基本的視座　　9298-9　◇ADR基本法へのパースペクティブ◇
早川吉尚（立教大学）／山田文（岡山大学）／濱野亮（立教大学）編著◆　　［近刊］
長谷部由起子（学習院大学）／谷口安平（東京経済大学）／小島武司（中央大学）
笠井正俊（京都大学）／垣内秀介（東京大学）／和田仁孝（九州大学）／中村芳彦（弁護士）

◇フロム・ナウシリーズ◇ 損害賠償法　9283-0　橋本恭宏 著（明治大学）

労 働 法　9288-1　　毛塚勝利（専修大学）／島田陽一（早稲田大学）
青野覚（明治大学）／石井保雄（獨協大学）／浜村彰（法政大学）／山田省三（中央大学）

不磨書房

不磨書房

◆ ファンダメンタル 法学講座 ◆

民　　法　〈民法 全5巻 刊行予定〉

1 総則　草野元己(三重大学)／岸上晴志(中京大学)／中山知己(桐蔭横浜大学)　9242-3
　　　　　清原泰司(桃山学院大学)／鹿野菜穂子(立命館大学)　本体 2,800 円(税別)

2 物権　清原泰司／岸上晴志／中山知己／鹿野菜穂子　9243-1
　　　　　草野元己／鶴井俊吉(駒沢大学)　★近刊

商　　法　〈商法 全3巻 刊行予定〉

1 総則・商行為法　9234-2　定価：本体 2,800 円(税別)
　今泉邦子(南山大学)／受川環大(国士舘大学)／酒巻俊之(日本大学)／永田均(青森中央学院大学)
　中村信男(早稲田大学)／増尾均(松商学園短期大学)／松岡啓祐(専修大学)

民事訴訟法　9249-0　定価：本体 2,800 円(税別)
　中山幸二(明治大学)／小松良正(国士舘大学)／近藤隆司(白鷗大学)／山本研(国士舘大学)

国　際　法　9257-1　定価：本体 2,800 円(税別)
　水上千之(広島大学)／臼杵知史(明治学院大学)／吉井淳(明治学院大学) 編
　山本良(埼玉大学)／吉田脩(筑波大学)／高村ゆかり(静岡大学)／高田映(東海大学)
　加藤信行(北海学園大学)／池島大策(同志社女子大学)／熊谷卓(新潟国際情報大学)

導入対話 シリーズ

導入対話による**民法講義（総則）**【新版】　9070-6　■ 2,900 円(税別)

導入対話による**民法講義（物権法）**　9212-1　　2,900 円(税別)

導入対話による**民法講義（債権総論）**　9213-X　　2,600 円(税別)

導入対話による**刑法講義（総論）**【第2版】　9083-8　■ 2,800 円(税別)

導入対話による**刑法講義（各論）**　★近刊　9262-8　予価 2,800 円(税別)

導入対話による**刑事政策講義**　土井政和ほか　9218-0　予価 2,800 円(税別)

導入対話による**商法講義**（総則・商行為法）【第2版】　9084-6 ■ 2,800 円(税別)

導入対話による**国際法講義**　廣部和也・荒木教夫　9216-4 ■ 3,200 円(税別)

導入対話による**医事法講義**　佐藤司ほか　9269-5 ■ 2,700 円(税別)

導入対話による**ジェンダー法学**　浅倉むつ子監修　9268-7 ■ 2,400 円(税別)